MARX :
LIMITES D'UNE OEUVRE INACHEVÉE

Questions contemporaines
Collection dirigée par Jean-Paul Chagnollaud, Bruno Péquignot et Denis Rolland

Chômage, exclusion, globalisation… Jamais les « questions contemporaines » n'ont été aussi nombreuses et aussi complexes à appréhender. Le pari de la collection « Questions contemporaines » est d'offrir un espace de réflexion et de débat à tous ceux, chercheurs, militants ou praticiens, qui osent penser autrement, exprimer des idées neuves et ouvrir de nouvelles pistes à la réflexion collective.

Dernières parutions

Gilbert PILOT et Réjean COTE, *Pacte socio-économique entre le gouvernement du Canada, le gouvernement du Québec et le peuple innu,* 2018.
Lukas STELLA, *Intoxication mentale, Représentation, confusion, aliénation et servitude,* 2018.
Jean-Luc TINLAND, *Violence : non. Les démocraties à l'épreuve de la liberté,* 2018.
Myriam DESLANDES, *Démocratie locale 2.0*, 2018.
Nicolas MENSCH, *La Rhodiacéta de Besançon. Paroles ouvrières,* 2018.
Rodolphe SOLBIAC (dir.), *Pensée, pratiques et poétiques postcoloniales contemporaines, Monde atlantique et océan Indien*, 2018.
Jean-Paul GUICHARD, *L'émergence de l'Empire russe. L'Europe byzantine jusqu'à Catherine II*, 2018.
Evelyne SAINT-MARTIN, *L'entreprise du genre humain. Repenser le travail* pour tous *et la solidarité*, 2018.
Claude DURAND, *Le vote blanc toujours censuré. Quatre millions d'électeurs ignorés,* 2018.
Pierre MUCKENSTURM, *Le civil et le religieux. Distincts et inséparables*, 2018.

5-7, rue de l'École-Polytechnique ; 75005 Paris

http://www.editions-harmattan.fr/

ISBN : 978-2-343-15266-0
EAN : 9782343152660

Pierre Roubaud

Marx : limites d'une œuvre inachevée

Conséquences historiques

L'Harmattan

Du même auteur, en format papier

Pierre Jaeglé et Pierre Roubaud :

-**1976**, « La notion de réalité », 182 p., Messidor ;

-**1977**, « Invariance et dialectique », in « Cahiers du Communisme », **11**, p.111-115 ;

- **1977,** « Réflexions sur la place des sciences de la nature dans la théorie matérialiste dialectique. », in « Cahiers du Communisme », **7-8**, p.94-109 ;

-**1978**, « Science et Histoire », in « La Pensée », **202,** p.38-48 ;

-**1982**, « Essai sur la théorie de la relativité restreinte », 122 p., Institut de Recherches Marxistes Paris ;

-**1983**, « Concepts scientifiques et catégories philosophiques », in « La Pensée », **235**, p.51-66 ;

-**1987**, « Les lois des processus », in « La Pensée », **257**, p.37-51 ;

Jean-Michel Goux, Pierre Roubaud :

-**1977**, « Réflexions sur le racisme », in « Cahiers du Communisme », **I**, p.104-115 ;

-**1978**, « L'adaptation : un concept central de la biologie », in « La Pensée », **202,** p.49-65 ;

-**1992**, « Etudier les origines de l'homme », « La Pensée », **285**, p.125-134 ;

-**1996**, « Trofim Lyssenko », in Patrick Tort, « Dictionnaire du darwinisme et de l'évolution », **2**, p.2728-2734 ;

Pierre Roubaud :

-**1980**, « Pour une conception moderne de la spécificité humaine », in « Cahiers de l'Institut de Recherches Marxistes - Individus et Société », **I**, p. 27-43 ;

-**1981,** « La multiplication, spécificité des êtres vivants », in « La Pensée », **223**, p. 25-47 ;

-**1981,** « A propos de l'intelligence », in « Cahiers du Communisme », **10**, correspondance, p. 99-102 ;

En format électronique, in « Les mémoires d'un âne communiste » et autres plus ou moins » http://un.ane.communiste.free.fr/ :

-**1980**, « Pour une conception moderne de la spécificité humaine », in http://un.ane.communiste.free.fr/heberge/Homofi-Loso-Ficus/0%20specificite%20humaine.pdf ;

-**2003-2015** : « Fragments des pensées éclatées de Loteur de Sélignes », livraisons 1 à 136. http://un.ane.communiste.free.fr/selignes/selignes.html.

Préface

Les services – produits de l'activité humaine qui sont consommés en même temps que créés – prennent une part toujours plus grande dans l'activité économique mondiale, aux dépens de l'industrie, dont les produits sont des « choses » Le système capitaliste s'éloigne ainsi de plus en plus du schéma élaboré par Marx pour décrire la situation au dix-neuvième siècle, où les services jouaient un rôle tout à fait mineur.

On doit constater que cette évolution rend partiellement caduque la vision qu'avait Marx de la production de la valeur. Il pensait en effet que celle-ci ne se crée que dans la seule production des biens matériels, et que le financement de la partie du cycle consacrée à l'échange marchand est assuré par un prélèvement sur la valeur créée dans la sphère de la production industrielle. Ce point de vue doit être remis en cause.

Pour Marx le travail social est la substance de la valeur et la plus-value représente la part non payée du travail fourni par le salarié.

Aujourd'hui en France, le travail social consacré aux services représente plus de la moitié du travail social global, alors que le travail social dans l'industrie n'en représente au maximum que le tiers. Par ailleurs, la plus-value réalisée dans ce secteur ne peut dépasser les deux cinquièmes du travail social que lui-même fournit. On ne peut donc plus admettre que la plus-value réalisée dans la production industrielle soit suffisante pour rémunérer l'ensemble du capital investi dans un cycle.

Pierre Roubaud propose une nouvelle analyse. Contrairement à Marx, il inclut dans la sphère des activités productrices de valeur les services consacrés à la circulation de la valeur, et plus généralement ceux qui sont consacrés à la mise en œuvre sociale de tous les services.

Sur cette base, il entreprend de réévaluer l'ensemble de la construction théorique de Marx. Il montre que Marx se contredit à propos de l'échange capitaliste-salarié, tantôt échange égal (« *force de travail* » contre salaire) et tantôt échange inégal (travail fourni contre salaire), le travail étant lui-même tantôt nié par Marx, tantôt accepté par lui en tant que marchandise. Pierre Roubaud montre aussi comment Marx est contraint d'accorder aux rapports de force économiques et politiques une place non hiérarchisée dans la genèse de la plus-value.

Reprenant les travaux de Jacques Chaillou sur la valeur du salaire et les oppositions entre travaux répétitifs et non répétitifs, travaux usants et qualifiants, Pierre Roubaud entreprend une analyse nouvelle des contradictions dans la société actuelle, et notamment celles qui s'expriment au sein du salariat. Selon lui, le rejet du prolétariat des services marchands hors de la classe ouvrière, elle-même considérée comme seule classe révolutionnaire jusqu'au bout, pourrait avoir eu des effets négatifs sur le statut accordé aux travailleurs des services en Union soviétique et dans les démocraties populaires. Il ne pouvait en tout cas (et ne peut) que gêner l'activité des organisations communistes partout dans le monde.

Pierre Roubaud tente aussi de tenir compte de l'impact que devrait avoir sur la théorie marxiste le passage d'un capitalisme de libre concurrence à un capitalisme monopoliste d'Etat, dans une époque d'intégration mondiale de plus en plus poussée de tous les aspects de la production et de la vie sociale.

Pour les révolutionnaires qui, dans les luttes gigantesques du XX° siècle, se sont formés à la lumière des œuvres de Marx et d'Engels telles qu'ils pouvaient en disposer, il est certes difficile d'admettre ce qui peut apparaître comme une révision du marxisme. Il est donc nécessaire de rappeler, comme l'a fait Alain Bihr[1], que *Le Capital* est une œuvre inachevée, hétérogène. Seul le livre I a été terminé en 1866-67 et publié par Marx. Le livre II est le résultat d'un travail de montage et de découpage de manuscrits divers datant d'une part de 1868-70 et d'autre part de 1877-80, montage effectué par Engels et publié en 1885. Le livre III enfin, ou comme le dit A. Bihr, « ce qui passe comme tel », a été difficilement mis au point par Engels entre 1885 et 1894, à partir de la version primitive du *Capital* rédigée par Marx entre 1863 et 1865, au prix de coupes et d'ajouts.

Dans ces conditions, le travail entrepris par Pierre Roubaud a quelque chose de téméraire, à la fois par sa volonté d'arriver à une analyse objective de la réalité de la société capitaliste du XXI° siècle, et en même temps, quoiqu'il puisse paraître à première vue, par sa fidélité à l'esprit scientifique du marxisme. Loin d'affaiblir la théorie marxiste, ses efforts pour en dépasser les contradictions et les faiblesses arrivent à en élargir la portée, en particulier en étendant au travail de toutes les classes laborieuses la fonction créatrice de la valeur, au-delà de la seule classe ouvrière. Il confirme ainsi la place accordée par Marx au travail, comme activité créatrice de tous les rapports économiques et politiques, dans l'histoire des sociétés humaines.

On ne peut que souhaiter que cet ouvrage et son *appel à réfutation*, atteigne un large public, notamment parmi ceux qui luttent aujourd'hui, dans des conditions difficiles, contre un régime de misère et de guerre, d'exploitation de l'homme par l'homme, sujet d'une crise dévastatrice d'une ampleur inédite.

Jean-Michel Goux

Résumé [1]

Premières notes de lecture éparses et correspondances au fil des lignes sur des textes et données de S. Amin, Banque Mondiale, Ph. Battesti, F.. Engels, D. Robert Bibeau, A. Bihr, P. Boccara, F. Clavaud et G. Marchais, J. Chaillou, « Communistes » (le Parti politique), A. Corsani, J. Delaunay et J. Gadrey, G. Duménil et al, G. Gastaud, J-M Harribey, L'Humanité (le journal), V-I Lénine, D. Lemercier, H. Martin, K. Marx, J. Morandat-Gruselle, P. Nikitine, T. Piketty, M. Pinçon-Charlot et al, Y. Quiniou, L. Sève, J. Staline, M. Taubes, TEF, M. Vadée. [2]

Pour Marx et sa postérité (que nous noterons MarxPst), les marchandises sont des « *choses* », des « *biens matériels* » : entre leur production, leur vente et leur consommation, les marchandises doivent avoir une « *existence autonome* » Or, pour MarxPst, les « *services* » étant des produits de l'activité humaine qui sont consommés en même temps que produits ne sont pas des marchandises. Marx, cependant, admet que certains services puissent être traités comme tels, mais, de leur importance économique réduite au 19ème siècle, il déduit la possibilité de ne leur accorder aucune importance théorique.
Quoi qu'il en soit ce choix de MarxPst ne peut plus être respecté car, au 21ème siècle, les activités de service ont conquis une place prépondérante dans l'activé sociale à l'échelle mondiale.
Pour Marx, donc, parmi toutes les marchandises, le travail étant par nature un service ne peut pas être considéré comme une marchandise. De même, le terme de « production » doit être réservé à la production des biens dits « *matériels* », essentiellement la production industrielle.
Pour MarxPst, ce que les marchandises les plus diverses par leur usage ont en commun lorsqu'elles sont échangées, c'est le travail consacré à les produire. La valeur marchande d'une sorte de marchandise est alors donnée par sa valeur-travail, ou valeur tout court, c'est-à-dire par le temps de travail

---

[1] **Conventions typographiques**
-les citations de Marx et Engels : *caractères italiques, police Times New Roman de corps 11 ;*
-les textes de Pierre Roubaud : caractères droits, police Times New Roman de corps 11 ;
-les citations des autres auteurs : caractères droits, police Times New Roman de corps 10 avec retraits droit et gauche ;
-les notes en caractères de corps 9.
Sauf indications contraires, les sous-lignages sont de l'auteur.

[2] **Remerciements**
A Dorlène Latrie, bâtisseuse de sites électroniques ; Vincent Fillaux, dit VIFI, sauveteur d'ordinateurs en perdition ; Philippe Battesti, illustrateur et correspondant non convaincu, Alain Bihr, patient contradicteur ; Jacques Roubaud et Geneviève Alberti-Roubaud, familiaux antidotes des molécules du désespoir ; Vincent Roubaud, illustrateur et conseiller en pédagogie, Jean-Michel Goux et Denis Lemercier, militants toujours prêts à apporter leur contribution à ce travail.

social mis, en moyenne, à un moment donné et dans une société donnée, à la produire.
Mais la valeur d'un produit du travail est une donnée objective qui prend des formes différentes en fonction du devenir envisagé pour le produit après sa production, ce qui impose de définir, après MarxPst, différentes formes de la valeur-travail : valeur-travail brute, valeur sociale, valeur d'échange, valeur marchande monétaire.
Selon MarxPst, l'échange marchand type a lieu entre échangistes égaux devant l'échange et possesseurs de leurs propres moyens de production. Leurs marchandises sont censées s'échanger, en moyenne et dans le temps, équivalent contre équivalent, la réduction de leur prix à leur valeur résultant, dans le cadre d'un régime de libre concurrence, de la répétition des échanges de marchandises de même nature et d'un équilibre entre leur offre et leur demande.
Ce modèle d'échange, qui suppose la production en série ne permet donc pas de déterminer la valeur des marchandises rares ou uniques.
En réalité, dans la société capitaliste notamment, ce modèle ne peut pas s'appliquer aux échanges marchands en général, parce que, dans cette société, les conditions des échanges dépendent directement des rapports de pouvoir économico-politique, voire militaire entre les échangistes. Or, au 20ème siècle, l'aspect politique, voire militaire, de la détermination des termes des échanges est devenu prépondérant depuis le passage du capitalisme prétendu « de libre échange » au stade du capitalisme monopoliste d'Etat, l'impérialisme.

MarxPst démontre que ce n'est pas l'échange marchand en lui-même qui crée la valeur. En effet, si l'échange s'effectue équivalent contre équivalent, aucun des échangistes n'obtient plus que ce qu'il a mis de valeur dans l'échange. Si l'échange est inégal, ce que l'un y gagne vaut ce que l'autre y perd. Donc aucune valeur n'a été créée au total dans l'échange.
Cependant Marx en déduit que le travail consacré au service de l'échange des valeurs (la circulation de la valeur) ne crée par lui-même aucune valeur. Plus généralement, pour MarxPst seule la production des biens matériels crée de la valeur. La production des services est alors financée par un prélèvement « *parasitaire* » sur la seule valeur produite par le travail industriel.
En conséquence, MarxPst tend à réduire le prolétariat à sa composante ouvrière. Une lecture non critique des œuvres de Marx a donc conduit les partis révolutionnaires du 20ème siècle, en particulier dans les Etats socialistes, à pratiquer une politique ouvriériste aux effets d'autant plus dommageables que se réduisait, à l'échelle mondiale, la place de la production matérielle relativement à celle des services.
L'ampleur statistique de cette réduction démontre que les activités de service ne peuvent pas être rémunérées aux dépens des activités de production

matérielle, et donc qu'elles produisent de la valeur au même titre que ces dernières.

Pour élucider le mystère de l'origine du capital tout en restant dans le cadre théorique arbitraire d'un échange entre équivalents, lui-même placé dans le cadre d'une libre concurrence, MarxPst fait appel à la notion de «*force de travail*» : dépensée dans l'exercice d'un travail, cette «*force*» serait la marchandise que le salarié vend à sa valeur au capitaliste contre son salaire. Le capitaliste utiliserait la «*force de travail*» sous la forme du travail qu'effectue le salarié et le salaire permettrait à celui-ci d'acheter les subsistances strictement nécessaires à son entretien et à celui de sa famille. Ainsi, la «*force de travail*» étant achetée à sa valeur, l'échange capitaliste-salarié serait bien un échange de marchandises de valeurs égales.
Or, remarque Marx, le salarié peut fournir plus de travail social que n'en valent les subsistances qu'il peut acheter sur son salaire, autrement dit plus de valeur que n'en vaut sa «*force de travail*», et la différence, une plus-value, se retrouve entre les mains du capitaliste incorporée aux marchandises produites par le salarié.

Cependant, ce qui a échappé à (toute ?) la postérité de Marx (pourquoi ?), c'est que de nombreux passages du Capital contredisent directement ce schéma descriptif de l'échange capitaliste-salarié en admettant que ce qu'achète le capitaliste n'est pas une «*force de travail*», mais « *l'usage* » de cette «*force*», c'est à dire son « *travail* »
Quoi qu'il en soit, il apparaît que la théorie de la «*force de travail*» contredit la « loi de la valeur » à laquelle se réfère pourtant MarxPst, loi selon laquelle la mesure de la valeur d'une marchandise quelconque doit prendre en compte la totalité des travaux effectués pour la produire.
En effet, ce schéma ne prend pas en compte les activités personnelles effectuées par le salarié au cours de sa vie pour la formation de sa «*force de travail*», notamment au cours de ses études ou de l'exercice d'un travail qualifiant.
D'autre-part, l'échange capitaliste-salarié n'est pas un échange égal :

-le salarié ne possède pas les subsistances qui jouent le rôle de moyen de production de la marchandise «*force de travail*» que, selon Marx, il est censé vendre ;

-ce qu'achète le capitaliste est l'usage de sa «*force de travail*», c'est-à-dire son travail, mais le salarié ne possède pas les moyens de travail indispensables pour assurer cet « *usage* » ;

-dans l'échange marchand capitaliste-salarié, il n'y a généralement pas équilibre entre l'offre et la demande, car, d'une part, le système capitaliste tend à créer une réserve de main-d'œuvre excédentaire dans toutes les branches de l'activité sociale et, d'autre part, les aspects non répétitifs de toutes les tâches confèrent aux travailleurs qui les exercent une qualification spécifique qui les rend difficilement remplaçables sur le marché du travail ;

-par ailleurs, le montant du salaire et la quantité de travail social à fournir en échange ne sont pas directement déterminés par la valeur de la « *force de travail* » mais par une lutte de pouvoir permanente entre capital et travail.

Il apparaît donc que ce n'est pas la « *force de travail* » qui fait l'objet de l'échange marchand qui lie le salarié à son employeur capitaliste, mais le service de son travail : dans cet échange, le montant du salaire et donc la plus-value sont généralement imposés par un rapport de force économico-politique généralement favorable au capitaliste.

Cependant, lorsque ce rapport de force est au contraire favorable au salarié, celui-ci peut échapper à la condition stricte de prolétaire et disposer d'un surplus salarial qui, suivant son importance, rapproche plus ou moins ses intérêts de ceux de la classe capitaliste : d'où l'existence de contradictions de classe au sein du salariat, contradictions dont la théorie de la « *force de travail.* » de Marx ne peut rendre compte

Le déterminisme multifactoriel de la valeur du salaire montre que, contrairement à MarxPst, il n'y a pas en permanence, ou « *en dernière instance* », entre les rapports économiques et les autres rapports sociaux la relation de base à superstructure qui caractérise, au contraire, la relation entre la matière au sens philosophique et les idées que l'on peut s'en former.

Introduction

La Libération de la France et ce qui s'en suivit

L'hôpital : gratuit. La Sécurité Sociale : « A chacun selon ses besoins » Le statut de la fonction publique. Les routes, les forêts, l'école, la télé, les musées, la police, les pompiers : tout ça gratuit.

…et, par là-bas, au-delà des frontières, l'URSS qui se reconstruisait et que l'on pensait voir s'envoler vers le Communisme. Et, partout : soulèvements anticolonialistes !

En fallait-il plus pour preuve scientifique, expérimentale, de la validité de la théorie de Marx ? Que Lénine avait su développer en fonction des changements historiques. Que les immenses sacrifices des peuples soviétiques et du mouvement révolutionnaire dans le monde avaient consacrée. Et que même un rapport Khrouchtchev sur les crimes de l'époque révolutionnaire attribués par lui au stalinisme semblait confirmer : car, c'était malgré ces crimes et non grâce à eux, que le socialisme avait balayé tous les obstacles.

Puis, au contraire, quand le versatile vent de l'Histoire a changé de sens, que toute une génération de militants se sont retrouvés démunis dans leur trop légers habits théoriques, leur fallait-il jeter à la décharge historique des utopies une théorie qui avait voulu faire du travail le premier, le plus fondamental, le plus sacré « *propre de l'Homme* » ?

Symétriques de leurs victoires passées censées prouver la vérité de la théorie marxiste, leurs actuelles défaites se dressaient-elles en preuves irréfutables de son inanité faisant du capitalisme un système social indépassable ?

C'est à cette question que la présente étude tente de commencer à trouver réponse. Non par une profession de foi, mais par une confrontation avec ce que l'on peut savoir des réalités, un examen aussi honnête que possible [2] des œuvres de Marx et de celles de quelques-uns de ses commentateurs actuels ou méconnus, ou de plus en plus souvent oubliés.

Que ceux qui auront bien voulu se donner la peine de prendre connaissance de cette étude veuillent bien répondre à son « *appel à réfutation* », tel est, personnellement le premier des vœux de son auteur.

Chapitre I

La marchandise : bien matériel - service

Le travail productif : de plus-value - de valeur marchande

Dès la première page du Capital (**KM, I, I**, p. 41), page consacrée à la notion de marchandise, apparaît le privilège quasi exclusif accordé par Marx à la production marchande des biens dits « *matériels* » aux dépens de celle des ***services.*** « *La marchandise est*, écrit-il, *un objet extérieur, une chose qui par ses propriétés satisfait des besoins humains de n'importe quelle espèce*. » Les notions de *chose, d'objet extérieur* [3] se marient mal avec la notion de *service*. Par contre, l'indication que la marchandise *satisfait des besoins humains quelconques* - Marx dit aussi d'elle qu'elle doit être *utile* - devrait permettre l'application du mot marchandise à des services.

Pourtant les exemples choisis par Marx au chapitre I du Capital (*fer, papier, froment, diamant, montre, toile*) relèvent exclusivement de la notion de *chose*, ou *d'objet*. Un peu plus loin Marx confirme ce privilège accordé au *bien matériel* en prenant comme exemple de travaux productifs ceux du *tourneur* ou du *maçon*. De même, ce privilège est confirmé lorsque, s'agissant de la valeur d'usage d'une marchandise, Marx lui attribue « *un corps* » : on voit mal comment un service pourrait avoir un tel corps. [4]

Cependant, beaucoup plus loin dans Le Capital, (**KM, I**, XVI, p. 362) Marx, à propos de la notion de travail productif, réintroduit les services parmi les marchandises sur l'exemple du maître d'école : « ... *n'est censé productif que le travailleur qui rend une plus-value au capitaliste ou dont le travail féconde le capital. Un maître d'école, par exemple, est un travailleur productif, non parce qu'il forme l'esprit de ses élèves, mais parce qu'il rapporte des pièces de cent sous à son patron. Que celui-ci ait placé son capital dans une fabrique de leçons au lieu de le placer dans une fabrique de saucissons, c'est son affaire.* (...) *Désormais, la notion de travail productif ne renferme plus simplement un rapport entre activité et effet utile, entre producteur et produit, mais encore, et surtout, un rapport social qui fait du travail l'instrument immédiat de la mise en valeur du capital.* »

De même, dans « Matériaux pour l'Economie » (**KM, Pl**, p. 393), ouvrage antérieur au Capital, Marx écrivait : « ... *le fait, pour le travail d'être productif n'a absolument rien à voir avec le contenu déterminé du travail, son utilité particulière ou la valeur d'usage particulière dans laquelle il se matérialise. Par conséquent, du travail dont le contenu reste inchangé peut être à la fois productif et improductif.* (...).

Une chanteuse qui chante comme un oiseau est un travailleur improductif. Lorsqu'elle vend son chant elle est salariée ou marchande. Mais la même chanteuse engagée pour donner des concerts et rapporter de l'argent, est un travailleur productif, car elle produit directement du capital. (...) *Un maître d'école qui donne des leçons n'est pas un travailleur productif. Mais lorsque, avec d'autres maîtres d'école, il est engagé dans une institution comme salarié pour faire fructifier par son travail l'argent des patrons d'institutions qui commercialisent l'enseignement, il est un travailleur productif.* (…)

Toutefois, la plupart de ces activités ne tombent guère formellement sous la catégorie du capital : elles appartiennent aux formes de transition.

Certains travaux susceptibles d'être consommés uniquement comme services ne peuvent constituer des produits à part, transformables en marchandises autonomes ; toutefois, ils peuvent être exploités directement de manière capitaliste. Mais, comparés à la masse de la production capitaliste, *ces travaux sont quantitativement peu importants.* **…** »

Un peu plus loin (**KM, Pl**, p. 398), Marx considérait le cas où « *La production est inséparable de l'acte producteu*r (…)*. Là aussi, la production capitaliste n'a forcément lieu que dans quelques rares sphères.* (…) *Dans les institutions d'enseignement, par exemple, les maîtres ne peuvent être que des salariés pour le patron de la fabrique à enseigner comme il en existe beaucoup en Angleterre. S'ils ne sont pas des travailleurs productifs par rapport à leurs élèves, ils le sont par rapport à leur patron.* (…) *Tous ces phénomènes de la production capitaliste dans ce domaine sont si peu importants comparés à l'ensemble de la production que nous pouvons les négliger complètement.* » [5] [6]

D'où deux remarques :

1-Négligeable du temps de Marx, qui s'intéresse donc avant tout au capital industriel, le travail productif de plus-value s'exerçant dans les activités de services (« productif » au sens de « productif d'une plus-value s'incorporant au capital ») est devenu aujourd'hui prépondérant dans tous les pays capitalistes développés et croît en importance absolue et relative sur tous les continents. [7] [8] [9]

En effet, comme l'écrit Marx (**KM, Pl**, p. 382) : « *Productivité du travail = maximum de produits obtenus avec le minimum de travail, partant, marchandises au prix le plus bas possible.* » : cette loi tend à réduire sans cesse la valeur individuelle des marchandises produites et, par conséquent, la plus-value que l'on peut en tirer une fois que leur quantité a rencontré la limite maximale des débouchés possibles du moment.

Et Marx écrit (**KM, Pl,** p. 380) : « *C'est le rendement du travail – la masse de la production, la masse de la population et de la surpopulation – qui développe ce mode de production* (capitaliste) *et fait constamment surgir, grâce au capital et à la main-d'œuvre devenus disponibles, des branches d'activités nouvelles où le capital peut s'employer derechef sur une petite échelle. Ces nouvelles activités parcourent à leur tour divers stades de développement, jusqu'à s'intégrer elles aussi dans une production à l'échelle sociale. (...) Aussitôt qu'elle s'est emparée de l'agriculture, de l'industrie minière, de la fabrication des principaux textiles, etc., elle conquiert d'autres secteurs....* »

N'est-ce pas ainsi que, dans les pays développés, après avoir dévoré l'essentiel du travail agricole, le travail industriel se trouve progressivement lui-même dévoré par les travaux des services que Marx à son époque considérait comme d'importance négligeable ? [10]

Cependant, comme nous le verrons plus loin, ces citations ne signifient pas pour autant que Marx range les services marchands productifs de plus-value dans les activités productrices de valeur.

2- « *...des besoins humains de n'importe quelle espèce.* », « *...être productif n'a absolument rien à voir avec le contenu déterminé du travail, son utilité particulière ou la valeur d'usage particulière.* »

Selon Marx donc, dans une première acception du terme, est productif le travailleur producteur d'une plus-value qui s'incorpore au capital de son employeur capitaliste, indépendamment de la nature du produit de son travail.

Suivons donc le trajet de la production jusqu'à la vente d'une marchandise quelconque M1 mise à disposition du client qui l'achète (en caractères gras les valeurs-travail) :

Tableau I

Un capitaliste paye pour une somme totale d'argent de valeur V(A1) :

-Pour une valeur V(service achat), les services d'un bureau d'achat chargé de lui procurer ce dont il a besoin pour la production de la marchandise M1. Pour cela il verse à ce bureau d'achat, outre la valeur de son service :

-pour une valeur V(moyens de production), les fonds nécessaires à l'usage des moyens de production de M1 ;

-pour une valeur V(salaires), les fonds nécessaires à la consommation de la quantité d'heures de travail social d'une valeur V(travail fourni) dont il a besoin - que nous noterons V(w) -, toujours pour la production de M1 ;

-enfin, pour une valeur V(service vente), les services d'un bureau de vente chargé de vendre M1 au client.

En résumé, la valeur de la marchandise M1 est égale à la somme des valeurs sociales consommées pour sa production jusqu'à sa mise à disposition du client, soit la relation (1) :

(1) : V(marchandise M1)

=

V(service achat) + V(moyens de production)
+ V(w) + V(service vente)

Cependant, ainsi que l'a montré Marx, la valeur V(A1) que le capitaliste a déboursé ne représente en général qu'une partie de la valeur qui lui revient après la vente de la marchandise M1.

En effet, la valeur V(salaires) qu'il a déboursée pour disposer du travail W fourni par ses salariés est généralement inférieure à la valeur de ce travail : la différence V(w) – V(salaires) constitue la valeur V(plus-value) qu'il s'approprie, soit la relation :

(2) : V(w)
=
V(salaires) + V(plus-value)

Par conséquent, la valeur de la marchandise M1 arrivée entre les mains du client est donnée par la relation :

(3) : V(marchandise M1)
=
V(service achat) + V(moyens de production)
+ V(salaires) + V(plus-value) +V(service vente)

Le service-travail fourni pour la production de M1 par les salariés peut être dit « **productif** » au sens capitaliste du terme : productif de plus-value.
Autrement dit, la plus-value est ce qui reste au capitaliste de la vente de la marchandise après qu'il a payé les moyens de production, les salaires et les services commerciaux.

Remarque 1 : de ce tableau, il est possible de tirer la description d'une filière de production mettant en œuvre plusieurs entreprises capitalistes successives, la première vendant ses produits à la seconde, la seconde à la troisième, etc.

Remarque 2 : selon Marx, la valeur des salaires est, sous l'effet d'une « loi d'équilibre entre l'offre et la demande d'emploi », censée permettre aux salariés de se procurer les subsistances justes nécessaires au renouvellement de leur propre « *force de travail* » ou « *capacité de travail* » et de celles des personnes qu'ils ont à charge.

Remarque 3 : si la valeur des salaires est supérieure à la valeur du travail fourni, alors la plus-value escomptée par le capitaliste se change en une moins-value. La grandeur de la plus-value doit donc être comprise comme une grandeur algébrique.

Remarque 4 : le tableau présenté ci-dessus ne préjuge pas de la nature bien matériel ou service de la marchandise M1.

Remarque 5 : le long de la chaine des relations qui mènent de la production à l'usage, distinction peut être faite entre le service qui est consommé par le

travail même qui le produit, et le produit mémorisé, matérialisé et doué d'une existence autonome entre sa production et son usage.
Dans le cycle de rotation du capital, les activités de service permettent donc de sauter directement de la production à la consommation sans passer par la phase plus ou moins longue et précaire occupée par la marchandise matérielle. On peut donc s'attendre à observer dans les services une plus grande vitesse de rotation du capital et, en conséquence un **taux** d'accumulation plus élevé du capital : une étude spécifique sera nécessaire pour valider ou infirmer ces hypothèses.

Question : une plus grande vitesse de rotation du capital dans les activités de services pourrait-elle être liée à la place prépondérante progressivement acquise par ces activités dans l'économie mondiale aux dépens des activités de la production matérielle (industrie et agriculture) ? (Cf. **BM 2, 3 et 4**)

Le tableau I ci-dessus explicite le schéma théorique qui correspond, pour le capital en général :

-à la découverte de Marx selon laquelle la valeur d'une marchandise est déterminée, quelle que soit la nature de cette marchandise, par le travail social moyen actuel dépensé à la produire [11], c'est-à-dire :

-le travail mis dans la production des moyens de production (MP) (moyens et matières de travail),
+
-le travail (W) directement effectué sur ces moyens et matières.

- à la découverte de Marx selon laquelle la valeur payée par le capitaliste au salarié est celle de son salaire (S) et non celle du travail (W) que celui-ci fournit, la différence constituant la plus-value (PV) accaparée par le capitaliste et génératrice de son capital.

Chapitre II
La construction théorique de Marx

Dans le livre I du Capital, Marx démontre que seul le travail représente de la valeur. Ici apparaît un dédoublement du sens attribué au qualificatif « *productif* » :

1) est productif un travail qui crée de la valeur.
2) est productif un travail qui produit une plus-value s'incorporant à un capital.

Au premier chapitre du Capital (**KM, I**, I, p. 44), Marx montre que ce qui fait la valeur d'échange d'une marchandise est, à chaque instant, « *le temps de travail nécessaire socialement* » à sa production.
Cependant, écrit Marx, (**KM, I**, I, p. 69-70) :
KM : « *c'est seulement dans leur échange que les produits du travail acquièrent comme valeurs une existence sociale identique et uniforme, distincte de leur existence matérielle…* »
PR : Marx n'envisage ici que les « *produits du travail* » ayant une « *existence matérielle* », ce qui n'est pas le cas des services, lesquels, étant consommés en même temps que produits, ne peuvent avoir cette sorte d'existence.

KM : « *…et multiforme comme objets d'utilité. Cette scission du produit du travail en objet utile et en objet de valeur s'élargit dans la pratique dès que l'échange a acquis assez d'étendue et d'importance pour que des objets utiles soient produits en vue de l'échange,…*
PR : ici Marx n'envisage que l'échange de produits matériels du travail (« *des objets* »).

KM : « *…de sorte que le caractère de valeur de ces objets est déjà pris en considération dans leur production même. A partir de ce moment les travaux privés des producteurs acquièrent en fait un double caractère social. D'un côté, ils doivent être travail utile, satisfaire des besoins sociaux..., (…)…de l'autre côté, ils ne satisfont les besoins divers des producteurs eux-mêmes, que parce que chaque espèce de travail privé utile est échangeable avec toutes les autres espèces de travail privé utile.*
PR : Ici Marx se contredit. En effet, il passe implicitement de l'échange « *d'objets* » « *produits du travail* » à l'échange direct de « *travaux* » Or, comme le remarquent J. Delaunay et J. Gadrey (D et G, p.64) :

Det G : « …**tout travail, considéré abstraitement est, d'une certaine façon, un service** »,

PR : ...ce qui signifie qu'aucun travail ne peut prendre, en tant que tel, la forme d'une marchandise au sens de Marx, c'est-à dire la forme d'un « *objet matériel.* »

KM : « *L'égalité de travaux qui diffèrent complètement les uns des autres ne peut consister* (...) *que dans la réduction à leur caractère commun* (...) *de travail humain en général, et c'est l'échange seul qui opère cette réduction en mettant en présence les uns des autres sur un pied d'égalité les travaux les plus divers.* »

PR : Ici, donc, encore une fois, Marx s'intéresse à « *l'échange* » marchand de « *travaux* », alors qu'il a pourtant réduit l'acception du concept de « *marchandise* » à la marchandise objet matériel autonome, et, en même temps, il postule que l'échange marchand simple s'effectue sur un pied d'égalité entre échangeurs.

Marx postule (**KM, I, V**, p. 124) en outre que dans la production marchande qu'il étudie, la répétition de l'échange des marchandises conduit celui-ci à s'effectuer, au-delà des fluctuations contingentes, équivalent contre équivalent : « *Dans sa forme normale, l'échange des marchandises est un échange d'équivalents.* ». La répétition de l'échange marchand jouerait ainsi le rôle d'un procédé empirique inconscient d'établissement de la valeur des marchandises. [12]

Quoiqu'il en soit, Marx montre que ce n'est pas en soi le fait d'échanger les marchandises qui crée leur valeur, mais le travail consacré à les produire.

Pourtant, aussitôt établie ce que Marx lui-même appelle une « *découverte scientifique* », [13] il exclut de son champ d'application le service du travail consacré à l'échange marchand.

Par exemple (**KM, I, V**, p. 123), il reprend à son compte une citation explicite de Mercier de la Rivière :

> « Cet échange n'est accroissement de richesses ni pour l'un ni pour l'autre (des échangistes) ; car chacun d'eux avant l'échange, possédait une valeur égale à celle qu'il s'est procurée, par ce moyen » (...)

Et Marx ajoute donc :

« *La valeur est exprimée dans le prix des marchandises avant qu'elles entrent dans la circulation, au lieu d'en résulter* » Ou encore (**KM, II, VI**, p. 115) : « *Si les marchandises se vendent à leur valeur, la grandeur de valeur reste entre les mains de l'acheteur la même qu'entre celles du vendeur ; seule sa forme d'existence a changé. Si les marchandises ne se vendent pas à leur valeur, la somme des valeurs converties reste la même ; le plus d'un côté devient le moins de l'autre côté.* »

Ainsi, selon Marx, le service du travail consacré à l'échange marchand ne crée aucune valeur ; la production des marchandises s'arrête avant leur échange et leur valeur résulte de la somme des travaux effectués pour leur production au sens restreint donné à ce terme, c'est-à-dire avant qu'elles ne soient échangées, autrement dit avant qu'elles ne soient devenues des marchandises.

En conséquence, les travaux consacrés à l'échange ne sont pas pris en compte par Marx dans la détermination de la valeur de chaque sorte de marchandise. [14]

Selon Marx, cette valeur comprend donc :

-le temps de travail social moyen passé, travail mort nécessaire pour produire les moyens et matières de travail (moyens de production MP) usés ou consommés dans la production de ces marchandises.

-augmentée du temps de travail présent social moyen, travail vivant W utilisant ces moyens de production pour produire ces marchandises.

Et c'est alors que Marx montre que, sous le capitalisme, s'effectue une négation fondamentale de la loi de l'échange équivalent contre équivalent : en effet, selon lui, le capitaliste échange les travaux W fournis par ses salariés, non à leur valeur, mais à la valeur moindre de ce qu'il appelle « *la force de travail* » dépensée dans l'exécution de ces travaux, une valeur qui correspond seulement au temps de travail social passé à produire les subsistances consommées par les travailleurs pour pouvoir exercer leur travail.

Le capitaliste empoche alors une plus-value qui va nourrir son capital et ce capital peut alors être divisé en deux fractions suivant que la plus-value est utilisée à l'achat de « *travail vivant* » ou de « *moyens de production* », deux fractions que Marx nomme respectivement « *capital variable* » et « *capital constant* »

Cependant, comme cela sera étudié plus loin, Marx, soucieux de rester dans le cadre de l'échange marchand équivalent contre équivalent, refuse de décrire la relation capitaliste-salarié (que nous noterons « Ca-Sa ») comme un échange inégal. [15] [16]

La suite du Capital de Marx décrit alors les désordres provoqués dans l'échange travail contre « *force de travail* » par cette négation fondamentale de la loi de l'équivalence, désordres dont le plus fondamental est peut-être que les marchandises ne sont plus produites avant tout pour leur usage, mais pour l'accumulation du capital.

Cependant, Marx ne semble pas avoir d'argument valable pour prouver que le service du travail consacré à l'échange ne crée pas de valeur, et partant qu'il est improductif en valeur.

Cette faiblesse concernant pourtant l'un des fondements de la construction théorique de Marx est notée par Alain Bihr (**AB-LdS et al**, **22**, lettre du 15 mai 2011, p.20) :

> AB : « Pour trouver trace des raisons pour lesquelles Marx soutient que le «pur» travail de circulation est du travail improductif, il vaut mieux se reporter au début du Livre II, où l'on lit ceci : *« Lorsque donc les possesseurs de marchandises sont non pas des capitalistes, mais des producteurs directs et*

autonomes, le temps employé à l'achat et à la vente est à déduire de leur temps de travail, et c'est pourquoi, dans l'Antiquité comme au Moyen Age, ils se sont toujours efforcés de remettre ces opérations à des jours de fête. » (KM, II, IV, p. 116). Et c'est tout ! Convenons que, pour une fois, Marx n'est pas des plus explicites.

C'est l'occasion de se souvenir que le Livre II a été composé par Engels à partir de différents manuscrits laissés par Marx dans lequel la matière de ce Livre n'était encore que partiellement élaborée. On en a ici un exemple. »

Et, en effet, ici, le raisonnement de Marx se réduit à une simple tautologie : s'il arrête la production proprement dite des marchandises avant les actes de leur échange, il est évident que ces actes ne sont pas productifs. [17]

Quant au fait que ces actes aient été effectués pendant les jours de fête, il ne prouve rien, car bien évidemment, chaque tâche de la production exige d'être effectuée à son heure. Comme on dit, on ne peut être en même temps au four et au moulin, ce qui ne veut pas dire que seules sont productives les tâches accomplies au choix dans l'un ou l'autre de ces lieux.

C'est pourtant à de semblables affirmations tautologiques qu'Alain Bihr a recours pour défendre le rejet du service-travail de la circulation de la valeur hors de la catégorie du travail productif de valeur.

Ainsi (**AB-LdS et al**, lettre **27**, p.47) Alain Bihr prend-il l'exemple « d'un coiffeur ou d'une cartomancienne » :

> AB : « Le temps qu'ils passent l'un et l'autre, **écrit-il,** à rabattre les clients en faisant de la retape sur le trottoir ou sur Internet n'en est pas moins du temps perdu pour eux comme pour le cordonnier dans sa boutique ou le paysan sur le marché. La nature du produit (bien ou service) importe peu ici. »…,

…ce qui revient à dire : « le seul temps de travail qui compte comme productif est celui qu'ils passent dans leur salon de coiffure ou leur local de cartomancienne, leur atelier de cordonnier, ou leur champ de paysan. » Affirmation qui n'est pas preuve, car ce temps passé à « la retape » (on pourrait utiliser le mot publicité) est une condition préalable sine qua non à l'exécution des services auxquels est alors réservé le qualificatif de « productif »

A aucun moment n'est alors pris au sérieux le reproche auquel s'expose la construction théorique de Marx dans laquelle la production des marchandises, et donc leur valeur, exclut le travail par lequel elles deviennent justement des marchandises, donc le travail nécessaire dans une société marchande pour qu'elles arrivent entre les mains du consommateur et acquièrent ainsi une valeur d'usage.

En réalité, il n'est pas nécessaire de postuler que le travail consacré à l'échange ne représente aucune valeur pour établir que seul le travail en représente. Un échange qui s'effectuerait sans aucun travail ne représenterait aucune valeur, mais Marx n'a aucun argument pour exclure de la valeur d'une marchandise la part qui revient au travail qui justement en fait une marchandise.

Cependant, concernant le travail consacré à la circulation de la valeur, il convient, selon Marx de distinguer le travail qui relève de la poursuite de la préparation de la marchandise en vue de son usage [18], un travail qui serait productif de valeur, et le travail qui relève de sa seule commercialisation, qui ne serait (**KM, II**, IV, p.115) que « *la conversion de la même valeur d'une forme dans une autre, de la forme marchandise à la forme argent et de la forme argent à la forme marchandise.* »
Et en effet, si l'on considère, par exemple le travail des employés d'un péage autoroutier, on peut être tenté d'accepter pour lui le qualificatif « *d'improductif* », voire de parasitaire, car le fait d'avoir à payer un péage à la sortie d'une autoroute n'améliore en rien, bien au contraire, la valeur d'usage du service autoroutier proprement dit. De même, nul ne retire une satisfaction supplémentaire à devoir passer devant la caisse d'un supermarché.
Cependant, l'usager d'une autoroute privée et le client d'un grand magasin, peuvent-ils, dans une société capitaliste se dispenser de passer par le péage ou par la caisse ? Et les actionnaires capitalistes peuvent-ils se dispenser de l'obliger à y passer ? La valeur d'une marchandise, si l'on admet qu'un service peut être dit marchandise, n'est-elle pas, comme l'écrit Marx, destinée à satisfaire « *un besoin humain quelconque* », étant donné que les besoins humains auxquels nous nous intéressons ici ne sont pas ici définis hors du temps, dans une société idéale et donc imaginaire, mais bien dans une société capitaliste.
Peut-on donc en arriver, comme Alain Bihr (AB-LdS et al, lettre **27,** p.46) à nier que le travail des employés affectés à l'échange marchand constitue, sous la forme d'un service, une marchandise :

> AB : « Il n'y a pas de « service de l'échange » si l'on prend l'échange au sens strict de l'échange marchand, de la circulation de la valeur sous sa forme marchande. Je sais bien que l'économie vulgaire classe le commerce, la banque, la finance, etc., dans les services, en une catégorie fourre-tout. Mais cela n'a pas de sens. Transformer une marchandise en argent (vendre) ou, inversement, transformer de l'argent en marchandise (acheter) ne produit aucun service ni pour l'acheteur ni pour le vendeur. »

Mais si la caissière d'un magasin ne fournit pas un service, que fournit-elle, alors que son travail, est, comme le note Marx (**KM, II,** IV, p. 115), « *...un moment nécessaire du procès capitaliste de production en sa totalité...* » ?

Et, si ce travail ainsi qualifié de nécessaire ne fournit aucune valeur, comment peut-il fournir la plus-value génératrice du capital commercial ?
Telle est la question à laquelle Marx s'est efforcé de répondre. Sa réponse est que la rémunération du capital commercial s'effectue par un prélèvement sur la part de la valeur qui n'a pas encore été consommée dans la production avant l'échange, à savoir la plus-value du capitaliste industriel. Muni de cette part de la plus-value, le capitaliste commercial en consomme :

-une part en moyens et matières de travail nécessaires au commerce, (que l'on ne devrait pas nommer « moyens de production », puisque le commerce n'est pas, selon Marx, une phase de la production),

-plus une autre part pour rémunérer ses employés.

-Une troisième part lui reste alors sous forme d'une plus-value (que l'on ne peut nommer ainsi, que dans la mesure où elle est censée avoir été produite en amont par le travail industriel), une part qui nourrit le capital commercial.

Que se passe-t-il alors si on ne suit pas Marx dans son exclusion du service du travail de l'échange hors de la production de valeur ? Est-ce tout l'édifice de la théorie marxiste qui s'effondre, comme l'affirme Alain Bihr (AB-LdS et al, **29**, p.52) :

> « … on détruirait tout simplement les bases mêmes de son analyse, la catégorie fondamentale de valeur qui constitue son point de départ et la base de toute son analyse » ?

Nullement. Au contraire, la théorie se trouve épurée d'une construction arbitraire : le travail consacré à la production marchande, donc y compris le travail consacré à l'échange, reste seul constitutif de la valeur marchande et potentiellement de la plus value. Le capital commercial se nourrit de l'exploitation des salariés du commerce, comme le capital industriel se nourrit de l'exploitation des salariés de l'industrie sans que l'on ait à imaginer un statut spécial pour le capital commercial et partant pour le travail des employés du commerce, et plus généralement pour le travail consacré à la circulation de la valeur. N'est-il pas clair qu'un tel statut déroge sans raison explicite à la loi générale découverte par Marx qui veut que la valeur d'une marchandise soit déterminée, quelle que soit la nature de cette marchandise, par le travail social total dépensé à la mener jusque dans les mains de l'usager ? [19]

Quoi qu'il en soit, c'est donc logiquement (quoique faussement) que Marx qualifie (**KM, I**, V, p.127) de « *parasitaire* » le pur travail commercial : « *…le capital commercial (…) ne semble pouvoir dériver que du double bénéfice conquis sur les producteurs de marchandises dans leur qualité d'acheteurs et de vendeurs, par le commerçant qui s'interpose entre eux comme intermédiaire parasite* «

Il est clair qu'ici, le qualificatif de « *parasitaire* » ne s'applique pas au capital en général mais au seul capital commercial, car c'est bien aux dépens des producteurs de marchandises en amont de leur commercialisation que ce capital commercial est censé être conquis, et non sur le travail des salariés du commerce, puisqu'il est admis que ceux-ci ne produisent aucune valeur ni marchandise.

Si nous suivons maintenant le raisonnement de Marx, le capitaliste producteur des objets matériels considérés comme les seules « *vraies* » marchandises vend celles-ci au capitaliste commercial pour qu'il se charge de les vendre à sa place à leur vraie valeur à leurs acheteurs naturels, ceux pour lesquels ces marchandises auront une vraie valeur d'usage. Mais les

marchandises qu'achète le capitaliste commercial n'ont-elles aucune valeur d'usage pour lui ?
Ainsi, selon Marx, la valeur marchande de la marchandise produite avant sa commercialisation ne saurait s'adjoindre ni la quantité de travail social affecté au commerce correspondant à l'usure des moyens et matières de travail commerciaux, ni la quantité de travail fournie par les salariés du commerce. Autrement dit, selon Marx, le capitaliste de la production vend au capitaliste du commerce ses marchandises en dessous de leur valeur, l'écart avec leur vraie valeur correspondant exactement à ce que serait la valeur du service commercial, si on admettait que le travail du commerce produit de la valeur !

C'est bien ainsi que la construction de Marx est exposée par l'économiste Paul Boccara dans son livre « Le Capital de Marx, son apport, son dépassement » (**PB**, p.36) : Marx, écrit-il,

> « ...montre comment le profit commercial se forme à partir d'un prélèvement sur la plus-value créée dans la production matérielle. Le profit commercial résulte d'une diminution des prix des marchandises produites livrées au capital commercial, en échange d'une réduction des frais nécessaires pour la réalisation de la vente des marchandises. ».

C'est comme si Marx ayant décrété que le meunier ne produit pas de valeur, expliquait que le céréalier est en fait un producteur de farine qui vend sa marchandise en dessous de sa valeur en prélevant sur sa plus-value pour se décharger sur le meunier du coût de la meunerie, seule la production des céréales créant de la valeur et de la richesse sociale.

Dans la théorie de Marx, donc, le capitaliste industriel confie sa marchandise au capitaliste commercial pour qu'il la revende à sa vraie valeur qui est et reste sa valeur de sortie d'usine, et il lui paye son service lui-même à sa vraie valeur (Cf., ci-dessous, figure I).

Dès lors, selon Marx, le capitaliste de la « production matérielle », place bien le coût de la commercialisation de ses produits parmi « *ses frais de production* », mais ceux-ci sont appelés « *des faux-frais* », parce qu'on a décrété que les tâches de la commercialisation ne font pas partie de ces travaux qui prolongent la production pour mettre la marchandise jusque dans les mains de l'usager, qu'elles sont donc des tâches non productives de valeur qui n'augmentent en rien la richesse sociale et ne rendent aucun service utile bien qu'étant absolument nécessaires dans le cadre de la production marchande ! [20]

Ce capitaliste de la production matérielle ne plaçant pas les frais de la production de ses moyens de production dans ses « *faux-frais* », ces frais se retrouvent incorporés directement à la valeur des marchandises matérielles.

Or Marx a écrit (**KM, I,** VIII, p.151) :

« *L'ouvrier communique une valeur nouvelle à l'objet de travail par l'addition d'une nouvelle dose de travail, quel qu'en soit le caractère utile.* »

Donc, si l'on a décrété que la dose de travail ajoutée par le travailleur du commerce et plus généralement de la circulation de la valeur ne produit aucune valeur nouvelle et ne génère aucun service, il faut bien en conclure que cette dose, bien qu'absolument nécessaire dans une société marchande, n'est pas utile !

Pourtant, dans le dictionnaire Petit Larousse illustré de 1990, on peut lire ceci :

« *Nécessaire. 2. Dont on ne peut se passer ; indispensable.* »

« *Utile. 1. Qui rend service ; qui est profitable.* »

Une chose, un service, un travail peuvent-ils être nécessaires sans être utiles ?

Ne peut-on reprocher à Marx d'avoir donné de l'utilité, ou plutôt de l'inutilité de ce travail qui assure le service de la circulation de la valeur, une définition a-historique, indépendante du niveau de développement des forces productives et des rapports sociaux correspondants. C'est hors du temps que Marx décrète que la circulation de la valeur est une fonction sociale improductive.

Au contraire, il est logique d'admettre que le capitaliste industriel vend tout simplement au capitaliste du commerce sa marchandise à la valeur qui est la sienne en sortie d'usine, le capitaliste commercial s'en débrouillant pour la revendre, s'il le peut, à sa valeur initiale augmentée de la valeur du travail social consacré au service de la vente.[21]

Dans « *Matériaux pour l'Economie* » (**KM Pl** p.379, p.381-82) Marx écrit :

« *Plus une branche d'activité est exploitée de manière capitaliste, plus la productivité sociale du travail est développée*... (...) *Il s'agit d'une production* (la production capitaliste -PR) *qui n'est pas liée à des besoins préalablement limités ou qui lui imposent des limites. (Son caractère antagonique implique des limites qu'elle tend constamment à franchir ; d'où crises, surproduction, etc.) C'est là un des côtés –disons : le côté positif – qui la distingue des modes de production anciens. Le côté négatif réside dans son caractère antagonique : la production opposée au producteur, ...* »

Tout au long d'une confrontation de la théorie marxiste avec l'actualité de la société, il convient de se dégager d'une vision non contradictoire du développement du capitalisme en repérant ce qui, au sein de ce système, constitue un progrès par rapport aux systèmes sociaux antérieurs et développe les germes de la société future de transition au communisme et de la société communiste elle-même.

La question dès lors doit être posée de déterminer quel a pu être l'impact de l'affectation de l'adjectif « *improductif* », voire « *parasitaire* » au travail de la circulation de la valeur.

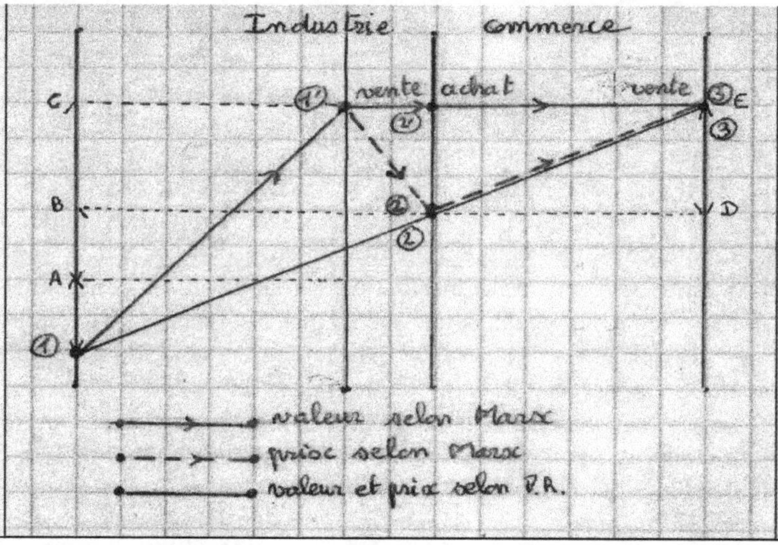

Figure I

Selon Marx : I : Industrie

1---1' : travail productif de valeur et de plus-value. **1-A** : coût de production industrielle (salaires + moyens de production). **A-C** : plus-value industrielle. **E-D** : coût de la commercialisation.

1'---2' : vente de la marchandise sans production de valeur, donc la marchandise garde sa valeur de sortie d'usine : travail non productif de valeur et consommateur de plus-value industrielle.

Selon Marx : II : Commerce autonomisé

2'---3 : achat et revente de la marchandise sans changement de sa valeur de sortie d'usine : travail non productif de valeur et consommateur de plus-value pour le capitaliste industriel, mais productif de plus-value pour le capitaliste commercial

2---3 : achat de la marchandise à un prix inférieur à sa valeur de sortie d'usine, et revente à un prix égal à cette valeur, donc travail non productif de valeur et consommateur de plus-value pour le capitaliste industriel, mais producteur de profit pour le capitaliste commercial. D-E : valeur consommée par le service commercial.

Selon Pierre Roubaud : I : Industrie

1---2 : production jusqu'à la vente de la marchandise à sa vraie valeur. 1-A : coût de production industrielle (salaires + moyens de production). A-B : plus-value industrielle, le travail de production matérielle et le travail de vente au commerçant étant tous deux productifs de valeur et de plus-value).

Selon Pierre Roubaud : II : Commerce autonomisé

2---3 : achat et revente de la marchandise à une valeur augmentée de la valeur D-E du service commercial (travaux productifs de valeur et de plus-value)

D'une part Alain Bihr remarque (AB-LdS et al, 22, p.21) l'intrication des opérations qui prolongent…

« …le procès de production au sein du procès de circulation » et celles « qui se contentent de faire circuler la valeur en la convertissant de sa forme marchandise en sa forme argent et réciproquement »

On peut penser que cette intrication n'est pas pour rien dans le rejet effectué par nombre de partis communistes hors de la « *classe ouvrière* », elle-même considérée comme seule classe potentiellement révolutionnaire jusqu'au bout, de tous les employés de la circulation du capital. [22] Ce rejet peut aussi avoir affecté, dans les pays dits socialistes, le statut de nombre de travailleurs des services en général, et pas seulement ceux de la circulation de la valeur, opposés à ceux de la production des biens dits « *matériels* »[23]

Par exemple, après avoir rangé les fonctions de la comptabilité dans la catégorie des fonctions improductives, Marx écrit (**KM, II**, VI, 119) :

« *...La division du travail, l'avènement d'une fonction à l'indépendance ne rend pas cette fonction créatrice de produit et de valeur si elle ne l'était pas par elle-même, c'est-à-dire avant qu'elle ne devînt autonome.* (…) *Il existe cependant une certaine différence entre les frais, ou dépense de temps de travail improductive, qui résultent de la comptabilité, et les frais du temps consacré à l'achat et à la vente. Ces derniers découlent uniquement de la forme sociale déterminée du procès de production, du fait qu'il s'agit d'un procès de la production marchande.* (…) *La comptabilité, comme contrôle et résumé mental du procès, devient d'autant plus nécessaire que le procès se passe davantage à l'échelle sociale en perdant le caractère purement individuel ; elle est donc plus nécessaire dans la production capitaliste que dans la production éparpillée des artisans et des paysans, plus nécessaire dans la production communautaire que dans la production capitaliste*. »

Par « *production communautaire* », Marx entend-il ici la production dans une société socialiste ?

« Mais les frais de la comptabilité se réduisent avec la concentration de la production et à mesure qu'elle se transforme en une comptabilité sociale.

Nous ne traitons ici que du caractère général des frais de circulation résultant de la pure métamorphose formelle. Il est inutile d'entrer ici dans toute leur forme détaillée. (…) Veut-on cependant se rendre compte des énormes frais de circulation par lesquels se traduisent aux yeux les formes appartenant à la simple métamorphose de la valeur, c'est-à-dire découlant de la forme sociale déterminée du procès de production, alors que, chez le producteur individuel, elles ne sont que des éléments fugitifs et à peine perceptibles, courant parallèlement à ces fonctions productives ou s'entrelaçant avec elles ?... »

Il semble qu'ici apparaît le lien entre la division du travail et, sur l'exemple de la comptabilité que Marx range pourtant parmi les travaux improductifs,

une fonction de « *contrôle et résumé mental du procès de production* » marchande, dont la nécessité se prolonge, au-delà de la production capitaliste, dans « *la production communautaire* ».
Marx entend-il par là la production dans la société socialiste de transition vers la société communiste, voire la société communiste elle-même ? La fonction de « contrôle mental » (on pourrait plutôt dire *abstrait*) et résumé du procès de production n'est-elle pas nécessaire dans toute société fondée sur la division du travail ? Et, ces énormes frais de circulation qui accaparent une part considérable du travail dans la société capitaliste ne résultent-ils pas de la division du travail elle-même et doivent-ils dès lors nécessairement disparaître dans la transition socialiste au communisme, voire dans la société communiste elle-même ? La volonté de les réduire au maximum n'a-t-elle pas été à la source de gigantesques difficultés économiques et politiques dans la société soviétique, jusqu'à contribuer à son final effondrement ?

Dans une société communiste non primitive, la division du travail ne disparaîtra pas. Le bûcheron abattra des arbres et, pendant qu'il en coupera, il ne fera pas autre chose et ne s'occupera pas de calculer la valeur des bûches qu'il aura produites pour les confier au transporteur qui les conduira à la scierie. De même, dans l'hôpital public gratuit que la France a connu après la Libération, le médecin ne s'occupait pas de calculer avant toutes choses la valeur de l'acte médical qu'il effectuait et cette préoccupation n'a pas non plus occupé personnellement au cours de leur carrière nombre de salariés de l'enseignement public. Mais la société socialiste de transition au communisme, et la société communiste elle-même, peuvent-elles se désintéresser de la valeur-travail de leurs productions, biens matériels ou services ?

Chapitre III

Relecture des chapitres XVI et XVII du Livre III du Capital
Une « difficulté » pour Marx :
la production de plus-value sans production de valeur

Note : sont ci-dessous sous-lignés les passages du texte de Marx affirmant le caractère improductif du commerce.

Le Capital, Livre III, Chapitre XVI

-(p.266) : « ...*le capital-argent avancé par le commerçant (...) ne prend jamais la forme de capital productif : il reste toujours enfermé dans la sphère de circulation du capital.* »

« ...*le commerçant en toile représente sur le marché le même capital-marchandise que le producteur de toile représentait tout d'abord.* »

Autant dire que le travail du commerçant n'a rien changé à la position de la toile vis-à-vis de son consommateur ultime. Du point de vue de ce consommateur, rien n'aurait changé quant à la possibilité de sa consommation.

-(p.267) « *Si le producteur de toile devait attendre jusqu'à ce que la toile... soit passée au dernier acheteur (...), son procès de reproduction s'en trouverait interrompu.* »

Imaginons la même phrase mais avec le céréalier et le meunier.

-(p.271) « ...*aucune valeur, donc aucune plus-value, n'est produite au cours du procès de circulation.* »

« ... *dans la mesure où ces métamorphoses* (du capital productif argent en marchandise, marchandise en argent -PR) -*période pendant laquelle le capital ne produit rien, donc pas de plus-value* ... (il s'agit ici non du capital en général, mais du seul capital industriel) (...) *Le capital marchand ne crée donc ni valeur ni plus-value, du moins pas directement.* »

Le mot « *donc* » utilisé ici par Marx n'est nullement justifié, car la conclusion était déjà dans les prémisses. Par contre, l'incise « *du moins pas directement* » traduit une hésitation de Marx, car, que peut signifier une création de valeur indirecte ? Ou bien le travail du commerce s'incorpore à la valeur de la marchandise, ou bien il ne le fait pas. Et la suite du texte de Marx tendrait plutôt à démontrer qu'il le fait :

« *Dans la mesure où il contribue à abréger la période de circulation, il peut aider indirectement à augmenter la plus-value produite par le capital industriel. Dans la mesure où il contribue à étendre le marché et engendre la division du travail entre capitalistes... (...), sa fonction favorise la productivité du capital industriel et son accumulation. Dans la mesure où il abrège la période de circulation, il augmente le rapport de la plus-value au capital avancé, donc le taux de profit. Enfin, dans la mesure où il inclut comme capital-argent dans la sphère de la circulation une moindre fraction de capital, il augmente celle qui est directement utilisée à la production.* »

Autant de fonctions que l'on peut retrouver à l'intérieur de toute filière de production industrielle : par exemple, tout ce qui y augmente la productivité du travail y favorise l'accumulation du capital ; tout ce qui y accélère en un point la rotation du capital, l'accélère aussi dans tous les autres points. Et, si le capitalisme commercial, donc le travail correspondant favorise la productivité du capital industriel, pourquoi ne pas le traiter comme le travail scientifique, puisqu'on dit par ailleurs que la science constitue une force productive directe de par ses effets sur la productivité.

Le Capital, Livre III, Chapitre XVII

- (p.272) :
- « *...les fonctions pures du capital dans la sphère de la circulation ne produisent ni valeur ni plus-value.* » (...)
- « *Du moment que la vente et l'achat de marchandises (...) ne créent ni valeur ni plus-value lorsque les capitalistes industriels s'en occupent eux-mêmes, ils n'en créeront pas davantage si d'autres personnes s'en chargent à leur place.* » (...)
-« *...le capital commercial limité à sa véritable fonction, qui est d'acheter pour vendre, ne crée ni valeur ni plus-value, ...* »

Avouons que répéter cette affirmation trois fois dans la même page, cela fait beaucoup... et traduit une difficulté que Marx rencontre sans arriver vraiment à la lever ! Mais répéter n'est pas démontrer !
D'ailleurs Marx montre plus loin avec quelle facilité les capitaux marchands et industriels se reconvertissent l'un en l'autre.

-(p. 273 :
-« *Comme le capital marchand lui-même ne produit pas de plus-value, celle qui lui revient sous la forme de profit moyen constitue évidemment une fraction de la plus-value produite par la totalité du capital productif.* »

Peut-on dire plus clairement que le capital commercial vit aux dépens, sinon aux crochets du capital productif ?

-« *Apparemment (...) le commerçant vend les marchandises (qu'il a) achetées au capitaliste industriel à leur prix de production (ou à leur valeur, si nous considérons l'ensemble du capital-marchandise), à un prix supérieur à ce prix de production ; il majore donc nominalement leur prix (donc du point de vue du capital-marchandise total le vend au-dessus de sa valeur* (...), *en un mot, il vend les marchandises plus cher qu'elles ne valent.* »

Ici, Marx présente comme une *apparence* ce résultat auquel on arrive naturellement en admettant que le commerce produit de la valeur, et qu'il doit donc, mais en vendant ses marchandises à leur valeur, les vendre à un prix supérieur au prix de leur achat auprès de l'industriel.
Mais, <u>Marx ayant décrété que le commerce ne crée pas de valeur</u>, si le prix d'une marchandise dans les mains du commerçant est plus élevé à la vente qu'à l'achat, ce ne peut <u>sembler</u> être que parce qu'il vend cette marchandise au-dessus de sa valeur, laquelle est restée entre ses mains celle qu'elle avait quand il l'a achetée.

-(p.274) -« *Nous verrons rapidement qu'il ne s'agit là que d'une apparence, et que le profit commercial ne se réalise pas de cette manière* » (en vendant les marchandises au-dessus de leur valeur) (...) car :
-(p.275) -« *...le commerçant ne vend pas les marchandises au-dessus de leur valeur ou de leur prix de production, précisément parce qu'il les a achetées aux capitalistes industriels <u>au-dessous de leur valeur</u> ou de leur prix de production.* »
-(p.276) -« *Lorsque le commerçant vend de la marchandise qu'il a payée 100 à 118, il en majore en effet le prix de 18% ; mais comme la marchandise achetée à 100 vaut réellement 118, il ne la vend donc pas au-dessus de sa valeur.* »
Autrement dit, parce que Marx a décrété que le commerce ne crée pas de valeur, il doit admettre :
-1- que la valeur finale de la marchandise (telle qu'elle est vendue au consommateur final) est encore la valeur qu'elle avait à la sortie d'usine,
-2- que l'industriel a vendu sa marchandise au commerçant en dessous de sa valeur.

(p.275) -Le capitaliste commercial...
« *...ne vend pas les marchandises au-dessus de leur valeur ou de leur prix de production, précisément parce qu'il les a achetées aux capitalistes industriels au-dessous de leur valeur ou de leur prix de production.* »
Ainsi Marx refusant d'attribuer au travail du commerce un caractère productif en vient... :
-1 ...à reporter sur la valeur du travail industriel la valeur du travail commercial qui lui succède...,
-2 ...puis à réduire d'autant au-dessous de cette valeur fictive, le prix de vente de la marchandise industrielle au commerçant, pour...

-3 …permettre à celui-ci de revendre la marchandise industrielle à sa vraie nouvelle valeur, c'est-à-dire augmentée de la valeur du travail de l'échange.
Or, rappelons-nous que, au Livre I du Capital, pour affirmer que ce n'est pas l'échange des marchandises en tant que tel qui crée leur valeur, mais le travail mis à les produire, Marx a cru devoir, sans preuve aucune, dénier tout caractère productif au travail de l'échange.
On voit comment cela le conduit par voie de conséquences à affirmer au Livre III la non équivalence dans les échanges entre capital industriel et capital marchand !

(p.276) -« *Le capital marchand participe par conséquent à l'égalisation de la plus-value en profit moyen…* »
Encore une fois Marx montre que le capital marchand se comporte comme n'importe quel capital productif, mais il ajoute :
« *…bien qu'il n'entre pas dans la production de cette plus-value. C'est pourquoi le taux général de profit se trouve déjà diminué de la plus-value qui revient au capital marchand, ce qui constitue donc une diminution du profit du capital industriel.* »
Or il n'y a pas de pareille diminution si l'on admet que le capital industriel vend sa marchandise à sa vraie valeur et que le capital commercial produit un service dont la valeur se retrouve incorporée à la valeur de la marchandise revendue. Tout se passe donc comme si, dans la transaction entre l'industriel et le commerçant, Marx faisait de l'industriel l'acheteur et le commerçant le vendeur du service marchand : en vendant son produit en dessous de sa valeur, l'industriel achèterait en quelque sorte ce service en prélevant sur la plus-value industrielle.
Rien ne justifie cependant cette inversion des rôles du vendeur en acheteur, et réciproquement, sinon, courant tout au long du Capital, l'affirmation arbitraire sans cesse répétée du caractère improductif du travail de l'échange des marchandises.

(p.277) -« *Tout au long de l'analyse scientifique, il apparaît que la formation du taux général de profit provient des capitaux industriels et de leur concurrence ; ce n'est que plus tard qu'elle est rectifiée, complétée, modifiée par l'intervention du capital marchand.* »
Ici apparaît le fait que le texte du Livre III a été reconstitué à partir de documents de recherche : la théorie est en pleine élaboration et ses résultats d'un moment peuvent être rectifiés, complétés, modifiés ultérieurement.
On voit donc ici Marx reconnaître que le privilège exclusif qu'il a jusqu'ici accordé au capital industriel et sa persévérance à nier la création de plus-value par le capital commercial, l'ont conduit à une erreur qu'il tente de rectifier en attribuant aux deux sortes de capitaux industriel et commercial exactement le même rôle dans la formation du taux général de profit :

« *C'est le capital commercial qui, le premier, détermine le prix des marchandises plus ou moins par leurs valeurs...* »
Ici, Marx attribue initialement au capital commercial, donc à la répétition de l'échange des marchandises, la détermination de leur prix au voisinage de leur valeur. Cependant, pour Marx, on l'a vu plus haut, l'industriel au contraire vend ses marchandises au commerçant systématiquement en dessous de leur valeur !

« (...) *Primitivement, c'est le profit commercial qui détermine le profit industriel. Mais dès que le mode de production capitaliste a triomphé et que le producteur lui-même est devenu commerçant, le profit commercial se ramène à la part aliquote du capital total employé dans le procès social de reproduction* »...
...ce qui revient une fois de plus à attribuer au capitaux industriels et commerciaux un rôle identique, cette fois à propos de la détermination du profit.
-Cependant Marx croit pouvoir trouver là une confirmation de la validité de sa construction théorique :

« *Le fait que le capital marchand intervient, lui aussi, dans l'égalisation complémentaire des profits montre que le capital –argent avancé par le commerçant n'ajoute aucun élément additionnel de valeur à la marchandise ; il montre que la majoration du prix qui est à l'origine de son profit équivaut seulement à la fraction de valeur de la marchandise dont le capital productif n'a pas tenu compte dans son prix de production* »
En réalité, c'est seulement parce que Marx a décrété que le service commercial ne crée aucune valeur qu'il a dû postuler une valeur de la marchandise industrielle supérieure à sa valeur réelle, et, en conséquence, une vente de cette marchandise au commerçant à un prix, relativement à cette valeur arbitrairement exagérée, diminué de l'exacte valeur créée par le travail commercial.
Le raisonnement de Marx accomplit donc un cercle vicieux et ne lui permet donc pas de conclure que :

« *...le capital–argent avancé par le commerçant n'ajoute aucun élément additionnel de valeur à la marchandise* »...,
...car cette conclusion était déjà contenue dans ses prémisses.
-Le raisonnement de Marx lui permet de découvrir que :

« *...le capital-argent du commerçant a ceci de commun avec le capital fixe du capitaliste industriel que, s'il n'est pas consommé, sa valeur n'entre pas comme élément de la valeur des marchandises.* »
Marx assimile donc la marchandise achetée à l'industriel à un capital fixe de cet industriel. Effectivement, dans la mesure où, selon Marx, le commerce ne

crée aucune valeur, la valeur de la marchandise sortie d'usine ne peut qu'être directement transférée sans adjonction à la valeur de la marchandise une fois vendue par le commerçant.

(p.277-278) Cependant l'égalité (valeur en sortie d'usine)-(valeur après vente par le commerçant) n'est valable que si l'on néglige les frais du commerce :
- « *Tout ceci n'est valable que si nous continuons à supposer l'absence de tous frais pour le commerçant, ou encore qu'il n'a pas à avancer, en dehors du capital-argent nécessaire pour acheter au producteur ses marchandises, d'autre capital fixe ou circulant au cours du procès de métamorphose des marchandises, de l'achat et de la vente.* »
Tout se passe comme si, au cours de la production du service marchand, les marchandises achetées pour être vendues jouaient le rôle de matières de travail : c'est sur elles que s'exerce le travail du service marchand, les faisant passer de l'état d'invendues à l'état de marchandises vendues.

(p.278) -« *Quelle que soit la nature de ces frais de circulation, qu'ils proviennent de l'affaire commerciale proprement dite... (...) ou qu'ils représentent des frais qui proviennent de procès de production s'ajoutant de façon tardive au cours du procès de circulation, tels que transport, expédition, garde, etc., ils supposent toujours que le commerçant a avancé, en plus du capital-argent pour l'achat de marchandises, un capital additionnel pour l'achat et le paiement de ces moyens de circulation* »
Notons qu'encore une fois Marx place sur le même plan le commerce censé être non productif et diverses activités telles le transport considérées par Marx comme productrices.

-« *Dans la mesure où ces frais consistent en capital circulant, ils entrent intégralement dans le prix de vente des marchandises* »
Si, ici Marx a écrit que ces frais entrent dans le prix de vente et non dans la valeur des marchandises, c'est uniquement en raison de son postulat que le commerce ne crée pas de valeur. Mais tout se passe comme si il en créait !

-« *Dans la mesure où ces frais consistent en capital fixe, ils y entrent comme élément additionnel (...) ils interviennent comme un élément qui constitue une <u>valeur nominale, même s'il n'ajoute rien en fait à la valeur de la marchandise</u>, comme par exemple les frais de circulation purement commerciaux. Circulant ou fixe, tout le capital additionnel entre dans la constitution du taux général de profit.* »
Ici, on voit Marx s'approcher de plus en plus, même s'il s'en défend encore, d'une reconnaissance de la production de valeur par le commerce : en effet la distance n'est plus très grande, s'il y en a une, entre production de « *valeur nominale* » et production de valeur tout court.

(p.279) -« *Ce n'est pas la production de la valeur d'usage des marchandises qui occasionne tous ces frais, mais bien la réalisation de leur valeur ; il s'agit purement de frais de circulation. Ils n'entrent pas dans le procès de production immédiat, mais dans le procès de circulation, ...* »
Comme si, dans une société marchande, l'usage était possible sans la vente et l'achat.

-« *...Si le temps de travail que les capitalistes industriels eux-mêmes consacrent à se vendre mutuellement leurs marchandises* (...) *n'ajoute à ces marchandises aucune valeur, il est évident que ce caractère ne sera pas modifié parce qu'il sera assumé par le commerçant plutôt que par le capitaliste industriel.* »
Mais cela ne prouve pas la réalité de ce caractère.

-« *La conversion de la marchandise (produit) en argent et d'argent en marchandise (moyens de production) est une fonction nécessaire du capital industriel.* (...) *Mais ces fonctions n'augmentent pas la valeur, ni ne créent de plus-value.* (...) *Le temps de travail que cela nécessite est utilisé à des opérations nécessaires dans le procès de reproduction du capital ; mais il n'ajoute aucune valeur.* (...) *Si le commerçant ne se chargeait pas de cette tâche,* (...) *il ne poursuivrait pas la fonction interrompue du capitaliste industriel et ne participerait donc pas non plus comme capitaliste* (...) *à la masse de profit produite par la classe des capitalistes industriels.* »
Si j'ai bien compris ces phrases, Marx y affirme bien que le commerçant capitaliste participe à la formation générale du profit, mais c'est seulement à la formation du profit industriel. Effectivement, Marx confirme cette interprétation :

« *Le capitaliste commercial n'a donc pas besoin d'employer des salariés pour prendre part à la masse de plus-value et pour mettre l'argent avancé en valeur en tant que capital* (...) *...il peut très bien être lui-même son unique employé. Ce qui le paie, c'est la part de profit résultant de la différence entre le prix d'achat des marchandises et le prix de production effectif.* »
Il devrait être possible de tester sur des cas concrets cette affirmation de Marx selon laquelle le capitaliste industriel vend au commerçant sa marchandise en dessous de son prix de production, en dessous de sa valeur. Par ailleurs, un petit producteur peut très bien « *être lui-même son unique employé* », mais cela ne signifie pas que le capital opérant dans la même branche de production que lui n'est pas productif.

(p.280) –« *A côté* (du capitaliste commercial –PR), *opèrent des agents commerciaux directement au service du capitaliste productif* (...) *ayant un*

revenu (…) *soit sous forme de salaire, soit sous forme de participation au profit* (…) *réalisé sur chaque vente.* «
Dans la production industrielle aussi, on rencontre des exemples d'intéressement du salarié au profit, mais cela n'y fait pas pour autant du travail des salariés de cette branche un travail improductif.

- « *…le revenu de l'agent de circulation résulte uniquement du profit commercial, encore que ce qu'il gagne puisse lui apparaître comme un simple salaire, une rémunération pour le travail qu'il a accompli* (…).
La raison en est que son travail n'est pas créateur de valeur.
Le prolongement de l'acte de circulation représente pour le capitaliste industriel :
-1 …de la perte de temps pour lui personnellement, pour autant qu'elle l'empêche d'accomplir lui-même sa fonction de dirigeant du procès de production ; … » ;
…de même, si le producteur de blé devait lui-même moudre son grain, cela représenterait pour lui une perte de temps dans sa fonction de producteur de céréales, mais cela ne ferait pas de la meunerie une industrie improductive.

-2 …pour son produit, un séjour prolongé sous forme d'argent ou de marchandise (…) *un procès au cours duquel il n'est pas mis en valeur et qui entraîne l'interruption du procès de production à proprement parler.* (…) *Mais rien de tout ceci n'est changé si le commerçant se substitue au capitaliste industriel* (…) *la seule différence étant que, par le partage de la fonction du capital, moins de temps est consacré exclusivement au procès de circulation et moins de capital additionnel n'est avancé pour lui ; et la perte sur le profit total qui apparaît sous la forme de profit mercantile est plus faible qu'elle ne le serait autrement.* »
Autrement dit, comparé au commerce réalisé par l'industriel lui-même, le commerce capitaliste ne créerait pas plus que lui de valeur, mais réduirait les coûts que représentent les opérations commerciales. Il s'agirait en quelque sorte d'une moins-moins-value ! N'est-ce pas comme si on admettait qu'arroser une plantation en cas de sécheresse ne crée pas de valeur mais diminue seulement les coûts de la sécheresse. Remplir le tonneau des Danaïdes serait productif, mais non le boucher.
Et si l'on peut dire la même chose de tous les gains de productivité dans l'industrie de production des biens de production, cela n'autorise pas pour autant à déclarer que cette industrie ne crée pas de valeur !
(p.281) -« *Si le capitaliste industriel qui assure son propre commerce avance du capital pour* (…) *le procès de circulation,* (…) *il s'agit bien là de capital additionnel mais qui ne crée pas de plus-value.* (…) *Pour le capitaliste individuel comme pour toute la classe des capitalistes industriels, le taux de profit s'en trouve amoindri, …* »

Si le producteur capitaliste de planches qui produit lui-même des meubles avance du capital pour (…) le procès d'ébénisterie (…) et si on a décrété que l'ébénisterie ne crée pas de plus-value, il s'agit bien là de capital additionnel mais qui ne crée pas de plus-value. (…) Pour le producteur capitaliste individuel de planches comme pour toute la classe des capitalistes producteurs de planches, le taux de profit s'en trouve amoindri, …

- « *Quand le capitaliste industriel est déchargé par le capitaliste commercial des frais additionnels se rattachant à l'opération de circulation* (…), *le commerçant avance plus de capital qu'il serait nécessaire si ces frais n'existaient pas et le profit sur ce capital additionnel* (…) *fait diminuer le profit moyen.* »
Si le capital commercial ne produit pas de valeur, il fait baisser le taux de profit moyen, mais cela ne prouve pas qu'il ne produit pas de valeur.

(p.282) -« *Dans une certaine mesure, un travailleur du commerce ne diffère pas des autres salariés. D'abord parce que son travail* (…) *n'est pas acheté pour un service privé mais pour que le capital qui a été acheté pour son travail soit mis en valeur. Ensuite parce que la valeur de la force de travail de l'employé de commerce, donc son salaire, est déterminée, comme pour tous les autres salariés, par les frais de production et de reproduction de sa force de travail spécifique, et non pas par le produit de son travail.* »
Ainsi, une fois de plus apparaît à propos de la source des revenus de leurs employés, la similitude, sinon l'identité des situations entre le commerce et l'industrie.

- « *Comme le commerçant en tant que simple agent de circulation <u>ne produit ni valeur ni plus-value</u>, il est impossible que les travailleurs du commerce qu'il emploie dans les mêmes fonctions lui produisent <u>de façon immédiate</u> de la plus-value.* (…) *Il s'en suit que le commerçant ne s'enrichit pas par un prélèvement sur le salaire ;* (…) *il ne s'enrichit pas en grugeant ses salariés.* »
Remarquons ici l'usage par Marx de l'adjectif « *immédiat* » pour distinguer le salarié d'industrie de celui du commerce, suggérant que ce dernier pourrait produire de la plus-value de façon non-immédiate : cette restriction traduit une difficulté, car une plus value ne peut pas être produite deux fois : une fois « immédiatement » par le salarié d'industrie et une deuxième fois de façon différée par l'employé de commerce au prétexte que son employeur le rémunèrerait, comme l'affirme Marx, sur un prélèvement effectué sur la plus-value industrielle, autrement dit en grugeant indirectement le salarié de l'industrie.

(p.282-283) -« *Ce qui fait la difficulté,* (Marx reconnait ici que, dans sa recherche, il rencontre une difficulté) *ce n'est nullement d'expliquer*

comment les salariés du commerce produisent du profit pour leur employeur, bien qu'ils ne produisent pas directement de la plus-value (dont le profit n'est qu'une forme modifiée). (…) le capital marchand réalise du profit parce qu'il ne paie pas intégralement au capital productif le travail non payé contenu dans la marchandise. »
Autrement dit, selon Marx, le travail commercial est rémunéré sur le dos de la plus-value industrielle. Selon Marx, donc, le capital industriel…

« *…produit de la plus-value en s'appropriant directement du travail d'autrui non payé.* », tandis que le capital commercial « *s'approprie une fraction de cette plus-value en se la faisant transférer par le capital industriel. (…) Bien que le travail non payé de ses commis ne crée pas de plus-value, il lui procure cependant l'appropriation de plus-value, ce qui, pour ce capital, aboutit au même résultat ; ce travail non payé est donc source de profit* »
Tout se passe donc, selon Marx, comme si l'industriel, loin de vendre à sa valeur sa marchandise au commerçant, lui achetait au contraire son service en échange d'un rabais sur le prix de la marchandise, un rabais récupéré par le commerçant à la revente et lui permettant alors de payer ses propres salariés à la valeur de leur « *force de travail* »…, et donc de faire son profit du surtravail qu'ils lui fournissent.
Mais le capitaliste industriel qui ainsi paierait le service commercial par prélèvement sur la plus-value extorquée à ses propres salariés, ne paye-t-il pas de même ses moyens de production aux capitalistes de la production des moyens de production ? Dira-t-on alors que les salariés de ces derniers ne produisent pas de plus-value à leur employeur ? Et, demande d'ailleurs Marx :
« *…quel est le capitaliste qui avancerait 150 s'il ne pouvait faire figurer que 100 comme capital avancé ?* »

(p.283) -« *La difficulté est la suivante…* (…encore une fois, Marx rencontre au cours de sa rédaction de travail, une difficulté liée à son refus de voir dans le commerce une activité productrice de valeur et plus-value.)
…comme le temps de travail et le travail du commerçant ne sont pas par eux-mêmes producteurs de valeur, bien qu'ils lui procurent une participation à la plus-value déjà produite, qu'advient-il donc du capital variable que le commerçant dépense pour acheter de la force de travail commerciale ? (…)
Le capital marchand « ne fonctionne pas comme tel parce qu'il met en mouvement du travail d'autrui, à la manière du capital industriel, mais parce qu'il travaille lui-même, **(…)** *il s'attribue une partie de la plus-value produite par le capital industriel.* »
Mais si l'industriel paye le service marchand du commerçant avec la plus-value crée par ses salariés industriels, il paye de même le renouvellement de

ses moyens de production et de la « *force de travail* » de ses salariés avec la plus-value qu'ils ont produite sans que cela nous autorise pour autant à décréter non productrices de valeur et de plus-value les industries productrices de ses moyens de production et productrices, via les biens de consommation, de la « *force de travail* » de ses salariés.

(p. 284-287) - « *...dans le commerce, beaucoup plus que dans l'industrie, la même fonction, qu'elle soit accomplie à grande ou à petite échelle, coûte le même temps de travail. C'est pourquoi, historiquement, nous voyons apparaître la concentration plus tôt dans l'entreprise commerciale que dans l'atelier industriel.* »
Marx montre alors que le capitaliste industriel a intérêt à avoir recours à un capitaliste spécialisé pour ses opérations commerciales, plutôt que de s'en occuper lui-même. Cependant, ajoute-t-il :

« *...nous n'en avons pas fini avec les difficultés.* » et plus loin, après d'autres explications : « *C'est là que réside la difficulté* », et encore après d'autres et d'autres longues explications : « *Situons d'abord exactement la difficulté.* » puis : « *Il n'y a donc pas de difficulté pour l'instant* » et c'est lorsqu'il aborde la place du travail commercial dans le profit commercial que, déclare Marx :
« *Nous arrivons maintenant à la véritable difficulté.* (...) *Le travail commercial réalise des valeurs mais n'en crée point.* (...) *Le capital marchand n'est absolument rien d'autre que la forme autonome d'une partie du capital industriel affectée au procès de circulation ; toutes les questions qui le concernent donc doivent être résolues en posant le problème comme si les phénomènes particuliers au capital marchand n'apparaissaient pas encore comme autonomes, mais toujours en connexion directe avec le capital industriel comme une de ses branches.* (...) ».
Mais s'il en est ainsi, si le capital marchand ne doit être considéré que comme une branche du capital productif, n'est-ce pas qu'il est productif lui-même ? Et ne peut-on de même dire que le capital affecté à la production des biens de consommation est une branche autonome du capital affecté à la production des biens de production ?
Dans une filière de production le capital situé en aval ne peut-il pas être considéré comme une branche autonome du capital situé en amont ? Mais dans le cycle de reproduction du capital qui demande en chacune de ses étapes le moteur du travail salarié, il y a-t-il un amont et un aval ?
« *Calcul des prix, poursuit Marx, comptabilité, caisse, correspondance ont leur place ici. Plus l'échelle de production est développée, plus importantes sont les opérations commerciales du capital industriel.* (...) *La dépense pour les salariés commerciaux, bien qu'elle représente du salaire, se distingue du capital variable dépensé pour acheter du travail productif. Elle vient*

augmenter les dépenses du capitaliste industriel (…) *sans augmenter directement la plus-value.* »
Ici, Marx, par l'utilisation de l'adverbe « *directement* », suggère à nouveau que pourrait exister une production indirecte de plus-value, alors que la même plus-value ne peut être produite deux fois : une fois directement par le travail industriel ; une fois indirectement par le travail commercial.

(p.288) - Le volume du travail commercial « *dépend de l'importance des valeurs produites* (par le travail productif) *et à réaliser. Il est dans la nature des choses qu'un tel travail* (commercial) *ne soit pas, comme le travail directement productif, la cause des grandeurs et masse respectives de ces valeurs, mais leur conséquence.* »
Le volume du travail de meunerie dépend de l'importance des céréales à moudre. Masse et valeur d'un tel travail de meunerie sont donc la conséquence et non la cause du travail de production des céréales. Mais cela ne signifie pas que le travail de meunerie ne produit pas de valeur et de plus-value au meunier ;

- « *La quantité des ouvriers emballeurs et transporteurs, etc., dépend de la masse des marchandises, objets de leur activité, et non l'inverse.* »
- « *Le travailleur commercial ne produit pas directement de la plus-value, mais le prix de son travail est déterminé par la valeur de sa force de travail, donc ce qu'il en coûte à la produire.* »
Ici Marx parle du « prix du travail », et non du « prix de la « *force de travail* » » : tout se passe donc comme si Marx admettait que le salarié vend au capitaliste son travail en un échange inégal, et non sa force de travail en un échange égal.

Le travailleur commercial « *rapporte non pas parce qu'il crée directement de la plus-value, mais parce qu'il contribue à diminuer les frais de réalisation de la plus-value, en accomplissant du travail en partie non payé.* »
Autrement dit, selon Marx, le travailleur commercial ne rapporte pas, mais réduit un coût : il produit de la « moins-moins-value », mais cette moins-moins-value n'est pas une plus-value ! Avouons que, sous l'aspect strictement mathématique, l'opposition entre un « plus » et un « moins-moins » n'est pas évidente. On se souviendra donc des remarques de Marx incluses dans le chapitre VI du Livre II du Capital à propos des frais de garde (**KM, II**, VI, p.121) :
« *Mais tout travail qui ajoute de la valeur peut aussi ajouter de la plus-value et, dans le cadre capitaliste, il en ajoutera toujours.* »
Peut-on considérer que la réciproque n'est pas vraie ? Que, dans le cadre capitaliste, tout travail qui crée de la plus-value n'ajoute pas nécessairement de la valeur ?

Or, un peu plus loin Marx ajoute :

« ... *des frais qui renchérissent le prix de la marchandise sans lui ajouter de la valeur d'usage, qui appartiennent donc pour la société aux faux frais de la production, peuvent être une source d'enrichissement ou le capitaliste individuel. Ils n'en conservent pas moins un caractère d'improductivité, puisque le supplément qu'ils ajoutent au prix de la marchandise ne fait que répartir également ces frais de circulation.* »

Ici, on voit réapparaître la définition du travail productif avancée au Livre I du Capital (**KM, I**, I, p.45) :

« *Pour produire des marchandises,* (le travail) *doit non seulement produire des valeurs d'usage, mais des valeurs d'usage pour d'autres, des valeurs d'usage sociales. Enfin, aucun objet ne peut être une valeur s'il n'est une chose utile. S'il est inutile, le travail qu'il renferme est dépensé inutilement et conséquemment ne crée pas de valeur.* »

Déjà, donc, se trouvait explicitée au Livre I la même condition à l'attribution du qualificatif « *productif* » à un travail : il doit produire des marchandises, c'est-à-dire des valeurs d'usage sociales, des choses utiles pour d'autres. On voit ici tout d'abord comment Marx s'intéresse exclusivement à la marchandise objet, chose, et non à la marchandise service (ici, le service de la vente).

On voit aussi comment son refus de considérer le travail commercial comme productif de valeur, l'amène à dénier tout caractère utile à ce travail.

Mais on voit aussi la difficulté que représente pour Marx le fait que le travail du salarié du commerce constitue une source de profit pour le capitaliste qui l'emploie, quand, par ailleurs, on a écrit (**KM, I, XVI, p.362**) :

« *...n'est censé être productif que le salarié qui rend une plus-value au capitaliste.* »

Comment le surtravail rendu par le salarié commercial à son employeur capitaliste pourrait-il être autre chose qu'une plus-value, n'étant qu'un facteur de réduction de la réduction de la plus-value rendue en amont au capitaliste industriel par le travail de ses propres salariés ?

Comment, après avoir montré comment le capital commercial se comporte exactement comme un capital industriel, Marx pourrait-il continuer à lui refuser tout caractère productif ?

Il n'est pas étonnant, donc, de voir Marx, devant de pareilles difficultés, conclure le chapitre XVII du Livre I du Capital justement consacré au profit commercial par une attribution explicite d'un aspect productif au travail commercial... au sens de capital productif de plus-value, mais non explicitement productif de valeur. :

(p.289) -« *Pour le capital industriel, les frais de circulation semblent être et sont des frais.* (De même sont des frais pour lui l'achat des moyens de production et de la « *force de travail* » de ses salariés.) *Pour le commerçant, ils apparaissent comme la source de son profit qui est proportionnel à leur grandeur à condition qu'on se base sur le taux général de profit. Les dépenses à faire pour les frais de circulation* (qui ne sont plus appelées « faux-frais ») *sont donc, pour le capital commercial, un investissement productif. De même le travail commercial qu'il achète est pour ce capital directement productif.* » ! [24]

Une contradiction plus dans les termes que dans le fond ?
A quelques pages d'intervalle, donc, Marx a écrit :
(p.271) :

1- « … *les fonctions pures du capital dans la sphère de la circulation ne produisent ni valeur ni plus-value.* » ;
2- « ... *Le capital marchand ne crée donc ni valeur ni plus-value, du moins pas directement.* » ;
3- « …*Du moment que la vente et l'achat de marchandises* (…) *ne créent ni valeur ni plus-value lorsque les capitalistes industriels s'en occupent eux-mêmes, ils n'en créeront pas davantage si d'autres personnes s'en chargent à leur place.* »…

(…et, p.289) :

4- « … *Les dépenses à faire pour les frais de circulation sont donc, pour le capital commercial, un investissement productif. De même le travail commercial qu'il achète est pour ce capital directement productif.* » [25] [26]

Or, une lecture plus attachée au fond qu'à la forme, permet de remarquer que la troisième de ces citations concerne le « capital industriel », alors que les autres concernent « la sphère de la circulation », « le capital marchand [27] » et « le travail commercial » : ainsi, le travail consacré à la circulation de la valeur serait non productif de plus-value pour le capital industriel mais productif de plus-value pour le capital marchand.

De même dans « Matériaux pour l'Economie » (**KM, Pl,** II, p. 393), ouvrage antérieur au Capital, Marx écrivait :
« … *Dans les institutions d'enseignement, par exemple, les maîtres ne peuvent être que des salariés pour le patron de la fabrique à enseigner comme il en existe beaucoup en Angleterre. S'ils ne sont pas des travailleurs productifs par rapport à leurs élèves, ils le sont par rapport à leur patron.* »

Selon Marx, donc, le travail social consacré à la circulation de la valeur n'étant pas producteur de valeur, ne génère aucune plus-value pour le capitaliste industriel et représente au contraire pour lui un coût dont il doit

s'acquitter en prélevant sur la seule plus-value dont il dispose, celle qu'il a prélevée sur le travail industriel, de la même manière qu'il s'acquitte du coût de ses investissements productifs (moyens de production et « *force de travail* »).
Au contraire, le capitaliste marchand, disposant de cette plus-value d'origine industrielle, peut s'en servir pour acheter moyens de production et « *force de travail* » pour l'accomplissement du service de l'échange, tout en en retirant une plus-value.

Retirer de la plus-value sans produire de plus-value : contrairement aux apparences, il n'y a pas sur ce point de contradiction logique dans la construction théorique de Marx.

Chapitre IV

La construction théorique de Marx est-elle conforme à la réalité des faits ?

Avertissement : dans cette quatrième partie, PR, s'appuyant sur les statistiques de l'INSEE, pense avoir démontré qu'il n'est pas possible que la plus-value créée par les travailleurs de la seule production matérielle puisse financer la totalité des activités sociales des services. Cette démonstration ayant un caractère fastidieux, PR pense que le lecteur pourra se dispenser de la suivre dans le détail. En effet, pour se convaincre de la validité de son résultat, il lui suffira de considérer qu'aujourd'hui, dans tous les pays développés, et même à l'échelle mondiale, les activités de service représentent plus que la moitié de la totalité des activités sociales, alors que la plus-value créée dans les activités de la production matérielle ne représentent qu'une fraction de la valeur créée par ces mêmes activités.

Résumé

1-Pierre Roubaud admet après Marx que le travail constitue la substance de la valeur, la valeur brute d'un travail fourni étant sa durée d'exécution.

2-Dans le secteur de la production des biens matériels, seule une partie de la valeur totale créée, donc de la quantité de travail fournie, se retrouve dans la plus-value accaparée par les capitalistes.

3-Or, selon Marx, le travail correspondant à cette plus-value doit fournir, outre le travail consacré à de nouveaux investissements dans la production matérielle, la valeur totale du travail social consacré à la production des services.

4-Cela ne sera pas possible si la quantité totale du travail fourni par le secteur des biens matériels (dont la plus-value qu'il fournit ne représente qu'une partie) est inférieure à la quantité totale du travail social consommé par les services.

5-Or, suivant les statistiques de l'INSEE, la quantité de travail fournie par le secteur de biens matériels est bien inférieure à la quantité de travail consommée par les services.

Conclusion : le schéma théorique proposé par Marx ne reflète pas la réalité et il faut admettre que les services produisent de la valeur.

Soit à tester la thèse suivant laquelle la production matérielle ne peut pas fournir la totalité de la valeur consommée, selon Marx, par les activités de service.

Si l'on en croit la lecture du Capital de Marx, celui-ci range parmi les « *faux-frais* » de la production matérielle les frais occasionnés par la circulation de la valeur. En outre, il range aussi parmi ces « *faux-frais* » « *les impôts, le prix des services publics, etc.* » (Matériaux pour l'Economie (KM, Pl, II, p.

391) car pour lui (KM, III, III, p.64), la « *plus-value se scinde et prend diverses formes secondes : intérêts du capital, rente foncière, impôts, etc.* ».
Par ailleurs, selon Marx, les activités consacrées à la production des biens matériels, sont, avec les services qui prolongent cette production matérielle « *à l'intérieur du procès de circulation* » (KM, III, XVI, p.260), les seules activités capables de produire de la valeur (nous noterons donc « activités Vproductrices » les activités de production matérielle.
C'est donc, selon Marx, ces Vproductrices qui financent sur la seule plus-value qu'elles produisent les « *faux frais* » que nous venons de citer.
Or, selon Marx, la valeur d'un produit du travail est donnée par la durée du travail exécuté pour le produire.
A l'échelle de la société, donc, la valeur-travail totale de la production matérielle (Vmatérielle) est donnée par la durée totale du travail exécuté pour cette production, une durée dont le nombre d'emplois en équivalents-temps plein (N temps-pleins matériels) nous donne une mesure approchée.
Sur cette valeur-travail totale, seule une partie est consacrée à fournir la plus-value, le reste servant à rémunérer les salaires et le renouvellement-entretien des moyens de production. De plus, sur cette plus-value elle-même, une part sert aux nouveaux investissements consentis pour cette production. Seule la part restante (PV matérielle disponible) de la plus-value matérielle est alors disponible pour fournir la valeur consommée, selon Marx, par les activités de service.
Par conséquent, si l'on démontre que la quantité totale du travail dépensé dans la production matérielle (Vmatérielle) est inférieure à la quantité de travail consommée selon Marx par les services (Vservices), ce sera a fortiori le cas de la plus-value disponible (PV matérielle disponible), et sera démontrée la fausseté de la thèse de Marx ici en question.
Cependant de même que la valeur Vmatérielle est donnée par le nombre des emplois en équivalents-temps plein (N temps-plein matériels) consacrés à la production matérielle, de même la valeur Vservices fournie par la production matérielle aux services est donnée par le nombre des emplois en équivalents-temps plein (N temps-plein services) affectés à ces services.

Par conséquent, pour démontrer que la production matérielle ne peut à elle seule fournir la valeur (Vservices), (autrement dit la quantité de travail) consommée par les services, il nous suffira de démontrer que, en équivalents-temps plein, le nombre (N temps-pleins matériels) des emplois consacrés à la production matérielle reste inférieur au nombre (N temps-pleins services) des emplois consacrés aux services.

Pour la France, l'Insee fournit (TEF, p.55) en % de l'emploi total un tableau (tableau I ci-dessous) de la part revenant aux divers secteurs d'activité en 2015.

Cependant, au sein des activités répertoriées sous les rubriques typiques de la production matérielle : « agriculture, sylviculture et pêche, industrie, construction », une part doit être considérée comme relevant de la circulation de la valeur (part représentée par le segment 1'-2' sur notre figure I) et donc comme non créatrice de valeur selon Marx. Par conséquent, les pourcentages attribués dans le tableau I à la production matérielle au sens strict, devraient en toute rigueur être inférieurs à ceux qui concernent l'ensemble « Agriculture, sylviculture, pêche, industrie, construction » Ainsi, ce sera surévaluer une première fois la part de la production matérielle dans le nombre total des emplois que de l'égaler à la somme des % indiqués dans le tableau I pour cet ensemble, soit : 2,7 + 13,9 + 6,4 = 23,0%.
De même, dans la ventilation des branches d'activité, nous surévaluerons encore la place de la production matérielle en lui attribuant, en % de l'emploi total, outre les branches « Agriculture, sylviculture, pêche, industrie, construction », les branches « Commerce, réparation d'automobiles et de motocycles » (12,8%) et « Transport et entreposage » (5,6%), présentant, selon Marx, un mélange d'activités productrices et consommatrices de valeur-travail, un bon nombre de leurs employés y étant occupés à des travaux qui apparaissent, suivant la formule de Marx (KM, II, p. 133) « *comme la continuation d'un procès de production à l'intérieur du procès de circulation et pour lui.* », un procès de circulation que Marx considère comme non productif de valeur : Cf. (KM, III, XVI, p.271) : « *...aucune valeur, donc aucune plus-value, n'est produite au cours du procès de circulation.* »
Soit au total pour la production matérielle une part de l'emploi total au maximum égale à 41,4%.
Cependant, dans le tableau de l'Insee reproduit ci-dessous (Tableau I), l'emploi est décompté selon sa définition par le Bureau International du Travail qui ne tient pas compte, quant à la quantité du travail fourni, de la différence entre le travail à temps plein et le travail à temps partiel. Aussi, faute de données directement accessibles en équivalents-temps plein, nous surévaluerons encore une fois la place de la production matérielle en postulant que tous les emplois y sont à temps plein (40h/semaine).
Symétriquement, au contraire, nous sous-évaluerons la place des services en considérant que tout le travail social à temps partiel s'y trouve concentré.
L'Insee (TEF, p. 49) répartit ces emplois à temps partiel en 3 classes représentant en % de l'emploi total respectivement, par semaine en France en 2015 :

-classe 1 : moins de 15h : 2,9% ;
-classe 2 : de 15 à 29h : 9,9% ;
-classe 3 : 30 heures et plus : 5,2%.

Population en emploi selon le sexe et le secteur d'activité (en %)

	2014			2015		
	Femmes	Hommes	Total	Femmes	Hommes	Total
Agriculture, sylviculture et pêche	**1,6**	**3,8**	**2,8**	**1,6**	**3,7**	**2,7**
Industrie	**8,3**	**19,1**	**13,9**	**8,1**	**19,3**	**13,9**
Ind. extractives, énergie, eau, gestion des déchets et dépollution	0,7	2,4	1,6	0,7	2,2	1,5
Fabr. de denrées alim., de boissons et de prod. à base de tabac	2,0	2,6	2,3	2,1	2,9	2,5
Cokéfaction et raffinage	0,0	0,1	0,0	0,0	0,1	0,0
Fabr. d'équip. élec., électroniques, inform. ; fabr. de machines	1,0	2,6	1,8	1,0	2,7	1,9
Fabrication de matériels de transport	0,6	2,5	1,6	0,6	2,5	1,6
Fabrication d'autres produits industriels	3,9	9,0	6,5	3,7	8,9	6,4
Construction	**1,5**	**11,4**	**6,6**	**1,4**	**11,1**	**6,4**
Tertiaire	**87,7**	**64,5**	**75,7**	**87,8**	**64,6**	**75,8**
Commerce ; réparation d'automobiles et de motocycles	12,5	13,2	12,9	12,4	13,1	12,8
Transports et entreposage	3,0	7,8	5,4	3,1	8,0	5,6
Hébergement et restauration	3,6	3,5	3,5	3,8	3,8	3,8
Information et communication	1,9	3,6	2,8	1,7	4,0	2,8
Activités financières et d'assurance	3,9	2,7	3,3	4,0	2,7	3,4
Activités immobilières	1,8	1,5	1,6	1,7	1,4	1,5
Activités scientifiques et techniques ; services adm. et de soutien	8,8	10,1	9,5	9,2	9,8	9,5
Adm. publique, enseignement, santé humaine et action sociale	44,3	18,7	31,0	44,8	18,5	31,2
Autres activités de services	7,9	3,5	5,6	7,2	3,4	5,2
Activité indéterminée	**0,9**	**1,1**	**1,0**	**1,1**	**1,4**	**1,2**
Total	**100,0**	**100,0**	**100,0**	**100,0**	**100,0**	**100,0**
Effectif (en milliers)	**12 434**	**13 389**	**25 823**	**12 483**	**13 361**	**25 844**

Lecture : en moyenne en 2015, 1,6 % des femmes ayant un emploi travaille dans le secteur de l'agriculture, de la sylviculture et de la pêche.
Note : les intérimaires sont classés dans le secteur utilisateur.
Champ : France métropolitaine, personnes des ménages, personnes en emploi de 15 ans ou plus.
Source : Insee, enquêtes Emploi.

Tableau I

Pour maximiser alors les effets du temps partiel, (et minimiser encore d'autant la part des activités de service), nous attribuerons à tous les emplois situés dans chacune de ces classes la durée minimale du travail hebdomadaire de sa classe, soit :

-classe 1 : un déficit de 40h – 1h que nous arrondirons à 40h ;
-classe 2 : un déficit de 40h – 15h = 25h ;
-classe 3 : un déficit de 40h – 30h = 10h.

Ainsi, sur un total de 100 emplois, le déficit en heures de travail hebdomadaire par rapport à l'emploi à temps plein sera :

-pour la classe 1 : 40 x 2,9 = 116h ; -pour la classe 2 : 25 x 9,9 = 247,5 ;
-pour la classe 3 : 10 x 5,2 = 52h ; …soit un déficit total de 415,5h.

Au total, les 100 emplois considérés auront fourni : (100 x 40) – 390 = 3610 heures de travail. Sur ce total, les 41,4 % des emplois consacrés à la production matérielle auront fourni, en France en 2015, au grand maximum : 41,4 x 40 = 1656 heures de travail (soit 45,87% de l'emploi total) et les emplois de services, au minimum 3610 – 1632 = 1954 heures (soit 54,13% de l'emploi total).

Ainsi, bien que nos calculs aient massivement surévalué la part de la production matérielle dans l'emploi total, et donc, symétriquement sous-évalué la part revenant aux services, il apparaît que la production matérielle et, a fortiori, la part disponible de la plus-value qu'elle produit, n'a pu fournir, en France en 2015, en totalité la valeur-travail consommée, selon

Marx par les activités de service, improprement qualifiées par lui et sans aucune, justification théorique comme improductives de valeur.
Des calculs analogues s'appuyant sur la « valeur ajoutée brute » et « la production par branche d'activité » (Cf. ci-dessous Tableau II -TEF, p. 115) conduisent à la même conclusion.
En effet, les activités répertoriées sous les rubriques « agriculture, sylviculture et pêche, industrie, construction » représentaient, un total de 414,2 milliards d'euros de valeur ajoutée, et, tandis que les activités répertoriées sous les rubriques « activités financières et d'assurance, information et communication, activités immobilières, activités scientifiques et techniques et services administratifs et de soutien, employés des administrations publiques, enseignement, santé humaine et action sociale » en représentaient au total 1.131,4 milliards, total auquel il faudrait ajouter une part des valeurs relatives à la rubrique « commerce, transports, hébergement et restauration », activités qui échappent pour une large part à la définition de la production matérielle selon Marx.
Quant aux transferts internationaux, ils ne réduisent pas significativement le déséquilibre observé entre les valeurs relatives aux activités de la production matérielle et celles relatives aux activités de services (Cf. ci-dessous Tableau III -TEF, p. 135).

A l'échelle mondiale, de même qu'en France, les activités de service ont conquis une part prépondérante dans l'activité économique totale. Ainsi, à l'échelle mondiale comme en France les activités de la production matérielle n'occupaient en valeur qu'à peu près un tiers du total : 33,9% pour la France (TEF 2015, p.117) et 31,9% pour la production mondiale (BM1, BM2).
Et la baisse de leur importance relative dans la société humaine devenue une et indivisible ne semble pas prête de s'arrêter : à moins d'une guerre mondiale, on n'arrêtera pas ce progrès.
Les bases de l'abondance matérielle sans lesquelles il n'est pas de communisme possible sont à la portée de l'humanité : reste à se débarrasser des rapports sociaux qui contrarient ce progrès, et ceci n'est pas une autre histoire.

En conclusion, et à la condition que notre démonstration ne recèle pas quelque erreur cachée, il n'est pas possible que la production des biens matériels assure à elle seule la production de la totalité de la valeur marchande dans la société capitaliste moderne. [28]

Valeur ajoutée brute par branche d'activité

	Valeur ajoutée en milliards d'euros courants								Évolution en volume en %[3]		
	1950	1960	1970	1980	1990	2000	2010	2015	13/12 (r)	14/13 (r)	15/14
Agriculture, sylviculture et pêche	**2,4**	**5,0**	**8,4**	**16,4**	**33,3**	**31,2**	**32,1**	**33,9**	**– 1,9**	**13,2**	**– 4,4**
Ind. manufacturière, ind. extractives et autres	**3,8**	**11,3**	**27,4**	**93,9**	**195,7**	**245,7**	**243,8**	**274,1**	**1,0**	**– 0,4**	**2,4**
Ind. extractives, énergie, eau, gestion des déchets et dépollution	0,3	0,9	2,5	12,0	27,8	36,0	41,2	55,2	4,9	– 0,9	1,5
Fabr. de denrées alimentaires, de boissons et de produits à base de tabac	0,8	1,6	4,0	14,3	30,7	36,3	39,1	44,7	0,0	0,8	2,2
Cokéfaction et raffinage	0,0	0,2	0,4	1,8	1,1	2,0	1,6	0,3	– 5,3	80,6	7,0
Fabr. de machines et d'équip. électriques[1]	0,5	1,6	4,3	13,9	27,9	35,8	29,0	30,2	2,8	– 0,4	1,0
Fabrication de matériels de transport	0,2	0,8	1,9	6,6	14,5	20,7	21,7	22,3	– 4,0	– 11,2	10,2
Fabrication d'autres produits industriels	2,0	6,2	14,4	45,2	93,6	115,0	111,3	121,6	0,4	0,1	1,8
Construction	**0,7**	**2,7**	**8,8**	**30,3**	**59,6**	**65,4**	**109,2**	**106,2**	**0,5**	**– 2,3**	**– 2,9**
Services principalement marchands	**5,0**	**16,3**	**49,3**	**184,9**	**476,1**	**713,6**	**1 010,2**	**1 087,6**	**0,4**	**1,0**	**1,5**
Commerce, transports, héb. et restauration	2,9	8,4	21,1	73,2	175,6	240,8	322,4	345,5	0,1	0,6	2,2
Information et communication	0,3	1,1	3,6	15,7	43,9	69,1	93,0	96,8	– 0,5	2,7	2,6
Activités financières et d'assurance	0,3	1,1	3,8	16,0	45,3	54,8	81,8	87,4	0,0	1,8	– 1,2
Activités immobilières	0,5	2,2	8,7	31,3	91,2	152,4	230,5	248,8	1,6	1,0	1,4
Act. scient. et tech. ; serv. adm. et de soutien	0,7	2,6	9,6	39,6	98,5	158,0	227,7	250,3	0,3	0,9	1,4
Autres services	0,3	1,0	2,5	9,3	21,5	38,3	54,8	58,7	0,0	– 0,1	0,8
Services principalement non marchands[2]	**1,8**	**5,9**	**17,5**	**79,0**	**184,2**	**277,1**	**405,7**	**448,1**	**1,1**	**1,0**	**0,9**
Total des branches	**13,7**	**41,2**	**111,4**	**404,5**	**948,9**	**1 333,1**	**1 801,0**	**1 949,8**	**0,6**	**0,8**	**1,1**

1. Y c. fabr. d'équipements électroniques et informatiques. 2. Regroupement Administration publique, Enseignement, Santé humaine et action sociale. 3. Aux prix de l'année précédente.
Source : Insee, comptes nationaux - base 2010.

Tableau II

Exportations et importations par groupe de produits en 2015

en milliards d'euros

	Exportations	Importations
Agriculture, sylviculture et pêche	**16,5**	**13,3**
Indus. manufacturière, extract. et autres	**455,7**	**496,6**
Services principalement marchands	**140,9**	**155,4**
Commerce ; répar. d'automobiles et de motocycles	6,2	9,3
Transports et entreposage	31,1	43,9
Information et communication	15,2	18,9
Activités financières et d'assurance	14,8	6,4
Act.scient. et techn. ; services admin. et de soutien	69,6	73,4
Services principalement non marchands[1]	**0,7**	**0,8**
Total des produits	**654,9**	**685,0**

1. Correspond au regroupement des items « Administration publique », « Enseignement », « Santé humaine et action sociale ».
Note : exportations FAB, importations de biens CAF.
Source : Insee, comptes nationaux - base 2010.

Tableau III

Chapitre V

Travail répétitif ou varié, travail simple ou qualifié,
Travail usant ou qualifiant :
Non pertinence de la notion de « *valeur de la force de travail* »

Non, le capitaliste n'achète pas la « *force de travail* » du salarié à sa valeur, mais le service de son travail, le travail rendu, fourni, la prestation de service à un prix généralement inférieur à sa valeur, ce qui lui permet alors d'accumuler du capital.
Non, dans la société capitaliste moderne, le prix des marchandises ne s'ajuste pas généralement à sa valeur.

C'est arbitrairement, et à tort, selon nous, que Marx, au tout début du Livre I du Capital, a exclu le travail de l'échange des marchandises de la catégorie des travaux productifs de valeur marchande, réduisant dès lors plus ou moins clairement la production des marchandises à celle des objets dits *matériels* et arrêtant le travail de leur production avant celui de leur échange. [29]
La valeur d'usage de la marchandise objet matériel apparaît alors comme une de ses propriétés objectives, définie indépendamment de la société dans laquelle elle se trouve produite, alors que Marx le reconnaît lui-même, dans une société marchande, l'usage d'une marchandise est impossible sans que soit effectué le travail de l'échange.
Cette réification de la notion de marchandise conduit Marx à exclure les services en général, du champ des activités productrices de valeur, ce qui fait des salariés occupés à l'exécution des tâches considérées par Marx comme non productives de valeur (salariés des services publics et salariés assurant la circulation de la valeur), des parasites nourris de la valeur produite ailleurs par les salariés de la production des biens matériels.
Comme nous l'avons vu plus haut, c'est explicitement que Marx d'ailleurs utilise le terme de « *parasitaire* » pour caractériser le travail commercial (KM, I, V, p.127). [30] [31] [32] [33]

Cette arbitraire discrimination à l'encontre des activités de service est cependant aussitôt contredite lorsque Marx découvre dans l'échange inégal « *travail* » contre « *force de travail* » l'origine de la plus-value et partant du capital : le salarié fournirait plus d'heures de travail que n'en représenterait la « *force de travail* » que le capitaliste est censé, selon Marx, lui payer à sa valeur.
A l'évidence, la « *force de travail* » n'est pas, selon Marx, une marchandise comme les autres : elle n'a rien d'un « *objet extérieur* » Elle n'a pas de « *corps* » et c'est son usure, comme c'est le cas pour les moyens de production, qui transmet sa valeur aux marchandises. En outre, sa consommation est productive de valeur nouvelle.

Contrairement aux moyens de production, la « *force de travail* » ne peut pas être achetée en une fois, mais seulement en location-vente. [34]
Ce n'est pas non plus la « *force de travail* », mais le « *travail en activité, le travail vivant* » qui produit la valeur marchande [35], le travail du salarié se présentant comme un service, c'est-à-dire une marchandise qui est consommée dans l'acte même de sa production.
En outre, ce service n'est pas acheté à sa valeur, mais selon Marx, à la valeur moindre de la « *force de travail* » consommée par le salarié pendant son travail.
En de nombreuses occasions, Marx admet implicitement ou explicitement que ce que le capitaliste achète à son salarié n'est pas la marchandise « *force de travail* » mais la marchandise « travail » en sa qualité de service :
Dans le Manifeste du Parti Communiste rédigé avec F. Engels (KM-FE, Manifeste), on peut lire :

-(p. 35) : « *Le prix du travail, comme celui de toute marchandise, est égal à son coût de production.* » Ici Marx et Engels n'ont pas écrit « Le prix de la « *force de travail* » », mais « *le prix du travail* » ; [36]

-(p. 43) : « *Le prix moyen du travail salarié, c'est le minimum du salaire, c'est-à-dire la somme des moyens de subsistance nécessaires pour maintenir en vie l'ouvrier en tant qu'ouvrier.* » : ici Marx et Engels n'ont pas écrit « le prix moyen de la « *force de travail* » salariée », mais « *le prix du travail salarié* »

Dans le Capital, on peut lire notamment :

-« *La formule [(Travail non payé) / (Travail payé)] n'est qu'une expression populaire de celle-ci : [(Surtravail) / (Travail nécessaire)].*
Après nos développements antérieurs, elle ne peut plus donner lieu à cette erreur populaire que ce que le capitaliste paye est le travail et non la force de travail. (…) …le surtravail, dont il (le capitaliste –PR) *tire la plus-value, peut être nommé travail non payé.* » (KM, I, XVIII, p. 379-380).

Ici, d'une part Marx maintient que ce que le capitaliste paye est la « *force de travail* » et non le travail, et d'autre part accepte les expressions « *travail payé* » et « *travail non payé* » qui reviennent à admettre que le capitaliste achète bien du travail, mais en n'en payant qu'une partie.

-(**KM, II,** XI, p. 193) : « *La substance réelle du capital déboursé en salaire, c'est le travail lui-même, la force de travail en action, créatrice de valeur, le travail vivant que le capitaliste échange contre du travail mort et matérialisé et incorpore à son capital, convertissant ainsi la valeur qu'il a en main en une valeur qui se met en valeur par elle-même.* »

-(**KM, III,** XVII, p.288) : « *Le travailleur commercial (…) contribue à diminuer les frais de réalisation de la plus-value en accomplissant du travail en partie non payé.* ».

Ici, Marx interprète la relation Ca-Sa comme étant une relation marchande travail contre salaire dans laquelle la marchandise n'est pas payée à sa valeur.
-(**KM, III**, XVII, p.289) : « *Les dépenses à faire pour les frais de circulation sont donc pour le capital commercial, un investissement productif. De même le travail commercial qu'il achète est pour ce capital directement productif.* ».
Ici, Marx admet que c'est bien **du travail** que le capitaliste du commerce achète à ses salariés.

-(KM, VI, p. 133) : « *Le rapport originel dans lequel le capitaliste en puissance achète du travail (depuis le chapitre IV nous pouvons nous exprimer ainsi, au lieu de dire capacité de travail) au travailleur pour capitaliser une valeur monétaire, et le travailleur vend la disposition de sa capacité de travail, son travail pour gagner sa vie* »…
Ici Marx reconnaît explicitement la fausseté du postulat qui sert pourtant de fondement à sa théorie de la « force de travail », une théorie que pourtant sa postérité a reconnue comme interprétation marxiste « officielle » du contenu de l'échange capitaliste-salarié !
Dans les œuvres de Marx, y compris dans Le Capital, cohabitent donc deux interprétations du contrat qui lie le capitaliste à son salarié :
1-Le capitaliste achète à sa valeur la « *force de travail* » du salarié, une marchandise dont la consommation, l'usage, produit plus de valeur qu'elle n'en représente elle-même, ce qui fournit au capitaliste une plus-value. [37]
2-Le capitaliste achète le service du travail du salarié à la valeur moindre de son salaire, la différence lui assurant une plus-value. [38] [39]

Mais qu'est l'usage de la « *force de travail* » sinon le travail (W) lui-même ? Le travail qui est une marchandise consommée par l'acte même qui la produit, ce qui en fait un « service »
Or, alors même que Marx vient d'admettre sur l'exemple du travail vivant qu'un service peut être une marchandise, il exclut ce travail vivant de la catégorie marchandise :

« *Mais, cette force qui se fait valoir elle-même,* (le travail vivant : cf. plus haut) *le capitaliste ne la vend pas. Elle n'est jamais qu'un élément constitutif de son capital productif, au même titre que ses moyens de travail ; elle ne fait jamais partie de son capital-marchandise, comme par exemple le produit achevé qu'il vend.* (**KM, II**, XI, p. 193) »
Pour Marx, donc doit exister un « *produit achevé* » entre la production de la marchandise, sa vente et sa consommation, ce qui exclut évidemment la possibilité de faire du travail en tant que service une marchandise.
Quoi qu'il en soit, selon Marx, c'est le travail présent, travail vivant (W) qui consommant la « *force de travail* » (FT, travail passé) en transfère la valeur

(Vw) à la marchandise produite, de même qu'en consommant les moyens de production (MP), il en transfère la valeur (Vmp) à cette même marchandise (travail mort, travail passé).
Mais non seulement le travail présent (W) transfère la valeur de la « *force de travail* » (FT) et celle des moyens de production (MP) à la marchandise, mais il lui apporte aussi une valeur supplémentaire, une plus-value (Vpv) telle que (Vft) + (Vpv) = (Vw).
Tout se passe donc, selon Marx, comme si le capitaliste avait acheté le travail (W) lui-même, mais l'avait acheté en-dessous de sa valeur (Vw), à un prix égal à la valeur (Vft) de la « *force de travail* » consommée.

Cependant, dans la première des interprétations mentionnées plus haut, et contrairement à la seconde, l'inégalité foncière de l'échange entre l'employeur capitaliste et son salarié est complètement masquée. La formation de la plus-value n'y repose pas sur un rapport social inégal, mais sur une propriété objective, une capacité créatrice que possèderait une marchandise particulière, la « *force de travail* »
Suite à cette réification du rapport social qu'elle représente, la transaction capitaliste-salarié paraît libre et honnête : le capitaliste en a pour son argent, le salarié en a pour sa « *force de travail* » [40]
Au contraire, si l'on admet que le capitaliste achète, non la « *force de travail* » mais le service du travail, alors la transaction apparaît pour ce qu'elle est : le salarié dépossédé de tout moyen de production et d'échange et donc de moyens d'existence est contraint de livrer son service pour un prix inférieur à sa valeur, tandis que, pour que le capitaliste puisse renouveler cet échange, il faut, de son côté qu'il concède au salarié le strict nécessaire au renouvellement personnel et familial de sa « *force de travail* »…,
…à moins qu'il ne pille purement et simplement ce que l'on appelle parfois « les gisements de main-d'œuvre »[41], pratique fort courante si elle ne rencontre pas contre elle, la lutte syndicale et politique organisée des travailleurs ou, en face d'elle, des salariés dotés d'un monopole de leur qualification professionnelle leur permettant de négocier la vente de leur travail à un prix élevé.

L'exception marchande que représente chez Marx la « *force de travail* » apparaît clairement lorsque l'on considère la « *force de travail* » qualifié, ou force qualifiée de travail.
La valeur (Vp) d'un produit du travail (P) quel qu'il soit, en effet, est la somme de deux composantes :
-un temps de travail social passé (Vmp) antérieurement appliqué à la production des moyens de production de la marchandise,
-plus un temps de travail présent (Vw), appliqué, sur le tas, à l'utilisation de ces moyens de production pour la production de la marchandise considérée. D'où la relation :

$$(Vp) = (Vmp) + (Vw)$$

Cependant, lorsqu'il s'agit de la marchandise « *force de travail* », Marx ne considère que la valeur des subsistances consommées pour la produire, autrement dit, un temps de travail passé. [42] Par exemple, le temps de « *travail* » présent que représente l'activité des études en formation initiale ou continue est exclu, selon Marx, du calcul de la valeur de la « *force de travail* » De même en est exclu, autre exemple, le temps que consacre un sportif (ou un artiste professionnel) à son entraînement personnel.

Ce que recèle donc chez Marx le qualificatif de « *social* » pour désigner les temps de travail qui font la valeur d'une marchandise, c'est, dans le cas de la marchandise « *force de travail* », que ces temps de travail ne sont relatifs qu'à la production d'autres marchandises (les « *subsistances* »).

Ce qui fait la valeur de la « *force de travail* » est alors la valeur de ces autres marchandises biens matériels (mais non les services !) qui ont été achetées et consommées pour la produire : la valeur de la « *force de travail* » n'est faite que de la valeur d'autres marchandises que le salarié n'a pas lui-même produites. La mesure de sa valeur ne sort pas du cercle des marchandises nécessaires à sa production.

Or, s'agissant de la « *force de travail* » qualifiée, le salarié qualifié n'a pas acheté son propre « travail » consacré à ses études : contrairement au travail salarié producteur des marchandises matérielles, ce travail d'acquisition des aptitudes et connaissances ne serait pas un travail « social » exécuté pour autrui. Assertion contestable, car ces acquisitions participent à la production de la marchandise « *force de travail* » et le travail qui leur correspond devrait donc en toute rigueur être compté dans la valeur de cette marchandise, de même que le travail du producteur individuel s'incorpore à la valeur des marchandises qu'il produit.

Mais si le travail personnel d'acquisition des aptitudes et connaissances doit être pris en compte dans la valeur de la « *force de travail* », qu'en est-il du « travail » de l'élève, et de l'activité de l'enfant ? (!)

Décidément, la réduction de la « *force de travail* » à l'état de marchandise se heurte à beaucoup de difficultés théoriques !

Marx écrit : « ... *sous ce nom* (de « *force de travail* » -PR) *il faut comprendre l'ensemble des facultés physiques et intellectuelles qui existent dans le corps d'un homme, dans sa personnalité vivante et qu'il doit mettre en mouvement pour produire des choses utiles. (...) ...la force de travail ne peut se présenter sur le marché comme marchandise que si elle est offerte ou vendue par son propre possesseur.* » (KM, I, VI, p. 129).

Pourtant, il existe des entreprises capitalistes de location de main-d'œuvre. Pourtant, selon Marx, si la « *force de travail* » est propriété individuelle du salarié, sa valeur fait intervenir la production d'autres forces de travail que la sienne : en effet, non seulement :

« *...la force de travail a juste la valeur des moyens de subsistance nécessaires à celui qui la met en jeu* », mais « *la somme des moyens de subsistance nécessaire à la production de la force de travail comprend* (...) *les moyens de subsistances de ses remplaçants, c'est-à-dire des enfants des travailleurs...* » (KM, I, VI, p.132), et, puisque, selon Marx, « *les besoins naturels, tels que nourriture, vêtement, chauffage, habitation, etc., diffèrent suivant le climat et autres particularités physiques d'un pays.* », et que, « *d'un autre côté, le nombre même de prétendus besoins naturels, aussi bien que le mode de les satisfaire, est un produit historique, et dépend ainsi, en grande partie du degré de civilisation atteint.* », il faudrait ajouter les moyens de subsistance de tout autre membre de sa famille qui ne subvient pas par lui-même à ses besoins.

Cependant, citant Marx, Alain Bihr note (AB, p 43) :

> « ...lorsqu'une hausse de la productivité du travail tend à dévaloriser la force de travail, la dévalorisation effective que celle-ci subit dépend essentiellement *« du poids relatif que la pression du capital, d'une part, la résistance de l'ouvrier, de l'autre, jettent dans la balance. »* Car la lutte ouvrière peut élever la norme de consommation des travailleurs... »

Comme le fait remarquer Jacques Chaillou (JCh, p.44), « la valeur annuelle d'entretien de la force de travail n'est pas donnée une fois pour toutes : c'est un résultat de luttes séculaires. »

Dès lors, une chose est de connaître la nature et la valeur objectives des biens matériels (subsistances) (et services ?) nécessaires à la formation-entretien-reproduction de la « *force de travail* », une autre est de déclarer qu'elles sont déterminées par le rapport des forces dans les « luttes séculaires » entre les employeurs capitalistes et les salariés.

Car les luttes, et, à travers elles, le « *degré de civilisation* » ne déterminent pas la valeur objective, mais le prix de la « *force de travail* » Or, lorsque les circonstances sont défavorables aux salariés, lorsque leurs capacités d'organisation sont amoindries, ce prix de la « *force de travail* » évolue à la baisse et peut même être ramené en dessous du seuil de valeur nécessaire à sa formation, son entretien et son renouvellement.

C'est ainsi, par exemple, que le renouvellement intergénérationnel de la « *force de travail* » n'étant plus assuré aujourd'hui en Allemagne, la baisse de la natalité contraint ce pays à avoir recours à une importation massive de main-d'œuvre étrangère. [43]

A l'inverse, lorsque les circonstances sont favorables, le prix de la « *force de travail* » peut grimper dans certaines catégories de la population au-delà du strict nécessaire à son renouvellement-reproduction, ce qui se manifeste notamment en France dans l'accumulation d'une épargne salariale importante, dont d'ailleurs une part est consacrée à des placements immobiliers et financiers générateurs de revenus issus de l'exploitation du travail !

Quoi qu'il en soit, la quantité de travail dépensée pour la production de cette marchandise exceptionnelle qu'est la « *force ou capacité de travail* », quantité qui fait sa valeur, est sans cesse remise en question, ce qui donne à la mesure de cette valeur un caractère arbitraire et subjectif.
Selon J. Chaillou (JCh, p.45) :

« ...la valeur globale de la capacité de travail (qualifié) ne dépend que du temps de qualification moyen nécessaire pour occuper un poste donné et ne dépend pas par conséquent des dépenses en personnel et en matériel, souvent financées par l'Etat, qui sont éventuellement, intervenues dans la formation du travailleur qualifié. Ces dépenses éducatives (...) ne se fixent pas, comme valeur, dans la force de travail produite, du moins comme valeur susceptible d'être récupérée dans le salaire du travailleur formé ou d'être transmises dans les marchandises que ce travailleur produit. (...) ...le travailleur qualifié ne peut se prévaloir que de l'effort individuel qu'il a fourni et non de celui de ses maîtres qui ont contribué à le former. (...) La prise en compte des frais publics de formation dans la valeur de la capacité de travail ne me paraît pas résister à la confrontation à la réalité du marché du travail... (...) Cependant, ce point est très controversé. »

Et, en effet, le travail effectué par les services publics est souvent assimilé à une part de salaire (salaire « indirect ») qui, au lieu d'être directement versée par l'employeur au salarié, l'est indirectement en passant par l'impôt et sous forme de services publics : s'il en est bien ainsi, même si les dépenses de formation correspondent à des travaux effectués au sein ou pour le compte de services publics, leur valeur doit être prise en compte dans la valeur objective de la « *force de travail* » :
« ... *pour modifier la nature humaine de manière à lui faire acquérir aptitude, précision et célérité dans un genre de travail déterminé* (...) *il faut une certaine éducation qui coûte elle-même une somme plus ou moins grande d'équivalents en marchandises* (dont des services ?). (...) *Les frais d'éducation, rentrent dans le total des marchandises nécessaires à sa production.* » (KM, I, VI, p. 132).
Un raisonnement semblable peut être développé à propos de tous les services publics, et pas seulement les services d'éducation.

Autre exemple des incertitudes que suscite la notion de « *force de travail* » marchandise : J. Chaillou postule (JCh, p. 44) que les valeurs relatives...

« ...aux biens nécessaires à l'entretien annuel des capacités de travail sont les mêmes que ces capacités soient élémentaires ou qualifiées », ce qui revient à « prendre à contre-pied les théories qui prétendent expliquer la hiérarchie des salaires par une hiérarchie des besoins. » [44]

Ainsi, déclarer que le contrat de travail d'un salarié concerne un « échange égal « *force de travail* » contre salaire » conduit à de multiples difficultés d'interprétation théorique et vérification pratique, contrairement à l'interprétation qui fait de ce contrat un contrat « d'échange inégal travail contre salaire » : la valeur-travail produite par un service travail déterminé est égale au temps de travail social moyen actuel nécessaire à l'accomplissement de ce service.

En résumé, selon Marx, l'échange marchand qui a lieu entre le capitaliste et son salarié s'effectue équivalent contre équivalent. C'est un échange égal salaire contre « *force de travail* » : donc, pour Marx, la valeur du salaire est égale à celle de la « *force de travail* »

Mais, ajoute Marx, c'est en fait un échange salaire contre usage de la « *force de travail* » Or, l'usage de la « *force de travail* » n'est rien d'autre que le travail lui-même !... et le travail représente plus de valeur que la « *force de travail* »

Dans ces conditions, pourquoi ne pas admettre directement que l'échange capitaliste-salarié est un échange inégal salaire contre travail ?

Les luttes qui se déroulent autour du contrat de travail, n'ont pas pour fonction de ramener le salaire à la valeur objective de la « *force de travail* », mais de déterminer :

-la part (Vs) de la valeur objective (Vw) du travail (W) qui reviendra au salarié sous forme de salaire (S) direct et indirect, et,

-la part (Vpv) de valeur qui en reviendra à son employeur sous forme de plus-value (PV) suivant l'expression :

(Vw) = (Vs) + (Vpv),

...ou, plus rarement de moins-value (MV) suivant l'expression :

(Vw) = (Vs) + (Vmv), [45]

...ce qui revient à donner à la plus-value une valeur algébrique.

Par ailleurs, la valeur (Vs) du salaire peut être décomposée en une valeur (Vs nécessaire) représentant la valeur des marchandises strictement nécessaires à l'entretien-renouvellement social du travailleur, et une valeur surplus (Vplus-value salariale) que le salarié peut consacrer à des dépenses de confort ou de luxe, voire à des placements lucratifs (rentes ou capitaux) :

(Vs) = (Vs nécessaire) + (Vpv salariale)

Par conséquent, contrairement à ce que l'on trouve le plus souvent dans les écrits de Marx et de ses commentateurs-continuateurs [46], ce qu'achète le capitaliste au salarié n'est pas sa « *force de travail* », mais l'usage de cette force, c'est-à-dire le service travail, une marchandise qui est consommée en même temps que produite et dont la nature est donc bien celle d'un « service »

Ce qui caractérise la société capitaliste en tant que société marchande n'est pas l'échange équivalent contre équivalent salaire contre « *force de travail* », mais l'échange inégal « salaire contre travail »

De là découle tout l'empilement des contradictions du capitalisme car, comme l'écrit Marx (**KM, I**, V, p. 123-124) : « *Des marchandises peuvent bien être vendues à des prix qui s'écartent de leurs valeurs ; mais cet écart apparaît comme une infraction de la loi de l'échange.* » Alors que, selon Marx, la répétition de l'échange des marchandises tend à ramener leur prix à leur valeur, [47] la répétition de l'échange inégal travail contre salaire en s'imposant comme loi de fonctionnement de la société tout entière tend au contraire à multiplier les infractions à cette loi de l'échange.
Comme on pourrait le faire à propos des moyens de production, J. Chaillou (JCh p.25) introduit dans ce qu'il appelle « la valeur de l'utilisation annuelle de la force de travail », à côté d'une valeur correspondant à « son entretien annuel » et étalé sur l'ensemble de la vie professionnelle, un terme correspondant à « l'amortissement annuel » de la « valeur globale » consommée pour sa formation avant l'entrée dans la vie professionnelle, et, après elle, pour « l'entretien » du travailleur « pendant la retraite »
A ces éléments de valeur extraprofessionnelle qui réduisent la durée de vie professionnelle et augmentent donc le terme dû à leur amortissement annuel, J. Chaillou aurait pu (et dû ?) ajouter ceux correspondant à l'entretien du travailleur pendant toutes ses autres périodes de vie dites inactives (congés maternité, vacances, maladie, chômage…).
De son côté, et semble-t-il sans connaissance du travail antérieur de J. Chaillou, Samir Amin écrit (SA I., p. 149-150) :

> « J'ai proposé une méthode de calcul qui commande la différence de ces contributions (du travail qualifié et simple au travail abstrait) fondée sur la prise en compte du temps de formation nécessaire à la production des travailleurs qualifiés et la restitution du coût de cette formation au cours des années de vie active du travailleur qualifié concerné »

Notons que J. Chaillou comme S. Amin ne prend en compte dans le calcul de la valeur de la « *force de travail* » qualifiée que la valeur des « subsistances », les marchandises que les salariés ont consommées pour la formation et la reproduction de cette « *force* » » Dès lors tous deux admettent que l'activité propre du salarié dans cette formation-reproduction, en particulier l'activité propre de l'étudiant, ne crée aucune valeur qui puisse s'intégrer à la valeur de leur « *force de travail* »
A l'évidence, cette exclusion contredit la définition générale par Marx de la valeur d'une marchandise par l'ensemble des travaux nécessaires à sa production-reproduction. De plus, elle accorde le même poids aux années d'étude et aux années de chômage ou de loisirs dans la détermination de la valeur de la « *force de travail* », puisque seule compte, dans cette détermination, la valeur des « *subsistances* » consommées pendant ces années.

Par ailleurs, et Jacques Chaillou et Samir Amin fixent arbitrairement le moment dans la vie du salarié où, au-delà de la formation de sa capacité, ou « *force de travail* » simple commence la formation de sa capacité, ou « *force de travail* » complexe.
Or, la formation de la « *force de travail* » individuelle commence dès la naissance, voire dès la conception (!) de l'enfant, et la distinction-opposition entre « *force de travail* » simple et « *force de travail* » qualifiée ne peut être qu'arbitraire. Par exemple, il est évident que l'apprentissage de la langue parlée, puis écrite, joue un rôle important dans la formation de la « *force de travail* », comme en témoigne la situation sur le marché du travail des travailleurs analphabètes ou étrangers.
A ces difficultés, voire ces impossibilités rencontrées dans la recherche d'une définition non arbitraire ou non logiquement contradictoire de la valeur de la « *force de travail* », s'ajoutent les conséquences de la distinction justement mise en avant par Jacques Chaillou (JCh, p. 46), entre « travail usant » et « travail qualifiant » :

> « Pour l'outilleur, le technicien, l'ingénieur, le cadre, le taux d'exploitation est plus faible (que pour le travailleur non qualifié -PR) puisqu'une partie de leur temps de travail se fixe dans leur propre capacité de travail : ils acquièrent une expérience monnayable auprès de leur employeur qui sait pouvoir difficilement les remplacer s'ils trouvent mieux ailleurs. »

Cette citation appelle plusieurs remarques :
- J. Chaillou, ici contredit Marx en introduisant dans la valeur de la « *force de travail* » un facteur relevant de l'activité propre du salarié. Sans doute, ne s'agit-il pas de prendre en compte l'activité propre de l'étudiant en général, (voire de l'élève, voire de l'enfant depuis sa conception !), mais seulement celle de l'étudiant en stage, ou celle du salarié en activité, et seulement dans la période initiale de l'exécution d'un travail déterminé pendant laquelle l'étudiant ou le salarié acquiert une « expérience », c'est-à-dire pendant laquelle le travail qu'il effectue est encore nouveau pour lui, donc, pour lui non strictement répétitif.
Cette relation entre le caractère qualifiant d'une activité et son caractère non répétitif pour celui qui l'exécute apparaît clairement dans la relation entre l'entraînement du sportif et le niveau de ses performances. De même si on a pu dire que « la répétition est l'âme de l'enseignement », [48] tout enseignant comme tout élève sait, qu'au-delà d'un certain point, l'élève n'a plus rien à apprendre de la répétition d'un même exercice. Le caractère qualifiant d'une tâche dépend donc de son degré de non-répétitivité.
Or, constate Marx (KM, I, XV, p.346):

« *L'industrie moderne ne considère et ne traite jamais comme définitif le mode actuel d'un procédé.* (...) ... *elle bouleverse avec la base technique de la production les fonctions des travailleurs et les combinaisons sociales du travail, dont elle ne cesse de révolutionner la division établie en lançant sans interruption des masses de capitaux et d'ouvriers d'une branche de production dans une autre.* »

-Ainsi, d'un côté, pour réduire le « coût du travail » égal, selon Marx, à la « valeur de la « *force de travail* » », la société capitaliste tend-elle à décomposer toutes les tâches de la production en tâches répétitives, aussi peu qualifiantes et qualifiées que possible : « *Le producteur devient un simple accessoire de la machine, on n'exige de lui que l'opération la plus simple, la plus monotone, la plus vite apprise.* » (KM-FE Manifeste, p.35).

-Mais, d'un autre côté, la société capitaliste impose...

« *...le changement dans le travail, la fluidité des fonctions, la mobilité universelle du travailleur* », et donc « *... la nécessité de reconnaître le travail varié et, par conséquent, le plus grand développement possible des diverses aptitudes du travailleur, comme une loi de la production moderne.* »
Effectivement, cette dernière constatation de Marx s'est trouvée confirmée par l'élévation massive du niveau d'instruction et qualification des travailleurs, une élévation qui a eu lieu d'abord dans les pays développés au cours du 20ème siècle et qui se poursuit aujourd'hui à l'échelle planétaire, sans pour autant que la tendance opposée à la parcellisation sous-qualifiante des tâches ne soit abolie. [49]

Le progrès de la production industrielle, mais aussi, faut-il ajouter, au-delà de Marx sinon contre lui, le progrès de la production des services, engendre donc sans cesse l'émergence de tâches nouvelles qui n'étant pas répétition des anciennes voient, à ce titre, leurs composantes qualifiée et qualifiante atteindre des niveaux élevés jusqu'à ce que leur généralisation dans la société et leur mécanisation-automatisation éventuelle les changent en tâches répétitives, voire les réduise en de nouvelles tâches parcellaires, ou même les fasse purement et simplement disparaître.

Dans la course poursuite qui s'en suit entre valorisation et dévalorisation du travail, ou, selon Marx, de la « *force de travail* », le salarié peut passer d'une situation de monopole à une situation de déclassé.

C'est à la situation de monopole que fait référence J. Chaillou lorsqu'il écrit que les salariés sur poste qualifiant :

> « ...acquièrent une expérience monnayable auprès de leur employeur qui sait pouvoir difficilement les remplacer s'ils trouvent mieux ailleurs »

Il est évident, alors, que la « *loi de la valeur* » à laquelle se réfère Marx pour décrire dans l'échange marchand capitaliste-salarié un échange égal équivalent contre équivalent, ne peut pas être vérifiée. Cette loi, en effet, suppose un équilibre entre l'offre et la demande, équilibre qui ne peut s'établir qu'à travers la répétition de l'échange :

(KM, I, II, p.79) : « *La répétition de l'échange en fait une affaire sociale régulière, et, avec le cours du temps, une partie au moins des objets utiles est produite intentionnellement en vue de l'échange. A partir de cet instant, s'opère la séparation entre l'utilité des choses pour les besoins immédiats et leur utilité pour l'échange (…) c'est-à-dire entre leur valeur d'usage et leur valeur d'échange. D'un autre côté, la proportion dans laquelle elles s'échangent commence à se régler par leur production même. L'habitude les fixe comme quantités de valeur.* ».

> « L'expérience quotidienne nous montre que des millions et des milliards d'échanges analogues comparent sans cesse les valeurs d'usage les plus dissemblables. Qu'il y a-t-il de commun entre ces choses différentes, continuellement rendues équivalentes les unes aux autres (…) En échangeant des produits, les hommes créent des rapports d'équivalence entre les genres de travail les plus divers. (…) C'est seulement en partant du système des rapports sociaux de production d'une formation historique déterminée, rapports apparaissant dans l'échange, phénomène généralisé qui se répète des milliards de fois, que l'on peut comprendre ce qu'est la valeur » (V.I.L. II, p.18-19).

Or Marx définit la valeur d'une marchandise par la quantité de travail social moyen actuel dépensée pour la produire. Dès lors, cette notion de valeur qui suppose l'établissement d'une moyenne, donc d'une multiplicité des marchandises produites, ne peut s'appliquer à la « *force de travail* » dépensée, ou au travail fourni dans l'exécution d'une tâche non répétitive : multiplicité des marchandises et répétitivité des tâches sont les conditions d'application de la loi marxiste de la valeur. [50] [51]

Ainsi, le caractère non-répétitif des tâches accomplies par un salarié sur un poste de travail qualifié ou, plus encore qualifiant, fait que la loi de la valeur ne peut pas s'appliquer à la détermination de la valeur de sa « *force de travail* » Le contrat qui lie le salarié à son employeur est alors déterminé par un rapport de pouvoir, un rapport économico-politique souvent établi sous la contrainte régulatrice plus ou moins directe de l'Etat (conventions collectives, code du travail par exemple).
Dans ces conditions, suivant le rapport de force politique établi et l'accès à une position plus ou moins stricte de monopole, chaque couche de salariés se positionne, de l'exploité à l'exploiteur, sur une échelle continue de rémunération et conditions de travail et de vie.

Au bas de cette échelle se trouvent les couches de salariés surexploités et mis dans l'impossibilité de renouveler-reproduire leur « *force de travail* » : c'est

par exemple le statut de nombreux travailleurs immigrés dans les pays développés, ou plus largement, d'une proportion importante du prolétariat des pays dominés.
En position moyenne se trouvent les salariés dont les statuts permettent le renouvellement-reproduction « normal » de leurs conditions de vie.
Au sommet, se trouvent les salariés au statut d'expert difficilement remplaçables et profitant donc, sans état d'âme, d'une rémunération si largement supérieure au strict nécessaire pour la satisfaction de leurs besoins en tant que travailleur qu'ils vivent dans le luxe et disposent d'un surplus qu'ils changent en rentes ou capitaux.

Du salarié surexploité à l'expert devenu exploiteur s'expriment les nombreuses contradictions de classe au sein du salariat et dont la connaissance est indispensable pour quiconque se fixe l'objectif d'unir autour du prolétariat dans un but révolutionnaire, toutes les couches sociales non monopolistes de la nation, et au-delà de l'humanité toute entière.
Mais, de ces contradictions de classes, la théorie marxiste de la « *force de travail* » ne peut rendre compte, puisqu'elle postule que les salariés tendent tous à être rémunérés à la valeur de leur force de travail, ce qui exclut qu'ils puissent disposer d'un surplus par rapport au strict nécessaire pour survivre dans leur condition de prolétaire.

[illegible]
les [illegible] dit [illegible].

La [illegible] des classes [illegible] seule [illegible] la
[illegible] conditions [illegible]
[illegible]
[illegible]
[illegible]
[illegible]
[illegible]

D[illegible] les
[illegible] les classes [illegible] et [illegible]
[illegible]
[illegible]
[illegible]
[illegible]
[illegible] les classes [illegible]

Chapitre VI

Le Livre I du « Capital » de Marx :
Notes de lecture critique
à propos du contrat salariés-capitalistes (Sa-Ca).

Propositions : ce qu'achète le capitaliste, ce que lui vend le salarié, c'est un travail fourni, un travail effectué, un service rendu, une prestation de service dont la valeur sociale est égale à chaque instant à la durée sociale moyenne nécessaire pour l'effectuer. La valeur d'une heure, d'une journée, d'une année de travail croît donc avec sa productivité relativement à la productivité sociale moyenne de l'heure, la journée ou l'année de travail.
En échange de son travail, le salarié reçoit un salaire dont la valeur est déterminée par le rapport des forces individuelles entre son employeur et lui et le rapport des forces sociales existant entre les employeurs et les salariés.
Suivant ces rapports, la valeur du salaire peut être supérieure, égale ou inférieure à la valeur du travail effectué. Cependant, dans la société capitaliste, les salariés étant dépossédés à la fois de leurs moyens de subsistance et des moyens de les produire, l'échange marchand capitalistes-salariés est un échange inégal, le salaire ayant, en général, une valeur inférieure à celle du travail effectué, la différence constituant la plus-value accaparée par le capitaliste.
Suivant le rapport des forces sociales et la qualité du travail fourni (travail plus ou moins intense, qualifié et qualifiant), la valeur du salaire peut être supérieure, égale ou inférieure à celle des subsistances nécessaires à la survie et la reproduction sociale du salarié en tant que travailleur producteur d'un travail de même nature, ce que Marx appelle valeur de la « *force de travail* »

Livre I, Chapitre I

p.43 « *...tous ces objets ne manifestent plus qu'une chose, c'est que dans leur production une force de travail a été dépensée, que du travail humain est accumulé* » (…) *Le travail qui forme la substance de la valeur des marchandises est du travail égal et indistinct, une dépense de la même force.* »
Le travail est donc pour Marx « *une dépense de « force de travail* » Mais une telle dépense est-elle autre chose qu'un travail ?

p.47 « *Mais la valeur des marchandises représente purement et simplement le travail de l'homme, une dépense de force humaine en général* » Or le capitaliste n'achète jamais de « *force humaine en général* », mais toujours un travail effectué particulier, un service qu'il ne paie, sauf exceptions, qu'après qu'il a été rendu.

p.48-49 « *Le travail complexe (skilled labour, travail qualifié) n'est qu'une puissance du travail simple, ou plutôt n'est que le travail simple multiplié, de sorte qu'une quantité de travail complexe correspond à une quantité plus grande de travail simple.* »
Dans quelles proportions ? Comment la mesurer ? Qu'est-ce qui la détermine ?
Un travail simple multiplié parce qu'il est plus productif, parce que, dans un même temps, il permet de produire plus de marchandises d'un type déterminé que le travail social moyen occupé à produire ce même type de marchandise ?
Ou multiplié parce qu'une heure de travail complexe représente plus de valeur, coûte plus qu'une heure de travail simple ? Cette deuxième interprétation est contredite par Marx : **p.49** « *Quelles que soient les variations de la force productive, le même travail fonctionnant durant le même temps, se fixe toujours dans la même valeur* »
« *...un même quantum de travail n'ajoute jamais au produit que la même somme de valeur nouvelle...* » (**KM, I**, X, p.431).

Quant à la notion de « *travail simple* » opposée à celle de « *travail complexe* » ou qualifié, Marx écrit à son sujet :
p.49 « *Tout travail est d'un côté dépense, dans le sens physiologique, de force humaine, et, à ce titre il forme la valeur des marchandises. De l'autre côté, tout travail est dépense de la force humaine sous telle ou telle forme productive, (...) et à ce titre de travail concret est utile, il produit des valeurs d'usage ou utilités.* »
Un travail concret, un service peut-il avoir en lui-même une valeur d'usage, et donc aussi une valeur marchande ? La valeur marchande d'un travail effectué quelconque ne peut-elle être dite égale à la durée sociale moyenne nécessaire pour l'effectuer ?

p.49 « *Le travail doit être utile pour être censé dépense de force humaine dans le sens abstrait du mot* » Utile à qui ? Utile à quoi ? Soumettons à ces questions le travail de l'employé de commerce dont Marx affirme qu'il ne crée aucune valeur marchande.

p.52-53 « *La force de travail à l'état fluide, ou le travail humain, forme bien de la valeur, mais n'est pas la valeur. Il ne devient valeur qu'à l'état coagulé, sous la forme d'un objet.* » Ce qui exclut le service, et le travail lui-même en tant que service, de la catégorie « *travail humain* », car le service, étant consommé en même temps que produit, ne se coagule pas sous la forme d'un objet consommable après avoir été produit et dans un lieu différent de celui de sa production. De même, peut-on dire que le travail de production de **l'énergie électrique** se coagule sous la forme d'un objet ?

p.70 « *L'égalité de travaux qui diffèrent* (...) *complètement les uns des autres ne peut consister que* (...) *dans la réduction à leur caractère commun de dépense de force humaine, de travail humain en général, et c'est l'échange seul qui opère cette réduction en mettant en présence (...) sur un pied d'égalité les travaux les plus divers.* » : ici Marx met sur le même pied « *dépense de force humaine* » et « *travail humain en général* » ; il n'a pas mis sur le même pied « *dépense de force humaine* » et « dépense de *travail humain* », une ambigüité qui courra tout au long de la rédaction du Capital où la distinction opposition entre *travail et « force de travail »* est souvent négligée.

Par ailleurs, on notera que c'est bien la répétition de l'échange marchand qui établit en pratique la notion de valeur marchande. Cette notion ne concerne donc pas les objets uniques ou peu nombreux. Cette exclusion vaut, par exemple pour une œuvre d'art, pour un monument architectural, ou le prototype d'un train à grande vitesse, d'un Airbus, etc. L'analyse de Marx ne concerne donc que la production en série, voire en grande série, la production répétitive.

Remarquons aussi que la répétition de l'échange demande du temps donc, il en est de même de la mise sur « *un pied d'égalité des travaux les plus divers* » : Ainsi, lorsque ces travaux évoluent assez vite, leur échange peut très bien ne jamais s'effectuer sur un tel pied. Autrement dit, la prétendue loi de l'équilibre entre l'offre et la demande n'a pas le temps de ramener le prix des marchandises à leur valeur. Cette mise en défaut de l'égalisation du prix à la valeur est de plus en plus effective au fur et à mesure que s'accélère du 19ème siècle jusqu'à aujourd'hui l'obsolescence des moyens et méthodes de production.

p.71 « *Il faut que la production marchande se soit complètement développée avant que de l'expérience même se dégage cette vérité scientifique : que les travaux privés* (...) *sont constamment ramenés à leur valeur sociale régulatrice.* (...) *...dans les rapports d'échange accidentels et toujours variables de leurs produits, le temps de travail social nécessaire à leur production l'emporte de haute lutte comme loi sociale régulatrice.* »

Ainsi, selon Marx, la répétition de l'échange doit toujours conduire à la réalisation de l'échange des marchandises à leur valeur, en un échange égal, équivalent contre équivalent.

Mais cette réduction à la valeur ne s'appliquant pas, dans la société capitaliste à l'échange du travail effectué, du travail en tant que service contre le salaire, Marx est conduit à substituer à cet échange foncièrement inégal, l'échange potentiellement égal « *force de travail* » contre salaire.

p.72-73 « *...dans le sombre moyen-âge européen,* (...) *une dépendance personnelle caractérise aussi bien les rapports sociaux de la production matérielle*... (La production des services n'avait-elle aucune importance au

moyen-âge ?) *…que toutes les autres sphères de la vie auxquels elle sert de fondement. Et c'est précisément parce que la société est basée sur la dépendance personnelle que tous les rapports sociaux apparaissent comme des rapports entre personnes. Les travaux divers (…) se présentent comme services, prestations diverses et livraisons en nature. (…) Chaque corvéable sait fort bien (…) que c'est une quantité déterminée de sa force de travail personnelle qu'il dépense au service de son maître.* »
Marx n'a pas écrit (mais pourquoi ?) que le corvéable dépense une quantité déterminée de travail, mais dépense une quantité déterminée « *de force de travail* »
De même, à propos de « *l'industrie rustique et patriarcale d'une famille de paysan* », Marx écrit que : « *la mesure de la dépense des forces de travail individuelles* (et non la dépense de travail) *par le temps de travail apparaît ici directement comme caractère social des travaux eux-mêmes...* »
De même encore Marx écrit : « *Représentons-nous enfin une réunion d'hommes libres travaillant avec des moyens de production communs, et dépensant, d'après un plan concerté, leurs nombreuses forces individuelles comme une seule et même force de travail social.* » Pourquoi n'a-t-il pas écrit ici : « …et effectuant leurs travaux individuels comme *un seul et même travail social* » ?
La notion de « réalisation d'un travail » comme on rend un service, est-elle moins acceptable que celle de « *dépense d'une force de travail* » ? Or Marx ajoute alors à propos d'une telle société (il s'agit ici certainement de la société socialiste) : « *Le temps de travail jouerait ainsi un double rôle. D'un côté, sa distribution dans la société règle le rapport exact des diverses fonctions aux divers besoins ; de l'autre, il mesure la part individuelle de chaque producteur dans le travail commun, et en même temps la portion qui lui revient dans la partie du produit commun réservée à la consommation.* »
Autrement dit, la société (socialiste) distribue le temps de travail et non la « *force de travail* » et donne à chacun selon son temps de travail et non selon sa dépense de « *force de travail* » Quant-à la partie du produit commun que la société réserve à la consommation de chacun, comprend-elle, dans l'esprit de Marx, les services ?

Livre I, Chapitre II
p.79 « *Peu à peu, le besoin d'objets utiles provenant de l'étranger se fait sentir davantage et se consolide. La répétition constante de l'échange en fait une affaire sociale régulière. (…) A partir de cet instant s'opère d'une manière nette la séparation entre l'utilité des choses pour les besoins immédiats et leur utilité pour l'échange à effectuer entre elles, c'est-à-dire entre leur valeur d'usage et leur valeur d'échange. D'un autre côté, la proportion dans laquelle elles s'échangent commence à se régler par leur production même. L'habitude les fixe comme quantités de valeur.* »

On notera qu'ici Marx en reste à la notion de marchandise « *objet* », « *chose* », objet matériel. On notera aussi que l'établissement de la valeur d'échange des marchandises repose sur « *l'habitude* » de l'échange, sur sa « *répétition constante* » La notion de valeur d'échange n'a donc pas de sens pour les marchandises uniques (par exemple une grande entreprise) ou rares.

Livre I, Chapitre III

p.87-88 « *Il est donc possible qu'il y ait un écart, une différence de valeur entre le prix d'une marchandise et sa grandeur de valeur* (...). Cette *ambiguïté* (...) *adapte la forme prix à un système de production où la règle ne fait loi que par le jeu aveugle des irrégularités qui, en moyenne, se compensent, se paralysent et se détruisent réciproquement.* »
Or, si une pareille compensation des écarts à la valeur peut être envisagée à la suite de Marx à propos du prix de la « *force de travail* », il n'en est pas de même si l'on considère le prix du travail effectué entendu comme le prix d'un service, un prix, le salaire, qui dans la société capitaliste est généralement inférieur à la valeur du travail effectué qu'il est fallacieusement censé représenter.

p.92 « *La division du travail transforme le produit du travail en marchandise, et nécessite par là-même sa transformation en argent.* » Le service fait-il partie, au sens de Marx, des « *produits du travail* » et peut-il, en conséquence devenir marchandise transformable en argent ?

p.95-96 « *La circulation* (de la valeur) *élargit* (...) *la sphère de la permutation matérielle du travail social, en émancipant les producteurs des limites locales et individuelles, inséparables de l'échange immédiat de leurs produits.* (...) *L'argent fait sauter les barrières par lesquelles le temps, l'espace et les relations d'individu à individu rétrécissent le troc des produits.* »
Ainsi, le Christ, en chassant les marchands du Temple, faisait-il œuvre réactionnaire, comme les petits paysans qui s'en prennent aujourd'hui à la grande production alimentaire industrielle.
Jacques Roubaud (communication personnelle) suggère que l'exclusion par Marx des salariés du commerce de la catégorie des travailleurs productifs de valeur, ce qui en fait des parasites des producteurs des biens matériels, relève de l'influence sur lui de la culture judéo-chrétienne.

« *Les contradictions que recèle la marchandise* (et donc le travail si on le considère comme une marchandise), *de valeur usuelle et valeur échangeable, de travail privé qui doit à la fois se présenter comme travail social, de travail concret qui ne vaut que comme travail abstrait ; ces contradictions immanentes à la nature de la marchandise* (du travail)

acquièrent dans la circulation leurs formes de mouvement. Ces formes impliquent la possibilité, mais seulement la possibilité, de crises. »
N'est-ce pas ici « *le travail* » et non la « *force de travail* » qui est considérée par Marx comme une marchandise ?

Livre I, Chapitre V

p.123-124 « *Dès qu'il s'agit de valeur d'usage, il est clair que nos échangistes peuvent gagner tous les deux. Tous deux aliènent des produits qui ne leur sont d'aucune utilité et en acquièrent d'autres dont ils ont besoin.* »
Telle est, selon Marx, la loi normale de l'échange marchand. Mais peut-on dire que le temps de travail que les salariés vendent collectivement à l'ensemble des employeurs capitalistes ne leur serait, sans cette vente forcée, d'aucune utilité s'ils possédaient eux-mêmes collectivement les moyens de production des subsistances nécessaires à leur existence ?
Symétriquement, si le travail commercial dépensé dans la société capitaliste pour assurer l'échange marchand permet aux échangistes de gagner des valeurs d'usage dont ils ont besoin, pourquoi exclure, comme nous le demande Marx, ce travail commercial de la liste des travaux qui, produisant ces valeurs d'usage, en produisent aussi les valeurs marchandes ?

« *La valeur est exprimée dans les prix des marchandises avant qu'elles entrent dans la circulation, au lieu d'en résulter.* »
Ici Marx admet d'une part que le prix des marchandises est égal à leur valeur et, d'autre-part, avance que les marchandises sont vendues à un prix égal à la valeur qu'elles avaient avant que soit effectué le travail de l'échange, ce qui revient à admettre, d'une part que ce travail commercial ne crée aucune valeur, et d'autre part qu'il est rétribué par un prélèvement sur la valeur créée au préalable.

« *Si l'on fait abstraction des circonstances accidentelles* (…), *il ne se passe dans la circulation* (…) *rien autre chose qu'un simple changement de forme de la marchandise. Ce changement de forme n'entraîne aucun changement de valeur.* (…) ... *il n'en peut résulter qu'un échange d'équivalents. C'est pourquoi l'économie vulgaire, toutes les fois qu'elle veut étudier le phénomène dans son intégrité, suppose toujours que l'offre et la demande s'équilibrent, c'est-à-dire que leur effet sur la valeur est nul.* (…) *Des marchandises peuvent bien être vendues à des prix qui s'écartent de leurs valeurs, mais cet écart apparaît comme une infraction de la loi de l'échange. Dans sa forme normale, l'échange des marchandises est un échange d'équivalents et ne peut être par conséquent un moyen de bénéficier.* »

Or l'échange qui a lieu entre le salarié et le capitaliste (échange Sa-Ca) est à l'évidence un échange qui donne à ce dernier « *un moyen systématique de bénéficier* »

Pourtant, devant cette évidence deux attitudes étaient possibles :

-Soit déclarer avec Marx que cet échange reste conformément à « *la loi de l'échange* », « *dans sa forme normale* », un échange d'équivalents, et que c'est dès lors à la propriété exceptionnelle de la marchandise échangée, la « *force de travail* », de créer la valeur dont le capitaliste fait son capital ;

-Soit admettre, contre Marx, que la marchandise échangée est un travail effectué en tant que service et dont la valeur est, comme celle de tous les travaux qui font la valeur des marchandises, sa durée, mais dont le prix payé au salarié est, dans un échange inégal, systématiquement inférieur à sa valeur.

On admet alors dans le même mouvement que, chaque fois qu'un échange marchand met en présence des échangistes dont l'un est en position d'infériorité par rapport à l'autre, l'offre et la demande n'ont aucune raison d'équilibrer le prix des marchandises à leur valeur, ce qui est d'ailleurs généralement le cas dans les relations Sa-Ca, contrairement à des illusions que pourtant Marx d'ailleurs ne cesse de présenter à juste titre comme telles.

p.125 « *Dans tous les cas, il n'y a sur le marché qu'échangiste en face d'échangiste, et la puissance qu'exercent ces personnages les uns sur les autres n'est que la puissance de leurs marchandises. La différence matérielle qui existe entre ces dernières est le motif matériel de l'échange et place les échangistes en un rapport de dépendance réciproque les uns avec les autres, en ce sens qu'aucun d'eux n'a entre les mains l'objet dont il a besoin et que chacun d'eux possède l'objet des besoins d'autrui.* »

Encore une fois, Marx ne s'intéresse qu'à la marchandise matérielle, et, en supposant que l'on puisse considérer la « *force de travail* » et le salaire comme des objets (!), on ne peut que lui donner raison : le salarié a besoin d'un salaire, et le capitaliste a besoin de voir effectué un certain travail.

Mais leur dépendance réciproque ne les met pas, contrairement à ce que Marx semble ici admettre, dans des relations d'égalité. Car, contrairement aux échangistes acteurs d'un échange respectueux de la loi de l'échange dans sa forme « *normale* », l'un des échangistes, le capitaliste, possède à la fois :

-les moyens de travail sans lequel l'autre échangiste, le salarié ne peut effectuer, « produire » le travail service qu'il veut vendre et…

-…l'argent du salaire sans lequel le salarié ne peut acheter les « *subsistances* » qui lui sont nécessaires pour être en mesure d'effectuer ce même travail.

D'ailleurs, les rapports entre capitalistes et salariés ne sont pas les seuls où l'on voit, dans la société capitaliste éclater l'inégalité entre échangistes : les rapports commerciaux entre petits producteurs et groupes monopolistes, et ceux entre pays colonisés ou dépendants et puissances impérialistes ne

relèvent pas, de toute évidence d'un équilibre entre les seules « *puissances de leurs marchandises* » ! En témoignent notamment les centaines de bases militaires étatsuniennes installées à travers le monde !
« *La formation d'une plus-value* (…) *ne peut provenir ni de ce que les vendeurs vendent les marchandises au-dessus de ce qu'elles valent, ni de ce que les acheteurs les achètent au-dessous.* »
Mais il n'est pas besoin, pour expliquer cette « *formation d'une plus-value* », de postuler avec Marx un échange égal entre capitaliste et salarié : au contraire, c'est à un échange inégal travail effectué contre salaire que le capitaliste doit la plus-value qu'il peut s'approprier.

p.126 « *Le vendeur a produit lui-même la marchandise ou il en représente le producteur ; mais l'acheteur, lui aussi, a produit la marchandise convertie en argent, ou il tient la place de son producteur. Il y a donc aux deux pôles des producteurs.* »
La « *forme normale* » de l'échange à laquelle se réfère Marx est donc bien ici celle de l'échange égal entre producteurs égaux devant l'échange, ce qui n'est évidemment pas le cas de l'échange Ca-Sa.

p.128-129 « *Il a été démontré que la somme des valeurs jetées dans la circulation n'y peut s'augmenter, et que, par conséquent, en dehors d'elle, il doit se passer quelque chose qui rende possible la formation d'une plus-value.* (…) *Le producteur peut bien, par son travail, créer des valeurs, mais non point des valeurs qui s'accroissent par leur propre vertu.* (…) *La transformation de l'argent en capital doit être expliquée en prenant pour base les lois immanentes de la circulation des marchandises, de telle sorte que l'échange d'équivalents serve de point de départ.* » (…)
Ici apparaît résumée la démarche qui conduit Marx à décrire l'échange Sa-Ca comme un échange égal (« *force de travail* » contre salaire) (échange [(Vft)-(Vs)] et non comme un échange inégal, travail effectué, service d'un travail contre salaire [(Vw)-(Vs)] : pour Marx, le salarié vend sa « *force de travail* » à sa valeur, et non le service de son travail à moindre prix. Cherchant à démontrer que seul le travail produit la valeur, et donc produit la plus-value qui sert à la formation du capital, Marx affirme justement que ce n'est pas l'échange marchand qui crée par lui-même la valeur, mais :

-d'une part, il en déduit faussement que les travaux de la circulation ne créent aucune valeur, et,

-d'autre part, généralisant faussement à toutes les transactions commerciales le modèle théorique de l'échange égal, place l'origine de la plus-value, non dans un échange inégal du service d'un travail individuel contre un salaire de moindre valeur, mais dans la propriété d'une marchandise exceptionnelle, nommée « *force de travail* », échangée à sa valeur et capable de fournir plus de travail individuel qu'elle ne vaut de travail social passé, comme un lot de semences peut fournir plus de graines que lui-même n'en contient.

Mais, ce qu'achète le capitaliste, ce n'est pas la semence à sa valeur, mais la récolte au prix le plus bas possible.

Livre I, Chapitre VI

p.129 « *Le possesseur d'argent et le propriétaire de la puissance de travail* (« *force de travail* » -PR) *ne diffèrent qu'en ceci : l'un achète et l'autre vend...,* »

Ici, Marx, pour maintenir la fiction d'un échange égal, est conduit à escamoter une nouvelle fois le fait que c'est l'acheteur capitaliste, et non le vendeur salarié, qui possède potentiellement, avec l'argent destiné au salaire, les subsistances dont le salarié a besoin, et que c'est aussi l'acheteur capitaliste qui possède les moyens de production de la marchandise travail en tant que service que le salarié se voit contraint de vendre pour vivre !

En réalité, encore une fois, le salarié vend le service d'un travail, un service dont la valeur n'est autre que sa durée (mesurée par le nombre d'heures de travail social moyen à laquelle elle correspond pour l'exercice de ce travail) et se trouve, sauf exception, supérieure à la valeur, la durée de travail social que représente son salaire.

p.129-130 « *Il faut que le propriétaire de la force de travail ne la vende jamais que pour un temps déterminé, car, s'il la vend en bloc, une fois pour toutes, il se vend lui-même et de libre qu'il était, se fait esclave, de marchand, marchandise.* »

Marx est très loin ici de sa définition de la marchandise comme un objet matériel, ayant, dans le temps et dans l'espace, une existence indépendante de son producteur. Ici, la marchandise est définie comme une propriété caractéristique du producteur lui-même. Comme nous l'avons déjà noté (note 35) « Il existe cependant toute une gradation allant de cette « liberté » du salarié à son total esclavage, suivant qu'il se vend pour une heure, un jour, un an, voire même dix ans comme le font les fonctionnaires qui signent « un engagement décennal ».

p.131 « *Les conditions historiques de l'existence du capital ne sont réalisées que là où le détenteur des moyens de production et de subsistances rencontre sur le marché le travailleur libre qui vient y vendre sa force de travail.* »

Ici Marx montre bien que le capitaliste tient à sa merci le salarié par un double monopole :

-celui des moyens de production nécessaires à la mise en œuvre de sa « *force de travail* » (autrement dit à l'exécution du service travail pour lequel il est payé)...,

- …et celui de l'argent permettant au travailleur d'acheter les subsistances nécessaires à l'exercice de son travail.

Le capital « *ne se produit que là où le détenteur des moyens de production et de subsistance rencontre sur le marché le travailleur libre qui vient y vendre sa force de travail.* »

« *En tant que valeur, la force de travail représente un quantum de travail social réalisé en elle.* »

Cela signifie-t-il (cf. l'adjectif social) que le travail personnel mis en œuvre pour la production de cette « *force de travail* » n'ajoute rien à sa valeur (études, entraînement sportif ou artistique) ? Un « *travail social* » étant un travail réalisé pour autrui, peut-on dire que le « travail » de l'étudiant n'est pas réalisé pour autrui, alors qu'il participe directement à la production de la « *force de travail* » destinée, selon Marx, à être vendue à l'employeur, donc à servir de valeur d'usage à autrui ? Mais alors, l'apprentissage d'une langue par l'enfant ne devrait-il pas compter dans la valeur de sa future « *force de travail* » ?

C'est donc par une dérogation arbitraire à sa propre définition de la valeur des marchandises que Marx réduit celle de la « *force de travail* » à la valeur des subsistances (quid des services ?) consommées pour la produire, en excluant le « travail » que le travailleur a fourni lui-même à cette fin.

Tout se passe ici comme si les subsistances dont parle Marx, jouaient le rôle de moyen de production de la marchandise « *force de travail* » dont la valeur se réduirait ainsi à celle de ses moyens de production (travail passé), à l'exclusion de tout apport de valeur dû au travail vivant effectué par le producteur de la marchandise considérée. Dans le schéma de Marx, la valeur de la « *force de travail* » d'un étudiant qui a étudié est la même, à consommation égale de subsistances, que celle d'un étudiant qui a déserté ses études, en quelque sorte la valeur de la « *force de travail* » de l'étudiant est assimilée à celle d'un chômeur !

p.131-132 « *Pour son entretien ou pour sa conservation, il* (le travailleur) *a besoin d'une certaine somme de moyens de subsistance. Le temps de travail nécessaire à la production de la force de travail se résout donc dans le temps de travail nécessaire à la production de ces moyens de subsistance.* »

Le travail fourni par le salarié lui-même pour produire ses moyens de subsistance (par exemple les légumes de son jardin) sont-ils comptabilisés ici ? Les services de santé ou enseignement sont-ils comptés par Marx comme moyens de subsistance ? S'agit-il seulement de ses moyens de subsistance individuels, ou aussi des moyens de subsistance des personnes dont il a la charge (femme au foyer, enfants – et jusqu'à quel âge ? -, chômeurs, handicapés et parents âgés) ? Les moyens de subsistance dépensés pour entretenir le salarié pendant sa retraite, alors que ceux-ci ne servent plus à la production d'une quelconque « *force de travail* » sont-ils aussi pris en compte ?

« *La force de travail se réalise par sa manifestation extérieure. Elle s'affirme et se constate par le travail, lequel (...) nécessite une certaine dépense des muscles, des nerfs, du cerveau (...) qui doit être compensée. Plus l'usure est grande, plus grands sont les frais de réparation.* »
Comme la « *force de travail* », les moyens matériels de production ne manifestent leur qualité de moyens de production que par le travail qui en provoque l'usure. Selon Marx, donc, le capitaliste loue la « *force de travail* » comme il louerait une machine dont il ne serait pas propriétaire. Il la loue pour un temps et un usage déterminés. Il la loue comme un cultivateur louerait une certaine quantité de semences qu'il rembourserait sur la récolte qu'il en aurait tirée. Si la valeur n'était pas faite d'heures de travail mais de grains de blé, la valeur de la « *force de travail* » vendue à sa valeur au capitaliste serait selon Marx le nombre des graines de la semence et la valeur du travail dont il disposerait serait le nombre des grains de la récolte. L'ennui est que le salarié ne fournit pas que la semence, mais la totalité de la récolte. C'est donc la totalité de la récolte, autrement dit le travail fourni que le capitaliste achète et non la seule semence, autrement dit la « *force de travail* ».

« *Les besoins naturels, tels nourriture, vêtements, chauffage, habitation, etc.* (Marx ne mentionne ici aucun service tel ceux de la santé ou de l'éducation), *diffèrent suivant les (...) particularités physiques d'un pays. (...). ...le nombre même de prétendus besoins naturels, aussi bien que le mode de les satisfaire, est un produit historique, et dépend ainsi, en grande partie, du degré de civilisation atteint. (...) La force de travail renferme donc un élément moral et historique. (...) La somme des moyens de subsistance nécessaire à la production de la force de travail comprend donc les moyens de subsistance des remplaçants, c'est-à-dire des enfants des travailleurs.* (...des femmes, lorsqu'elles ne travaillent pas, des chômeurs, des malades, des vieux, des handicapés physiques ou mentaux, etc.) (...) *...pour modifier la nature humaine de manière à lui faire acquérir aptitude, précision et célérité dans un genre de travail déterminé,* (le salarié fournit donc un travail déterminé) *c'est-à-dire pour en faire une force de travail développée dans un sens spécial, il faut une certaine éducation qui coûte elle-même une somme plus ou moins grande d'équivalents en marchandises* (parmi lesquelles la « *force de travail* » des enseignants, dont la valeur ne serait que celle des marchandises qu'il consomment ?). *Cette somme varie selon le caractère plus ou moins complexe de la force de travail. Les frais d'éducation (...) rentrent dans le total des marchandises nécessaire à sa production.* »

Ici Marx ne comptabilise-t-il que les marchandises consommées pour effectuer le service d'éducation (bâtiments, matériel pédagogique, ...), et non le service en lui-même. Mais comptabilise-t-il la valeur des subsistances consommées par les enseignants ?

Ici Marx n'inclut pas, comme valeurs, les travaux effectués par le salarié lui-même (études, entraînement sportif ou artistique) et donc non incorporés à des marchandises subsistances.

Ici Marx limite le rôle de l'éducation à la réalisation de travaux déterminés, oubliant que celle-ci est aussi nécessaire à la reconstitution de la « *force de travail* » en dehors des heures de travail.

En caractérisant comme « *force de travail* », la marchandise qui plus est vendue à sa valeur par le salarié à son employeur capitaliste, Marx s'engage dans la difficulté d'évaluer cette valeur suivant des critères objectifs.

Au contraire, cette difficulté n'apparaît pas si la marchandise vendue par le salarié pour effectuer un travail déterminé est un travail fourni en tant que service, car sa valeur est alors objectivement donnée par sa durée mesurée en unités de durée sociale moyenne de travail fourni pour effectuer ce même travail, indépendamment du degré de civilisation atteint (comment le mesurer ?), de la complexité du travail et du niveau de qualification nécessaire pour l'accomplir et pour vivre en dehors des heures de travail (comment les mesurer ?), de la liste, nombre et qualité des personnes mises nécessairement à la charge du salarié (sur quels critères l'établir), des particularités physiques du pays, et enfin et sans doute surtout, des rapports de force dans les luttes de classe entre capitalistes et salariés : une heure de travail social moyen est une heure de travail social moyen, rien d'autre, et c'est d'ailleurs cette valeur seule, la valeur travail, qui est incorporée dans la valeur des marchandises produites !

p.133-134 « *Qui dit puissance de travail ne dit pas encore travail, pas plus que puissance de digérer ne signifie digestion...* »

Effectivement, ce qui intéresse l'employeur, et ce que, par conséquent, il est disposé à acheter, ce n'est pas la « *force de travail* », mais le travail, et c'est pour cela qu'il fait tout son possible pour ne payer le salarié qu'une fois le travail exécuté. (...) :

« *Une fois le contrat passé entre l'acheteur et le vendeur, il résulte de la nature particulière de l'article aliéné que sa valeur d'usage n'est pas encore passée réellement entre les mains de l'acheteur.* (Autrement dit ce qu'achète le capitaliste, c'est le travail réalisé) (...) *L'aliénation de la force et sa manifestation réelle ou son service comme valeur utile, en d'autres termes, sa vente et son emploi, ne sont pas simultanés.* »

Normalement, pourtant, une fois qu'une marchandise est vendue, son usage ne concerne que l'acheteur, ce qui n'est évidemment pas le cas si l'on admet avec Marx, que le salarié ne vend que sa « *force de travail* »

Conscient de cette difficulté, Marx ajoute donc : « *Or, presque toutes les fois qu'il s'agit de marchandises* (...) *dont la valeur d'usage est formellement aliénée par la vente sans être réellement transmise en même temps à l'acheteur, l'argent de celui-ci fonctionne comme moyen de paiement, c'est-*

à-dire que l'acheteur ne le reçoit que (…) *quand sa marchandise a déjà servi de valeur utile.* ».
Mais dans les cas mis en avant ici par Marx, la marchandise transmise à l'acheteur reste la même entre la vente et la manifestation de sa valeur utile, tandis que dans le cas de la vente de la « *force de travail* », ce n'est plus la « *force de travail* » qui se trouve entre les mains de l'acheteur, mais le travail lui-même en tant que service.

« *Comme le loyer d'une maison, le prix de la force de travail est établi par contrat, bien qu'il ne soit réalisé que postérieurement.* »
Il s'agit là de son prix, non de sa valeur. Lorsqu'on loue une maison, ce n'est pas la maison qu'on achète, mais son utilisation. Lorsqu'on loue la « *force de travail* », ce n'est pas la « *force de travail* » qu'on achète mais l'utilisation de cette force, c'est-à-dire, le travail. Et comme le loyer, le salaire est déterminé par le rapport des forces économico-politiques établi entre l'acheteur et le vendeur. La pénurie organisée des logements permet par exemple à leurs propriétaires de les vendre ou de les louer au-dessus de leur valeur ; la pénurie des emplois oblige les vendeurs de « *force de travail* » à la vendre en dessous de sa valeur. Dans le cas de la relation capitaliste-salarié l'égalité des échangistes devant l'échange n'est qu'un leurre.

« *Nous connaissons maintenant le mode de la manière dont se détermine la valeur payée au propriétaire de* (…) *la force de travail. La valeur d'usage qu'il donne en échange à l'acheteur ne se montre que dans l'emploi même, c'est-à-dire dans la consommation de sa force.* »
Autrement dit le salarié ne vend pas sa « *force de travail* », mais son usage, c'est-à-dire le service de son travail. Et il n'effectue pas cette vente en position d'égalité avec son acheteur qui a en main, sauf situation exceptionnelle, tous les moyens de pression et de duperie pour lui imposer d'accepter un prix de la marchandise inférieur à sa valeur. La fiction de l'échange égal Sa-Ca ne peut qu'entretenir le succès de cette duperie, même si Marx, bien évidemment n'en n'est pas dupe :
« *Notre ancien homme aux écus prend les devants et, en qualité de capitaliste, marche le premier ; le possesseur de la force de travail le suit par derrière comme son travailleur à lui ; celui-là, le regard narquois, l'air important et affairé ; celui-ci, timide, hésitant, rétif, comme quelqu'un qui a porté sa propre peau au marché, et ne peut plus s'attendre qu'à une chose : à être tanné.* »

Livre I, Chapitres VII et VIII
p. 136 « *L'usage de la force de travail, c'est le travail* » Et c'est l'usage de la « *force de travail* » qu'achète le capitaliste, non cette « *force* »

p. 141-142 « *L'ouvrier travaille sous le contrôle du capitaliste auquel* <u>*son travail appartient.*</u> » Marx n'a pas écrit : « …auquel sa « *force de travail* » appartient. » (…) *L'usage de la marchandise appartient à l'acheteur, et, en donnant son travail, le possesseur de la force de travail ne donne en réalité que la valeur d'usage qu'il a vendue ; dès son entrée dans l'atelier, l'utilité de sa force, le travail, appartenait au capitaliste.* » Sauf que ce n'est pas le capitaliste qui se sert de la « *force de travail* » achetée pour en faire un travail, mais son salarié. Celui qui change la « *puissance de digérer en digestion* » est un seul et unique homme. »

p. 143 « *Tout le travail contenu dans les filés* (la marchandise choisie à titre d'exemple) *est du travail passé.* » Cette proposition exclut de la catégorie de marchandise les <u>services</u> dont le contenu en travail est du travail présent aussitôt consommé que produit.

p. 146 « *Mais est-ce que l'ouvrier ne lui a pas* (au capitaliste) (…) *rendu le service de convertir en filés son coton et ses broches* (c'est l'exemple choisi plus haut par Marx). *Du reste il ne s'agit pas ici de service. Le service n'est que l'effet utile d'une valeur d'usage, que celle-ci soit marchandise ou travail. Ce dont il s'agit, c'est de la valeur d'échange.* »
Comment comprendre la deuxième de ces phrases de Marx dans le cas qui nous occupe de la relation entre « *force de travail* » et travail. Cette phrase met sur le même pied la marchandise et le travail. Pourtant, selon Marx, ce n'est pas le travail qui est ici la marchandise, mais la « *force de travail* », la valeur d'usage de la « *force de travail* » étant le travail dont l'effet utile est à son tour un produit qui devient marchandise lorsqu'il est mis sur le marché. Mais l'effet utile n'est-il pas lui-même valeur d'usage ? Toutes ces questions, Marx les esquive : il ne veut pas s'intéresser à la notion de service. Il ne veut s'intéresser qu'à la valeur d'échange. Mais toutes ces complications disparaissent si l'on admet que le capitaliste achète non la « *force de travail* » à sa valeur, mais le travail du salarié en tant que service à un prix aussi bas qu'il lui est possible de l'imposer.

p.147 « *La valeur d'usage de la force de travail, c'est-à-dire le travail, n'appartient pas plus au vendeur que n'appartient à l'épicier la valeur d'usage de l'huile vendue.* » Sauf que l'épicier n'est pas impliqué dans l'usage qui est fait de l'huile par son client, tandis que le salarié est le premier à être impliqué dans la matérialisation de sa « *force de travail* » en travail.

p.149 « *Comparons maintenant la production de valeur avec la production de valeur d'usage. Celle-ci consiste dans le mouvement du travail utile. Le procès de travail se présente ici au point de vue de la qualité.* (…) *Par contre, comme production de valeur, le même procès ne se présente qu'au* *point de vue de la quantité. Il ne s'agit plus ici que du temps dont le travail a besoin pour son opération.* » (…) Le salarié fournit un temps de travail, non un temps de « *force de travail* »

« *Que le travail soit contenu dans les moyens de production ou qu'il soit ajouté par la force de travail* (la « *force de travail en action* », « *le travail lui-même* » – **KM, II, XI**, p.193 -PR), *on ne le compte désormais que d'après sa durée ; il est de tant d'heures, de tant de jours, et ainsi de suite.*

Et, de plus, il ne compte qu'autant que le temps employé à la production de la valeur d'usage est le temps socialement nécessaire. Cette condition présente plusieurs aspects différents. La force de travail doit fonctionner dans des conditions normales (Ici, « *normales* » signifie-t-il autre chose que « *moyennes* » ? –PR). *Si, dans le milieu social donné, la machine à filer est l'instrument normal de la filature, il ne faut pas mettre un rouet entre les mains du fileur.* (…) *sinon, le travailleur emploierait* (…) *plus que le temps nécessaire à la production* (…) *de filés, et cet excès de temps ne créerait ni valeur ni argent.* (…) *D'autre part,* (…) *la force de travail doit posséder dans la spécialité à laquelle on l'emploi le degré moyen d'habileté, d'adresse et de célérité.* (…) *Cette force doit de plus fonctionner, avec le degré d'intensité habituel.* (…) *Enfin,* (…) *le gaspillage des instruments et des matières premières représente une dépense inutile de travail déjà réalisé, lequel, par conséquent, n'est pas compté dans le produit et ne lui ajoute pas de valeur.* »

Ainsi, l'indication de Marx selon laquelle la valeur du travail ne se mesure à chaque instant qu'à sa durée ne s'applique qu'à du travail simple social moyen, et la valeur sociale d'un travail particulier, relatif à la production de marchandises d'un type donné, se mesure en heures de travail social dépensées en moyenne pour la production de marchandises de ce type, quelle que soit par ailleurs la variabilité de ces marchandises à l'intérieur du type considéré (par exemple, s'il s'agit de voitures d'un modèle particulier, on ne tiendra pas compte des détails qui différencient toujours les voitures d'un même modèle).

Or, il est possible de démontrer [52] que la valeur-travail sociale fournie par un travailleur individuel ou collectif d'une entreprise peut-être calculée sans faire entrer en ligne de compte la valeur de sa « *force de travail* », et que cette valeur sociale fournie résulte de transferts de valeur entre les travailleurs des entreprises de l'ensemble économico-politique considéré, alors que la plus-value fournie peut prendre une valeur positive ou négative : autant de résultats qui contredisent directement la théorie de Marx de la « *force de travail* ».

p. 149 « *En examinant la production de la plus-value, nous avons supposé que le travail approprié par le capital est du travail simple moyen.* (…) *…quand il s'agit de production de valeur, le travail supérieur doit être*

réduit à la moyenne du travail social, une journée de travail complexe, par exemple, à deux journées de travail simple. »
Jacques Chaillou cite Marx (**JCh**, p.47) : « *Si le travail d'un orfèvre, par exemple, est payé plus cher que le travail d'un journalier, il est certain que le surtravail de l'orfèvre représente aussi, dans le même rapport, une plus grande plus-value que celui du journalier* » (**KM, I, VIII**, p.149). Malheureusement Marx ne vérifie pas si cette affirmation est justifiée dans les faits. Cependant, partant de cette indication de Marx, J. Chaillou postule que le taux de plus value, c'est-à-dire le rapport de la plus-value à la valeur de la « *force de travail* » est le même quel que soit le degré de qualification du salarié. Il démontre alors que le degré de qualification des salariés, donc la différence de valeur entre la « *force de travail complexe et la force de travail simple* » ne peut expliquer qu'une très faible part des écarts de salaires constatés dans les pays capitalistes développés.

p. 150 « *Partout, les valeurs des marchandises les plus diverses sont indistinctement exprimées en monnaie, c'est-à-dire dans une certaine masse d'or ou d'argent. Par cela même, les différents genres de travail, représentés par ces valeurs, ont été réduits, dans des proportions différentes, à des sommes déterminées d'une seule et même espèce de travail ordinaire, le travail qui produit l'or ou l'argent.* »
Ici, Marx parle de valeurs exprimées en monnaie, alors que ce sont les prix qui le sont. Et peut-on toujours appeler « *travail ordinaire* » les différents travaux, du géologue au manœuvre, concourant à la production de l'or ou de l'argent ? Comment, en outre, cette proposition de Marx doit-elle être modifiée aujourd'hui, alors que le dollar et non l'or sert de monnaie de référence quasi-universelle ?

p.151 « *L'ouvrier communique une valeur nouvelle à l'objet du travail par l'addition d'une nouvelle dose de travail, quel qu'en soit le caractère utile.* »
Cet énoncé s'applique-t-il au producteur d'un service ? Le producteur d'un service peut-il être appelé un « ouvrier » ? Pourquoi refuser la qualité de producteur de valeur à l'employé occupé au service commercial de l'échange des marchandises, effet utile dans une société marchande ?
Quant au travail commercial consacré à l'échange des marchandises, si l'on considère l'échange comme « *objet d'un travail* », ne devrait-il pas, en toute logique, être considéré par Marx comme productif de valeur marchande ?

p.152 « *L'ouvrier ajoute (…) par son travail considéré (…) comme travail humain en général (…) une quantité déterminée de valeur, non parce que son travail a un caractère utile particulier, mais parce qu'il dure un certain temps. (…) Par une simple addition, par une quantité nouvelle de travail, une nouvelle valeur est ajoutée.*

Autrement dit, le service du travail que le capitaliste a acheté au salarié pour la production d'un produit **(P)** a une valeur (Vw-p-sociale) qui est mesurée par la durée sociale moyenne du travail dépensé pour sa production dans l'ensemble spatio-temporel économico-politique considéré (par exemple, en France au cours de l'année 2.000).
Pour Marx, donc, « *quantité de valeur* » est synonyme de durée de travail.

p. 155-156 « *Les moyens de production ne peuvent donc jamais ajouter au produit plus de valeur qu'ils en possèdent eux-mêmes.* (...) *La force de travail en activité, le travail vivant, a donc la propriété de conserver de la valeur en ajoutant de la valeur : c'est là un don naturel qui ne coûte rien au travailleur.* »
Ici Marx identifie le travail vivant à la « *force de travail en activité* » Mais alors, quelle est la marchandise que vend le salarié au capitaliste sinon « *la force de travail » en activité* », autrement dit le « travail vivant » ?
Par ailleurs, Marx admet que le salarié reçoit par son salaire exactement l'équivalent de ce que son travail lui a coûté, ce qu'il appelle valeur de sa « *force de travail* » C'est dans cette seule mesure que l'on peut considérer que fournir un travail à son employeur « *ne coûte rien au salarié* »
Mais toute l'histoire des luttes pour le salaire montre que la valeur du salaire est loin d'être spontanément ajustée à ce que Marx identifie à la valeur de sa « *force de travail* »
En outre, dans le cas où le travail est un travail « qualifiant », la valeur de la « *force de travail* » du salarié augmente avec l'exercice de son travail : tout se passe donc comme si une part de la plus-value, au lieu de finir dans les mains de l'employeur, se retrouvait dans celle de son salarié, installant celui-ci dans une position hybride entre le propriétaire capitaliste des moyens de production et le salarié titulaire d'une « *force de travail* » élémentaire.
On débouche ici sur la situation paradoxale de travailleurs prêts à payer pour des stages de travail en raison de leur caractère formateur.

p. 157 « *Dans le cours de la production, la partie du capital qui se transforme en moyens de production,* (...) *ne modifie donc pas la grandeur de sa valeur. C'est pourquoi nous la nommons partie constante du capital, où plus brièvement, capital constant.* »
Le capital constant défini par Marx pourrait alors être nommé de façon plus explicite capital moyens-de-production *(*Cmp*)***.**
« *La partie du capital transformée en force de travail change, au contraire, de valeur dans le cours de la production.* (...) *C'est pourquoi nous la nommons partie variable du capital,* (...) : *capital variable* »
Le capital variable de Marx pourrait alors être nommé capital « *force de travail* » (Cft) au moment où débute « *le cours de la production* » et devenir le capital travail (Cw) au moment où ce « *cours de la production* » s'achève.

En fait, si, contrairement à Marx, on ne présuppose pas que l'échange capitaliste-salarié s'effectue entre équivalents, on devra admettre que la valeur (Vs) du salaire S représente, non la valeur (Vft) de la « *force de travail* » du salarié, mais le prix payé au salarié pour la valeur (Vw) généralement supérieure, mais pas toujours, du travail W qu'il a fourni : le « *travail payé* » (Vw*payé*).
C'est le salaire qui, selon Marx, est censé permettre au salarié d'acheter les marchandises nécessaires au renouvellement, non pas d'abord de son travail, mais de sa capacité de travail qu'il appelle « *force de travail* »
Autrement dit, selon Marx, au-delà des fluctuations contingentes et grâce à la réalisation nécessaire d'un équilibre entre l'offre de « *force de travail* » et sa demande, le salaire s'ajuste à la valeur de la « *force de travail* »
Cependant, ajoute Marx, le salarié est capable de produire plus qu'il ne consomme, autrement dit, de fournir plus de travail que n'en valent les marchandises qu'il consomme.
Autrement dit encore une fois, Marx postule mais ne démontre pas que :

-la valeur (Vs) du salaire est égale à la valeur (Vft) de la « *force de travail* » du salarié… ;

-…elle-même aussi égale à la valeur (Cft) de la partie du capital consacrée à l'achat de la « *force de travail* », le « *capital variable* » ;

-la valeur (Vw) du travail W fourni par le salarié est toujours supérieure à la valeur (Vs-consommée) des marchandises qu'il a consommées pour fournir ce travail… ;

-…valeur (Vs-consommée) qu'il postule, sans le démontrer dans les faits, égale à la valeur (Vft) de sa « *force de travail* »… ;

-…la différence constituant la valeur (Vpv) d'une plus value.

D'où la relation :

$$(Vw) = (Vs) + (Vpv)$$

Pour Marx, donc, dans cette relation, (Vs) représente la valeur (Vft) de la « *force de travail* » dépensée par le salarié.
Mais, étant donné le rapport de dépendance dans lequel se trouve le salarié vis-à-vis de son employeur, rien ne prouve qu'il en est généralement ainsi dans les faits.
Autrement dit, rien ne prouve que la valeur du salaire, valeur du « *travail payé* » est égale à la valeur des « *moyens de subsistance* » dont le salarié à besoin pour renouveler son travail. Le salaire représente le prix payé par l'employeur pour le travail fourni, et ce prix n'est pas forcément égal à la valeur consommée par le travailleur (pour Marx, la valeur de la « *force de travail* » consommée) en le produisant :

-le « *prix payé* » pour le travail est une chose, la valeur de ce travail en est une autre.

-La valeur du travail fourni est une chose, la valeur de la « *force de travail* » dépensée en est une autre.

-Le prix payé pour la « *force de travail* » dépensée est une chose, la valeur de cette « *force de travail* » dépensée en est une autre.
Non seulement donc, la valeur du « *travail payé* », c'est-à-dire du salaire est généralement (mais pas toujours) inférieure à la valeur du travail fourni, mais encore elle n'est pas nécessairement égale à la valeur de la « *force de travail* » dépensée. Tout ce que l'on peut donc écrire c'est qu'elle se décompose en une somme de « *travail payé* » et « *travail non payé* » :

(Vw) = (Vw-payé) + (Vw-non-payé).

La plus-value Vpv représente la valeur du travail non payé (Vw-non-payé).
La valeur (Vm) d'une marchandise quelconque est alors donnée par les relations équivalentes :

(Vm) = (Vw) + (Vmp)
(Vm) = (Vw-payé) + (Vw-non-payé) + Vmp
(Vm) = Vs + (Vpv) + (Vmp).

Dans cette valeur d'une marchandise, ou, plus généralement du produit du travail, la plus-value sert à payer

-les « *moyens de subsistance* » et le luxe de la classe des rentiers et de la classe des capitalistes,

-plus les investissements nouveaux (moyens matériels et humains) en vue d'un développement qualitatif et quantitatif de l'échelle de la production et de la réalisation de ses produits.

Mais la valeur (Vw-payé) du salaire peut elle-même être décomposée en (Vs-nécessaire) et (Vs surplus) (le surplus salarial pouvant être considéré comme une plus-value salariale- (Vplus-value salariale).
En effet, contrairement à ce que postule Marx, la valeur (Vs) du salaire n'est pas nécessairement ajustée par la loi de l'offre et de la demande dans une société de libre concurrence à la valeur (Vs nécessaire) des subsistances dont le salarié a strictement besoin pour son entretien et sa reproduction sociale en tant que travailleur, autrement dit pour vivre avec sa famille.

De plus, si, dans le cours de la production et de l'échange, la valeur (Vmp) des moyens de production ne change pas du fait du travail vivant W du salarié qui les utilise, elle peut cependant changer, car la valeur d'une marchandise est déterminée par la quantité de travail socialement nécessaire à sa production à chaque instant.
Donc, la valeur (Vmp) qui fait la valeur de que Marx appelle le « *capital constant* », varie elle aussi avec les aléas de sa production sociale :

p. 157 « *La notion de capital constant n'exclut en aucune manière un changement de valeur de ses parties constitutives* » et Marx prend l'exemple d'une chute de la valeur du coton par suite d'une mauvaise récolte.

On notera aussi que la valeur produite par un travail donné peut varier en sa qualité de valeur d'un travail social en fonction des aléas de la réalisation sociale de ce travail.

p. 158 « *La valeur* (d'une marchandise) *est toujours mesurée par le travail socialement nécessaire, ce qui veut dire par le travail nécessaire dans les conditions actuelles de la société.* »

Livre I, Chapitre IX

p. 160-161 « *... la plus-value est une simple conséquence du changement de valeur qui affecte v* (la partie du capital transformée en « *force de travail* »). (...) *... dans le cours de la production, le capital variable avancé* (avancé sous forme de salaire –PR) *est remplacé, non par la valeur de la force de travail, mais par son mouvement, le travail mort par le travail vivant, une grandeur fixe par une grandeur fluide, une constante par une variable. Le résultat est la reproduction de v* (Vft -PR) *plus un incrément de v.* »
Ici, Marx reste enfermé dans le postulat théorique suivant lequel toutes les marchandises, donc, parmi elles, la « *force de travail* », s'achètent à leur valeur. Pour rendre compte alors de l'augmentation de valeur qui apparaît « *dans le cours de la production* », il doit faire de la « *force de travail* » une marchandise exceptionnelle de par sa capacité à produire de la valeur.
Mais, en faisant de l'échange capitaliste-salarié un échange égal, il prend le risque d'entretenir les illusions réformistes suivant lesquelles les deux partenaires de l'échange en ont chacun pour leur dû.
Au contraire, si l'on admet que l'échange capitaliste-salarié s'effectue en fonction des rapports de force entre échangistes, ce n'est pas la « *force de travail* » qui, par son mouvement, produit de la valeur, mais c'est la quantité de travail fourni elle-même qui constitue la valeur.

p. 162-163. Marx introduit les notions de « *travail nécessaire* » et « *surtravail* », soit, respectivement, le travail consacré à la reproduction des moyens de subsistance du travailleur et le travail fourni au-delà :
« *Les différentes formes économiques revêtues par la société, l'esclavage, par exemple, et le salariat, ne se distinguent que par le mode dont ce surtravail est imposé et extorqué au producteur immédiat, à l'ouvrier.*
Ici, Marx utilise indifféremment les termes de « salariat » et « ouvrier »
De ce fait, que la valeur du capital variable égale la valeur de la force de travail qu'il achète ; que la valeur de cette force de travail détermine la partie nécessaire de la journée de travail et que la plus-value de son côté est déterminée par la partie extra de cette même journée, il suit que la plus-value est au capital variable ce qu'est le surtravail au travail nécessaire, où le taux de la plus-value p/v.
[que nous écrivons : (Vpv)/(Vft) -PR)] = *(surtravail)/(travail nécessaire.* »

On notera qu'ici, encore une fois, Marx met en relation la valeur d'une «*force de travail*» (capital variable) et la valeur d'un travail (travail nécessaire).

p. 172 «*La somme du travail nécessaire et du surtravail, des parties de temps dans lesquelles l'ouvrier produit l'équivalent de sa force de travail et la plus-value, cette somme forme la grandeur absolue de son temps de travail, c'est-à-dire la journée de travail (working day).* »
Marx n'envisage pas ici le cas où « l'ouvrier » reçoit un salaire qui vaut moins que sa «*force de travail*»
Il n'envisage pas non plus le cas où le salarié produit moins que ne vaut son salaire, cas qui correspondrait à un « travail en moins », « une moins-value »
A ce propos, J. Chaillou (JCh p.20) écrit :

> « Lorsque j'avais fait part à J. Leray de mes inquiétudes relatives au fait que je ne m'intéressais qu'aux valeurs positives du taux de plus-value, il avait répondu, avec son sourire malicieux : « La preuve que le taux de plus-value est positif, c'est que je mange ! » ; bel hommage d'un illustre mathématicien aux paysans, marins, travailleurs de l'agro-alimentaire, bouchers, charcutiers, boulangers, pâtissiers, épiciers, etc. »...,

...ce qui est une façon pour le moins expéditive d'évacuer une question posée à nombre d'entreprises dépassées par la concurrence en matière de productivité du travail, aussi bien dans la société capitaliste depuis le début de son histoire que dans les états socialistes depuis la révolution d'octobre jusqu'à aujourd'hui (pour le seul état qui soit aujourd'hui resté (?) socialiste). (La question de la production d'une moins-value se pose aussi aux entreprises du secteur public).

Livre I, Chapitre X
p.174-176 «*Pendant une partie du jour, la force doit se reposer, dormir ; pendant une autre partie, l'homme a des besoins physiques à satisfaire : il lui faut se nourrir, se vêtir, etc. Cette limitation purement physique n'est pas la seule. La prolongation de la journée de travail rencontre des limites morales. Il faut au travailleur du temps pour satisfaire ses besoins intellectuels et sociaux, dont le nombre et le caractère dépendent de l'état général de la civilisation.* (...) *Les variations de la journée de travail ne dépassent donc pas le cercle formé par ces limites qu'imposent la nature et la société. Mais ces limites sont par elles-mêmes très élastiques et laissent la plus grande latitude.* » (...)

Marx fait alors parler le capitaliste :
«*Le capitaliste à sa propre manière de voir* (...) *la limite de la journée de travail.* »

Ainsi, le salaire correspondant selon Marx à la part de la journée de travail consacrée à la satisfaction des besoins du salarié, donc, la valeur de sa « *force de travail* », ne paraît avoir pour Marx qu'une valeur subjective.
« *En tant que capitaliste, il n'est que le capital personnifié.* (…) *Le capital est du travail mort, qui, semblable à un vampire, ne s'anime qu'en suçant le travail vivant* (…). *Le temps pendant lequel l'ouvrier travaille est le temps pendant lequel le capitaliste consomme la force de travail qu'il lui a achetée. Si le salarié consomme pour lui-même le temps qu'il a de disponible, il vole le capitaliste.*
Le capitaliste en appelle donc à la loi de l'échange des marchandises. Il cherche, lui, comme tout acheteur, à tirer de la valeur d'usage de sa marchandise le plus grand parti possible. »
Puis Marx fait parler le salarié :
« *Mais, tout à coup, s'élève la voix du travailleur* (…) *La marchandise que je t'ai vendue se distingue de la tourbe des autres marchandises, parce que son usage crée de la valeur.* (…) *Ce qui pour toi semble accroissement de capital est pour moi excédent de travail. Toi et moi, nous ne connaissons sur le marché qu'une loi, celle de l'échange des marchandises….*
Ici, le salarié que Marx fait parler, n'exprime que le point de vue d'un travailleur qui ne met pas en cause l'exploitation capitaliste du travail.

…La consommation de la marchandise appartient donc non au vendeur qui l'aliène, mais à l'acheteur qui l'acquiert. L'usage de ma force de travail t'appartient donc. Mais par le prix quotidien de sa vente, je dois chaque jour pouvoir la reproduire et la vendre à nouveau. (…) *Je veux chaque jour n'en dépenser que juste ce qui sera compatible avec sa durée normale et son développement régulier.* (…) *J'exige la journée de travail normal, parce que je veux la valeur de ma marchandise, comme tout autre vendeur.* »
Or ce qu'ici le salarié demande, selon Marx, n'est que la valeur de sa « *force de travail* » : il ne remet donc pas en cause la spoliation que représente l'accaparement de la plus-value par son employeur.
Marx nous apprend en note (**p.610**) que : « *Pendant la grande grève des ouvriers en bâtiment à Londres, 1860-61, pour la réduction de la journée de travail à neuf heures, leur comité publia un manifeste qui contient à peu de choses près le plaidoyer de notre travailleur.* »
Cette référence montre clairement le danger que représente la thèse suivant laquelle le contrat qui lie le capitaliste au salarié est un contrat égal, dans lequel le salarié revendique son dû, un salaire « *normal* » représentant la valeur de la marchandise que selon Marx, il livre à son employeur (le terme de « *norme* » étant d'ailleurs utilisé ici en lieu et place de celui de « moyenne »).

C'est cette illusion qui nourrit les conceptions et les comportements des syndicats et partis politiques de collaboration de classe en opposition à celles des syndicats et partis politiques révolutionnaires pour lesquels, au contraire, le dû au salarié n'est pas la valeur de sa « *force de travail* », mais celle de son travail tout entier, ce qui ne laisse aucune place au capital !

« *Comme on le voit, à part des limites toutes élastiques, la nature même de l'échange des marchandises n'impose aucune limitation à la journée de travail et au travail extra. Le capitaliste soutient son droit comme acheteur,* (...) *et le travailleur soutient son droit comme vendeur*...(...) *Il y a donc ici une antinomie, droit contre droit, tous deux* (le capitaliste et son salarié) *portant le sceau de la loi qui règle l'échange des marchandises. Entre deux droits égaux, qui décide ? La force. Voila pourquoi la réglementation de la journée de travail se présente* (...) *comme une lutte entre le capitaliste, c'est-à-dire la classe capitaliste, et le travailleur, c'est-à-dire la classe ouvrière.* »
Selon Marx, ainsi, d'une part la valeur du salaire est définie par la valeur de la « *force de travail* », et, d'autre part la valeur de la « *force de travail* » est définie par celle du salaire : on tourne en rond.
Mais alors, comment affirmer que le salaire représente effectivement la valeur objective des subsistances strictement nécessaires à la reconstitution de la « *force de travail* » ? Tout se passerait, à propos de cette valeur comme si, en présence des propositions contradictoires « la terre tourne autour du soleil » et « le soleil tourne autour de la terre », la vérité se décidait à coup de canon !
En réalité, et contrairement à la théorie de la « *force de travail* » de Marx, ce que détermine la lutte entre la classe capitaliste et le salariat (non seulement les ouvriers, mais aussi tous les autres salariés), ce n'est pas la valeur objective de la « *force de travail* », mais le prix du travail fourni.

p. 176 (suite) « *Le capital n'a point inventé le surtravail. Partout où une partie de la société possède le monopole des moyens de production, le travailleur, libre ou non, est forcé d'ajouter au temps de travail nécessaire à son propre entretien un surplus destiné à produire la subsistance du possesseur des moyens de production*...
Cette contrainte montre qu'on ne saurait appliquer à l'échange Ca-Sa la loi de la valeur car celle-ci ne concerne que des échangistes égaux devant les conditions de l'échange) (...)

...*Quand la forme d'une société est telle, au point de vue économique, que ce n'est point la valeur d'échange mais la valeur d'usage qui y prédomine, le surtravail est plus ou moins circonscrit par le cercle de besoins déterminés ; mais le caractère de la production elle-même n'en fait point naître un appétit dévorant.* (...) *Quand il s'agit d'obtenir la valeur d'échange sous sa forme spécifique, par la production de l'or et de l'argent, nous trouvons déjà dans l'antiquité le travail le plus excessif et le plus effroyable. Travailler jusqu'à ce que mort s'ensuive devient alors la loi. (...) Tant que la production dans les Etats du Sud de l'Union américaine était dirigée principalement vers la satisfaction des besoins immédiats, le travail des nègres présentait un caractère modéré et patriarcal. Mais à mesure que l'exportation du coton devint l'intérêt vital de ces Etats, le nègre fut surmené et la consommation de sa vie en sept années de travail devint partie intégrante d'un système froidement calculé.* »

Marx est donc clairement conscient que le postulat théorique de la vente de la « *force de travail* » à sa valeur, c'est-à-dire une valeur suffisante pour assurer son renouvellement n'est qu'un postulat théorique :

Par exemple, p. 199, il écrit :

L'industrie cotonnière date de 90 ans… En trois générations de la race anglaise, elle a dévoré neuf générations d'ouvriers. »

De même, en ce début du 21ème siècle, le capitalisme allemand se dispense de payer le renouvellement intergénérationnel de la « *force de travail* », notamment en pillant les « *gisements de main-d'œuvre* », qu'il s'agisse de travailleurs exploités directement dans leur pays, ou après émigration.

p. 220 « *L'histoire de la réglementation de la journée de travail* (…)*, la lutte qui dure encore au sujet de cette réglementation démontrent jusqu'à l'évidence que le travailleur isolé, le travailleur en tant que vendeur « libre » de sa force de travail, succombe sans résistance possible, dès que la production capitaliste a atteint un certain degré. La création d'une journée de travail normale est, par conséquent, le résultat d'une guerre civile longue, opiniâtre et plus ou moins dissimulée entre la classe capitaliste et la classe ouvrière.* »

Ici, Marx, ne définit plus le salaire par la valeur économique objective de la « *force de travail* », mais comme le résultat d'un rapport de force politique.

p. 222 « *Notre travailleur, il faut l'avouer, sort de la serre chaude de la production autrement qu'il n'y est entré. Il s'était présenté sur le marché comme possesseur de la marchandise force de travail* (sous-ligné par PR), *vis-à-vis de possesseurs d'autres marchandises, marchand en face de marchand. Le contrat par lequel il vendait sa force de travail semblait résulter d'un accord entre deux volontés libres, celle du vendeur et celle de l'acheteur.* (…) *L'affaire une fois conclue, il se découvre qu'il n'était point « un agent libre » ; que le temps pour lequel il lui est permis de vendre sa force de travail est le temps pour lequel il est forcé de la vendre, et qu'en réalité le vampire qui le suce ne le lâche point tant qu'il lui reste un muscle, un nerf, une goutte de sang à exploiter.* (…) *Pour se défendre contre « le serpent de leurs tourments », il faut que les ouvriers ne fassent plus qu'une tête et qu'un cœur ; que par un grand effort collectif, par une pression de classe, ils dressent une barrière infranchissable, un obstacle social qui leur*

interdise de se vendre au capital par « contrat libre », eux et leur progéniture, jusqu'à l'esclavage et la mort »
Ici, Marx montre donc, ou admet, que le contrat de travail qui lie le salarié au capitaliste n'est pas le contrat d'échange égal qui permet de définir la « loi de la valeur » pour laquelle les marchandises sont échangées selon la quantité de travail socialement nécessaire à leur production.
Ici, ce qui détermine les conditions de l'échange n'est pas la valeur de la « *force de travail* », mais le rapport de force économico-politique de classe entre le capital et le travail. Le déterminisme politique n'apparaît pas comme appartenant à une superstructure politique agissant « en retour » sur une infrastructure économique, mais apparaît directement comme un déterminisme constitutif du rapport économique lui-même. [53] [54] [55]

Livre I, Chapitre XI
p. 228 « *Le capital (…) se rend maître du travail, c'est-à-dire parvient à courber sous sa loi la force de travail en mouvement.* »
Pour Marx, ici, le travail est donc de la « *force de travail en mouvement* »

Livre I, Chapitre XII
p. 231 « *Avec les 4 sh. 6d. qu'il* (l'ouvrier –PR) *produit en neuf heures, il disposerait de 1/10 de moins qu'auparavant pour ses moyens de subsistance, et, par conséquent, ne reproduirait sa propre force de travail que d'une manière défectueuse. (…) Or, quoique cette pratique joue un rôle des plus importants dans le mouvement réel du salaire, elle n'a aucune place ici où l'on suppose que toutes les marchandises, et, par conséquent aussi la force de travail, sont achetées et vendues à leur juste valeur* (sous-ligné par PR) »
Karl Marx ici admet de façon explicite que la loi générale de l'échange égal à laquelle il se réfère pour décrire l'échange capitaliste-salarié n'est qu'un postulat théorique souvent contredit dans la réalité.

p. 231-232 « *Par l'augmentation de la force productive ou de la productivité du travail, nous entendons en général un changement dans ses procédés, abrégeant le temps socialement nécessaire à la production d'une marchandise, de telle sorte qu'une quantité moindre de travail acquière la force de produire plus de valeurs d'usage.* »
Ici Marx n'a pas écrit : « *...qu'une quantité moindre de force de travail acquière...* ». [56]

p.232 « *Pour qu'il fasse baisser la valeur de la force de travail, l'accroissement de productivité doit affecter les branches d'industrie dont les produits déterminent la valeur de cette force, c'est à dire des industries*

qui fournissent ou les marchandises nécessaires à l'entretien de l'ouvrier, ou les moyens de production de ces marchandises. »
Ici, Marx ne s'intéresse qu'aux industries et aux ouvriers, à l'exclusion des entreprises de services et de leurs salariés, et, parmi les marchandises nécessaires à l'entretien de l'ouvrier, il n'inclut aucun service. Marx limite donc bien la valeur de la « *force de travail* » à la valeur des « subsistances » que l'ouvrier est appelé à consommer, biens matériels produits par d'autres que lui-même, ce qui exclut de cette valeur le travail propre des salariés tel celui consacré à leurs études. [57]

Marx poursuit donc : « *En faisant diminuer leur prix* (le prix des marchandises nécessaires à l'entretien de l'ouvrier, ou les moyens de production de ces marchandises -PR), *l'augmentation de la productivité fait en même temps baisser la valeur de la force de travail.* »
Ici, Marx introduit une confusion entre valeur et prix, car ce qu'exprime la phrase de lui qui précède est que la valeur de la « *force de travail* » est déterminée par la valeur et non par le prix des subsistances consommées par le salarié.
Dans la même page, Marx se réfère, à propos de ces subsistances, aux « *choses nécessaires à la vie* », ce qui nous ramène à sa définition des marchandises comme des « choses », des biens matériels et en exclut donc les services. Les services ne feraient pas partie du nécessaire à la vie ?

p. 233 « *Mettons que (…) on fabrique en une journée de douze heures, douze pièces (d'un article quelconque) valant dix sh. Mettons encore qu'une moitié de cette valeur de 12 sh provienne du travail de douze heures, l'autre moitié des moyens de production consommés par lui.* »
Le schéma théorique de Marx est donc bien que la valeur (Vm) des marchandises provient, d'un côté du travail W que le travailleur (collectif) a lui-même effectué, et, d'un autre côté, d'un transfert de la part de la valeur (Vmp) des moyens de production que son travail a consommée :

(Vm) = (Vw) + (Vmp)

Or, lorsqu'il s'agit, non d'une marchandise « *chose* », marchandise dite « bien matériel », mais de la marchandise « *force de travail* », aucune part de sa valeur (Vm) n'est attribuée par Marx au travail W que son producteur collectif a lui-même effectué pour la produire, par exemple son travail d'étudiant.
Dans la valeur de la « *force de travail* » du collectif, Marx ne comptabilise que du travail passé, à savoir le travail de production des subsistances produites par d'autres que lui et avant leur consommation par le travailleur collectif pour la production de sa « *force de travail* »
Autrement dit, pour la marchandise « *force de travail* », Marx écrit l'égalité :

(Vm) = (Vmp)

En bref, le travailleur n'est nullement impliqué dans la production de la valeur de la marchandise « *force de travail* » que pourtant il vend lui-même au capitaliste.
La valeur des subsistances consommées joue alors le même rôle que le capital constant, capital moyen-de-production (Cmp) dont la valeur se transmet intégralement à la valeur de la marchandise produite, tandis que la valeur du travail vivant effectué pour produire cette marchandise (ici, par exemple le travail de l'étudiant produisant sa « force de travail » n'est pas prise en compte.

p. 234 « *Chaque capitaliste est poussé par son intérêt à augmenter la productivité du travail pour faire baisser le prix des marchandises.* » Comment appliquer cette remarque dans le cas de la production de la marchandise « *force de travail* » ? Qui sont les producteurs capitalistes ou petits producteurs, quelles sont les industries impliquées dans cette production ?

« *Le taux général de la plus-value n'est donc affecté (…) que lorsque l'augmentation de la productivité du travail fait baisser le prix des marchandises comprises dans le cercle des moyens de subsistance qui forment les éléments de la valeur de la force de travail. La valeur des marchandises est en raison inverse de la productivité du travail d'où elles proviennent. Il en est de même de la force de travail, puisque sa valeur est déterminée par la valeur des marchandises. Une journée de travail social moyenne dont les limites sont données produit toujours la même valeur.* »

p.236 « *Le développement de la force productive du travail, dans la production capitaliste, a pour but de diminuer la partie de la journée où l'ouvrier doit travailler pour lui-même, afin de prolonger ainsi l'autre partie de la journée où il peut travailler gratis pour le capitaliste* », autrement dit Marx admet que l'ouvrier « vend sa journée de travail au capitaliste qui ne lui en paye qu'une partie », et non « vend sa « *force de travail* » au capitaliste qui la lui paye à sa juste valeur »

Livre I, Chapitre XIII
p.239 « *L'économie des moyens de production se présente sous un double point de vue. Premièrement, elle diminue le prix des marchandises et, par cela même, la valeur de la force de travail. Secondement, elle modifie le rapport entre la plus-value et le capital avancé.* »

p.241 « *En général, les hommes ne peuvent pas travailler en commun sans être réunis.* »

Cependant, au 21ème siècle, le progrès des moyens de télécommunication et transport permet de les réunir à distance.

p.243 « *Le capitaliste* (qui emploie cent ouvriers -PR) *paye donc à chacun de ses ouvriers sa force de travail indépendante, mais il ne paye pas la force combinée de la centaine. (...) Leur coopération ne commence que dans le procès de travail* »
Marx n'a pas écrit « Le capitaliste qui emploie cent ouvriers paye donc à chacun de ses ouvriers son **travail** indépendant, mais il ne paye pas le **travail** combiné de la centaine »

p.244 « *...la force sociale du travail ne coûte rien au capital, et (...) d'un autre côté, le salarié ne la développe que lorsque son travail appartient au capital* ... »
Etrange marchandise que la « *force de travail* » : le salarié la vend au capital, mais ce que celui-ci s'est approprié en l'achetant, n'est pas la marchandise « *force de travail* » qu'il a acheté, mais le travail ! L'agriculteur a vendu la semence, mais c'est à lui de la « développer » pour que ce soit en réalité la récolte que le capitaliste ait acheté !

Livre I, Chapitre XIV
p.255 « *...à côté de la gradation hiérarchique* (des forces de travail -PR) *prend place* (dans la manufacture -PR) *une division simple des travailleurs entre habiles et inhabiles. Pour ces derniers, les frais d'apprentissage disparaissent ; pour les premiers ils diminuent comparativement à ceux qu'exige le métier ; dans les deux cas la force de travail perd de sa valeur...* »
Les frais d'apprentissage représentent donc pour Marx une composante de la valeur de la « *force de travail* » Mais que représentent ces frais ? La valeur des subsistances consommées par l'apprenti pendant son apprentissage ? Est-il déjà à ce moment un salarié, auquel cas cela signifierait que son travail est qualifiant et donc participe à la formation de la valeur de la « *force de travail* »
« *...tout ce qui raccourcit le temps nécessaire à la production de la force de travail agrandit ipso facto le domaine du surtravail* »
Ici Marx a une nouvelle fois recours à la distinction entre travail nécessaire et surtravail qui permet de distinguer, au sein du travail que le salarié fournit au capitaliste, la part qui ne lui est pas payée de celle qui lui est payée et dont la valeur est censée égale à la valeur de sa « *force de travail* » Il apparaît donc encore une fois que valeur d'une « *force de travail* » et valeur d'un travail sont, pour Marx, des grandeurs de même nature.

p. 258 « *…le rapport d'ensemble des travaux partiels de la manufacture a pour condition la vente de différentes forces de travail à un même capitaliste qui les emploie comme force de travail collective.* »
Marx écrit « *force de travail collective* » et non « « *force de travail* » collectif » Pourtant, c'est le travail qui est collectif, non la « *force de travail* »
« *La division manufacturière du travail* (Marx n'a pas écrit « de la « *force de travail* » » -PR) *suppose une concentration des moyens de production dans la main d'un capitaliste ; la division sociale du travail suppose leur dissémination entre un grand nombre de producteurs marchands indépendants les uns des autres.* (…) *Tandis que dans la manufacture la loi de fer de la proportionnalité soumet des nombres déterminés d'ouvriers à des fonctions déterminées, le hasard et l'arbitraire jouent leur jeu déréglé dans la distribution des producteurs et de leurs moyens de production entre les diverses branches du travail social.* »
L'ordre, la raison règne au sein de l'entreprise et l'anarchie, la déraison au sein de la société.
« *… la loi de la valeur détermine combien de son temps disponible la société peut dépenser à la production de chaque espèce de marchandise. Mais cette tendance constante des diverses sphères de la production à s'équilibrer n'est qu'une réaction contre la destruction perpétuelle de cet équilibre.* (…)
Dans la division manufacturière de l'atelier, le nombre proportionnel donné d'abord par la pratique, puis par la réflexion, gouverne a priori à titre de règle la masse d'ouvriers attachée à chaque fonction particulière ; dans la division sociale du travail, il n'agit qu'a posteriori, comme nécessité fatale, cachée, muette, saisissable seulement dans les variations barométriques des prix du marché, s'imposant et dominant par des catastrophes l'arbitraire des producteurs marchands. »
Cependant, la loi de la valeur censée ramener la division sociale du travail à la raison, ne s'impose dans la société capitaliste que par la concurrence et suppose donc la répétition innombrable de l'échange des mêmes marchandises : elle échoue donc à s'imposer dès que le nombre des marchandises de même espèce se réduit et se trouve totalement impuissante à réguler la production du nouveau, de la découverte scientifique, l'objet unique, l'œuvre d'art, le prototype, la mégapole, le diagnostic confronté à un individu unique ou à une maladie nouvelle, le monopole économique, l'histoire sociale, etc.

p. 262 « *Originairement, l'ouvrier vend au capital sa force de travail, parce que les moyens matériels de la production lui manquent. Maintenant* (dans la manufacture capitaliste -PR), *sa force de travail refuse tout service sérieux si elle n'est pas vendue. Pour pouvoir fonctionner, il lui faut ce milieu social qui n'existe que dans l'atelier du capitaliste.* » A la dépendance économique du salarié, s'ajoute sa dépendance technique. (…)

« Les connaissances, l'intelligence et la volonté que le paysan et l'artisan indépendants déploient (...) *ne sont désormais requises que pour l'ensemble de l'atelier. Les puissances intellectuelles de la production se développent d'un seul côté parce qu'elles disparaissent sur tous les autres. Ce que les ouvriers parcellaires perdent se concentre en face d'eux dans le capital. Cette scission commence à poindre dans la coopération simple,* (...) *elle s'achève dans la grande industrie qui fait de la science une force productive indépendante du travail et l'enrôle au service du capital. »*
Aujourd'hui, cette parcellisation du travail ne concerne pas que les ouvriers d'industrie, mais aussi les salariés de toutes les entreprises capitalistes de services. Elle se retrouve dans la production capitaliste de la connaissance elle-même. De nombreuses tâches intellectuelles sont effectuées par des machines.
Par ailleurs, pour permettre l'appropriation en privé des résultats des recherches seul un tout petit nombre de personnes ne doivent en connaître les protocoles d'ensemble : ces protocoles sont donc découpés en de nombreuses tâches partielles répétitives dont les exécutants ignorent tout de l'ensemble, et la majorité des participants à la recherche n'en connaissent qu'une partie élémentaire suffisamment réduite pour que sa seule connaissance particulière l'empêche de remonter à la connaissance de l'ensemble. Dans de nombreuses recherches des clauses de confidentialité sont incluses dans les contrats de travail, clauses auxquelles s'ajoutent souvent le placement de la recherche sous secret militaire.

p. 264 « *Par l'analyse et la décomposition du métier manuel, la spécialisation des instruments, la formation d'ouvriers parcellaires et leur groupement dans un mécanisme d'ensemble, la division manufacturière crée la différenciation qualitative et la proportionnalité quantitative des procès sociaux de production.* »
Aujourd'hui, cette observation vaut aussi pour les métiers intellectuels.

Livre I, Chapitre XV
p. 277 « ... *la machine* (...) *ne transfère jamais plus de valeur* (à son produit -PR) *que son usure ne lui en fait perdre en moyenne.* »
Dans la théorie de Marx, les « *subsistances* » consommées par le travailleur et la qualification que celui-ci a acquise ne transfèrent jamais plus de valeur à la « *force de travail* », leur produit, que leur consommation ou son amortissement au long de la vie du travailleur. La qualification acquise fonctionne comme un capital fixe dont la valeur ne se transfère qu'au fur et à mesure de son usage à la marchandise « *force de travail* » Au contraire, les subsistances fonctionnent comme un capital circulant, car leur valeur se transmet tout entière et immédiatement par leur consommation à la marchandise « *force de travail* »

p. 288 « *La machine est (…) sujette à ce qu'on pourrait appeler son usure morale. Elle perd de sa valeur d'échange à mesure que des machines de la même construction sont reproduites à meilleur marché, ou à mesure que des machines perfectionnées viennent lui faire concurrence.* »
Ce qui est ici dit de la machine peut être aussi dit de la qualification du travailleur.

p. 289 « *Ainsi se vérifie la loi d'après laquelle la plus-value provient non des forces de travail que le capitaliste remplace par la machine, mais, au contraire par celles qu'il y occupe.* »
Marx n'a pas écrit : « …des travaux que le capitaliste remplace par la machine, mais au contraire des travaux qu'il y occupe. »
De même on pourrait écrire : « …la plus-value provient non des travailleurs non qualifiés que le capitaliste remplace par des travailleurs qualifiés, mais au contraire des travailleurs qualifiés qu'il occupe. »

p. 290 « *Quelle que soit la proportion suivant laquelle, par l'accroissement des forces productives, l'industrie mécanique augmente le surtravail aux dépens du travail nécessaire, il est clair qu'elle n'obtient cependant ce résultat qu'en diminuant le nombre des ouvriers occupés par un capital donné. Elle transforme en machines, en élément constant* (le capital « moyen de production » -PR) *qui ne rend point de plus-value, une partie du capital qui était variable auparavant* (le capital « *force de travail* », ou « capital travail » -PR), *c'est-à-dire se convertissant en force de travail vivante.* »
Ici Marx admet que le « *capital variable* » se convertit, non en simple « *force de travail* », mais en travail vivant, c'est-à-dire travail comme service : autrement dit encore, le capitaliste n'achète pas de la « *force de travail* », mais du travail.

p.291 « *Dès que la révolte grandissante de la classe ouvrière força l'Etat à imposer une journée de travail normale, ...* »
Ici la valeur de la « *force de travail* » apparaît, non comme la valeur objective des subsistances nécessaires à l'entretien du salarié, mais comme la résultante d'un rapport de force politique entre salariés et employeurs. Contrairement au rapport philosophique de la matière à la pensée-reflet-de-la-matière réagissant sur elle, ici, le rapport de la politique à l'économie n'est pas celui d'une superstructure à une infrastructure, mais le rapport entre deux aspects simultanés et indissociables d'une seule réalité économico-politique.

p. 292 « *En général, la plus-value relative est gagnée par une augmentation de la fertilité du travail qui permet à l'ouvrier de produire davantage dans le même temps avec la même dépense de force.* »

Marx aurait aussi bien pu écrire : « *…avec la même dépense* de travail. »
« *Le même temps de travail continue à rendre la même valeur d'échange, bien que celle-ci se réalise en plus de produits, dont chacun, pris séparément, est par conséquent d'un prix moindre.* »
Ce résultat ne paraît valable que si la valeur d'une heure de travail n'est pas mesurée en heures de travail social moyen dépensées dans la production de la marchandise considérée. C'est d'ailleurs sur la différence entre la « *fertilité* » plus grande du travail dans une entreprise donnée que celle du travail social moyen que repose la collecte d'une plus-value relative. Le texte de Marx reproduit ci-dessus n'est donc pas clair.

p.303 « *Il faut du temps et de l'expérience avant que les ouvriers, ayant appris à distinguer entre la machine et son emploi capitaliste, dirigent leurs attaques non contre le moyen matériel de production, mais contre son mode social d'exploitation.* »
Cf. les campagnes inlassablement répétées et renouvelées contre tous les moyens nouveaux mis en œuvre par le capitalisme pour accroître la productivité du travail dans tous les domaines.

p. 313 « *La machine est innocente des misères qu'elle entraîne ; ce n'est pas sa faute si, dans notre milieu social, elle sépare l'ouvrier de ses vivres.* »
Ces remarques valent aussi à propos des techniques modernes de production comme l'électronucléaire, les OGM, les industries chimiques, les nanotechnologies, les pesticides, etc. Et il ne s'agit plus seulement désormais des ouvriers, mais de tous ceux qui vivent de leur travail (salariés et petits producteurs des biens matériels comme des services).

p. 316 « *A mesure que croît la substance matérielle dont la classe capitaliste et ses parasites s'engraissent, ces espèces sociales croissent et multiplient. L'augmentation de leur richesse, accompagnée comme elle l'est d'une diminution relative des travailleurs engagés dans la production des marchandises de première nécessité* (y compris les services -PR), *fait naître avec les nouveaux besoins de luxe de nouveaux moyens de les satisfaire.* (…) *Une partie plus considérable du produit social se transforme en produit net, et une plus grande part de celui-ci est livrée à la consommation sous des formes plus variées et plus raffinées. En d'autres termes, la production du luxe s'accroît.* »
Cependant, avec le temps et le progrès de la productivité du travail dans les entreprises qui les produisent, ce qui était un luxe un jour tend à cesser de l'être le lendemain et peut tendre même à se transformer en besoin de masse (exemple : l'automobile, l'électroménager, les aliments d'origine lointaine ou hors saison, etc.).

p. 317 « *...l'accroissement extraordinaire de la productivité dans les sphères de la grande industrie, (...)...*
Mais aujourd'hui aussi dans celles des services.
...permet d'employer progressivement une partie plus considérable de la classe ouvrière à des <u>*services improductifs*</u> *et de reproduire notamment, en proportion toujours plus grande, sous le nom de classe domestique sous le nom de laquais, cochers, cuisinières, bonnes, etc., les anciens esclaves domestiques.* »
Ici, Marx entend par services improductifs les services non producteurs de plus-value, mais, d'une façon générale, il ne reconnaît aux services, ni la qualité de producteurs de valeur marchande, ni la qualité plus générale de producteurs de valeur-travail. Or, ainsi que cela a été démontré plus haut (Cf. Chapitre IV), le développement des services depuis le 19ème siècle montre que ces restrictions ne peuvent être fondées en réalité.

p. 321 « *A part les époques de prospérité, la lutte la plus acharnée s'engage entre les capitalistes pour leur place au marché et leurs profits personnels, qui sont en raison directe du bas prix de leurs produits. (...) C'est donc à qui emploiera les machines les plus perfectionnées pour supplanter l'ouvrier, et les méthodes de production les plus savantes. Mais cela même ne suffit pas, et il arrive toujours un moment où ils s'efforcent d'abaisser le prix des marchandises en déprimant le salaire au-dessous de la valeur de la force de travail.* »

En note **(p. 650)**, Marx cite, à propos du machinisme, un appel lancé par des ouvriers « <u>Aux sociétés de résistance anglaise</u> » :

> « Une vive concurrence s'établit entre les divers établissements ; c'est à qui fournirait les articles du meilleur goût. Mais il s'établit peu à peu une concurrence d'un genre détestable ; c'était maintenant à qui vendrait au plus bas prix. On en vit bientôt les funestes conséquences sur la réduction du salaire, et la baisse du <u>prix du travail</u> fut si rapide que beaucoup d'établissements ne paient encore que la moitié du salaire primitif. »

Reprenant cette citation, Marx ne s'oppose nullement à l'assimilation du salaire à un prix du « *travail* », et non à un prix de la « *force de travail* ».

p. 342 « *Néanmoins, (...) le capital ne se prêtera jamais à ces mesures* (de réglementation de la journée de travail -PR) *si ce n'est « sous la pression d'une loi générale du Parlement » imposant une journée de travail normale à toutes les branches de la production à la fois.* »
Ici, apparaît une nouvelle fois que ce qui est selon Marx, la valeur de la « *force de travail* », n'est pas déterminé par la seule valeur <u>économique</u> objective des subsistances nécessaires à sa constitution-reconstitution, mais aussi par un <u>rapport directement politique</u>. Les guerres pour le pétrole des

20ème et 21ème siècles témoignent même de l'existence d'un déterminisme militaire de la valeur de cette force.

p. 344 « *...le système de fabrique a le premier fait germer l'éducation de l'avenir, éducation qui unira pour tous les enfants au-dessus d'un certain âge le travail productif avec l'instruction et la gymnastique, et cela non seulement pour accroître la production sociale, mais comme la seule et unique méthode de produire des hommes complets.* (...)
On a vu que, tout en supprimant au point de vue technique la division manufacturière du travail où un homme tout entier est, sa vie durant, enchaîné à une opération de détail, la grande industrie, dans sa forme capitaliste, reproduit néanmoins cette division plus monstrueusement encore... »
Ici Marx insiste unilatéralement sur la tendance inhérente au capitalisme à réduire l'ensemble des travailleurs à l'état de simple appendice de la machine. Mais il met aussitôt en évidence, la tendance opposée au développement des forces productives humaines :

p. 346-347 « *L'industrie moderne ne considère et ne traite jamais comme définitif le mode actuel d'un procédé. Sa base est donc révolutionnaire, tandis que celle de tous les modes de production antérieurs était essentiellement conservatrice.* (...) *... elle bouleverse avec la base technique de la production les fonctions des travailleurs et les combinaisons sociales du travail, dont elle ne cesse de révolutionner la division établie en lançant sans interruption des masses de capitaux et d'ouvriers d'une branche de production dans une autre.* »
Ceci qui était énoncé par Marx pour les ouvriers et l'industrie est devenu vrai aujourd'hui pour toute les activités de production marchande, donc y compris pour celle des services. [58]
« *Si la nature même de la grande industrie nécessite le changement dans le travail, la fluidité des fonctions, la mobilité universelle du travailleur, elle reproduit d'autre part, sous sa forme capitaliste, l'ancienne division du travail avec ses particularités ossifiées.* (...) *Nous avons vu que cette contradiction absolue entre les nécessités techniques de la grande industrie et les caractères sociaux qu'elle revêt sous le régime capitaliste finit par détruire toutes les garanties de vie du travailleur, toujours menacé de se voir retirer avec le moyen de travail les moyens d'existence et d'être rendu lui-même superflu par la suppression de sa fonction parcellaire ;* (...) *nous avons vu que cet antagonisme fait naître la monstruosité d'une armée industrielle de réserve, tenue dans la misère, afin d'être toujours disponible pour la demande capitaliste ;* (...)
Mais si la variation dans le travail ne s'impose encore qu'à la façon d'une loi physique dont l'action, en se heurtant partout à des obstacles, les brise aveuglément, les catastrophes mêmes que fait naître la grande industrie

imposent la nécessité de reconnaître le travail varié et, par conséquent, le plus grand développement possible des diverses aptitudes du travailleur, comme une loi de la production moderne. (…)
Oui, la grande industrie oblige la société sous peine de mort à remplacer l'individu morcelé, porte-douleur d'une fonction productive de détail, par l'individu intégral qui sache tenir tête aux exigences les plus diversifiées du travail et ne donne, dans des fonctions alternées, qu'un libre essor à la diversité de ses capacités naturelles ou acquises. »

C'est ainsi que la société capitaliste moderne, poussée par les luttes sociales et pour contrer les tendances rétrogrades engendrées par la recherche d'un prix minimum accordé au travail, a dû développer par des mesures étatiques, et donc politiques, le niveau d'instruction générale de la population, une véritable révolution à l'œuvre à l'échelle mondiale dans les forces productives. Dans l'Union Européenne, par exemple, en 2015, plus de 75% de la population avait terminé au moins le 2ème cycle de l'enseignement secondaire. [59]

Cependant, du temps de Marx une telle élévation générale du niveau d'instruction était difficilement imaginable dans le cadre de la société capitaliste, aussi Marx ne l'envisageait-elle que dans le cadre d'une société socialiste :

« *…si la législation de fabrique, première concession arrachée de haute lutte au capital, s'est vue contrainte de combiner l'instruction élémentaire, si misérable qu'elle soit, avec le travail industriel, la conquête inévitable du pouvoir politique par la classe ouvrière va introduire l'enseignement de la technologie, pratique et théorique, dans les écoles du peuple.* »

On notera qu'ici Marx n'envisage l'instruction que dans son lien avec le travail, et non aussi dans ses relations avec la vie hors-travail.

On notera de plus qu'au sein d'un pays aussi développé que la France, le capitalisme a mis un siècle et demi pour porter au moins au seuil du niveau supérieur d'instruction 80% de la population, niveau qui d'ailleurs pourrait être remis en question suite à la fin de la concurrence des Etats socialistes et sous la pression de la crise économique en cours.

On notera enfin que l'affirmation par Marx du rôle de la révolution socialiste dans l'essor de l'instruction publique s'est vue confirmée avec éclat par les réalisations de toutes les révolutions socialistes du 20ème siècle, de la révolution soviétique à la révolution cubaine. A contrario, le recul de l'instruction publique en URSS après la défaite des forces révolutionnaires confirme la tendance du capitalisme à freiner le développement des forces productives humaines, sans arriver cependant à l'enrayer.

p. 349 « … *les « règlementés »* (les patrons des industries soumises à une réglementation du travail des femmes et des enfants -PR) *réclament hautement l'égalité légale dans la concurrence, c'est-à-dire dans le droit d'exploiter le travail.* »

Ici, Marx n'a pas écrit : « … *dans le droit d'exploiter la* « force de travail », mais bel et bien « *d'exploiter le travail* »
Quoi qu'il en soit, Marx met bien en évidence ici le rôle de l'Etat chargé de défendre les intérêts collectifs de la classe capitaliste s'il le faut contre les capitalistes individuels eux-mêmes, voire contre les salariés eux-mêmes, ainsi qu'il le note dans une lettre à Kugelmann (**KM-JM-FE, p.93)** :
« *Quant à la loi sur les fabriques* (…) *j'exige qu'elle émane de l'Etat, et la veux coercitive, non seulement à l'égard des fabricants, mais aussi des ouvriers eux-mêmes.* (…) *…je fais allusion à la résistance des ouvrières contre la limitation de la journée de travail.* »
Marx note aussi dans cette même lettre (p.93), le caractère contradictoire du développement du capitalisme :
« *Je représente la grande industrie non seulement comme la mère de l'antagonisme, mais aussi comme la créatrice des conditions matérielles et spirituelles nécessaires à la solution de cet antagonisme, solution qui évidemment ne pourra pas se faire en douceur.* »

Pourtant, dans le Livre I du « Capital », c'est non contradictoirement que Marx insiste sur les caractères destructeurs du développement du capitalisme :
p. 360-361 « … *chaque progrès de l'agriculture capitaliste est un progrès non seulement dans l'art d'exploiter le travailleur, mais encore de dépouiller le sol ; chaque progrès dans l'art d'accroître sa fertilité pour un temps, un progrès dans la ruine de ses sources durables de fertilité.* (…) *La production capitaliste ne développe donc la technique et la combinaison du procès de production sociale qu'en épuisant en même temps les deux sources d'où jaillit toute richesse : La terre et le travailleur.* »
Ici, Marx se laisse aller à une présentation unilatérale, non contradictoire des contradictions à l'œuvre dans la société capitaliste entre développement des forces productives et rapports de production, car, de même que la tendance à la surexploitation des travailleurs aux dépens de leur niveau d'instruction s'est trouvée contredite à la fois par les luttes sociales et la nécessité de disposer de travailleurs instruits, de même la tendance à la surexploitation des ressources naturelles s'est trouvée contredite à la fois par les luttes des populations expropriées de leurs moyens d'existence, et, plus directement encore, par la nécessité d'assurer le renouvellement de ces ressources, voire de procéder à leur remplacement par des moyens artificiels (par exemple, dans l'agriculture l'usage des engrais, l'irrigation et plus récemment le développement de la culture hors-sol, les mesures étatiques prises contre la surpêche, pour le développement des énergies renouvelables, le recyclage des déchets, etc.).

Livre I, Chapitre XVI

p. 362-363 « *L'homme crée un produit en s'appropriant un objet externe à ses besoins, et dans cette opération, le travail manuel et le travail intellectuel sont unis par des liens indissolubles...* »

Ici, la réduction par Marx de l'opération de production à l'appropriation d'un « objet externe » exclut le service et la connaissance de la catégorie de « *produit* », de la même manière qu'il exclut le service et la connaissance de la notion de « *marchandise* » par la réduction de la marchandise à une « *chose* », donc à un bien dit « *matériel* »

Pourtant, la création d'un « produit » du travail passe autant par l'appropriation d'une fonction que par celle d'un objet.

« *A partir du moment (...) où le produit individuel est transformé en produit social, en produit d'un travailleur collectif dont les différents membres participent au maniement de la matière à des degrés divers, de près ou de loin, ou même pas du tout, les déterminations de travail productif, de travailleur productif s'élargissent nécessairement.* (...) *Pour être productif, il n'est pas nécessaire de mettre soi-même la main à l'œuvre ; il suffit d'être un organe du travailleur collectif ou d'en remplir une fonction quelconque.* »

Ici Marx, introduisant la notion de « *travailleur collectif* », et l'étendant jusqu'à des travailleurs ne participant « *pas du tout* » « *au maniement de la matière* », semble étendre le sens de la notion de « *travail productif* » quasiment au travail de la société tout entière ! En effet, la notion de travail productif semble devoir s'appliquer à tout travail touchant « *à des degrés divers* » à la création d'un « *produit* », c'est à dire appropriant un « objet externe » à des besoins humains autrement dit un travail directement ou indirectement (mais jusqu'où peut aller la relation indirecte ?) producteur de valeur d'usage matérielle.

Mais, ajoute Marx, « ... *ce n'est pas cela qui caractérise d'une manière spéciale le travail productif dans le système capitaliste. Là, le but déterminant de la production, c'est la plus-value.* »

Or, illustrant cette nouvelle définition du travail productif, Marx saute de la notion de produit matériel, à celle de service :

« *Un maître d'école (...) est un travailleur productif, non parce qu'il forme l'esprit de ses élèves, mais parce qu'il rapporte des pièces de cent sous à son patron. Que celui-ci ait placé son capital dans une fabrique de leçons au lieu de le placer dans une fabrique de saucissons, c'est son affaire.* (...) *Désormais, la notion de travail productif ne renferme plus simplement un rapport entre activité et effet utile, entre producteur et produit, mais encore, et surtout, un rapport social qui fait du travail l'instrument immédiat de la mise en valeur du capital.* »

Notons d'abord qu'ici, l'instrument de la mise en valeur du capital auquel Marx fait référence n'est pas la « *force de travail* » mais « *le travail* »

Notons ensuite que, dans ce texte, Marx saute directement de la production d'un effet utile, donc d'une valeur d'usage, à la production d'une plus-value, sans passer par l'étape de la production d'une valeur-travail puis celle d'une valeur marchande.
C'est ainsi que, par son exemple du maître dans une école capitaliste, Marx affirme qu'un producteur de service peut bien être producteur de plus-value, mais ne se prononce pas pour savoir si ce travailleur peut être producteur de valeur-travail ou de valeur marchande.
Or nous avons vu comment, s'agissant d'une autre catégorie de producteurs de service, celle des employés du commerce, Marx finit par admettre qu'ils puissent être producteurs de plus-value, tout en leur déniant la qualité de producteurs de valeur-travail ou marchande.

p.363 :
« *Supposé que la force de travail se paye à sa juste valeur…* »
Ici Marx confirme son postulat théorique instituant un échange marchand égal entre capitaliste et salarié. Or, peu avant (**p. 220**) lorsque Marx écrivait : « *La création d'une journée de travail normale est* (…) *le résultat d'une guerre civile longue, opiniâtre et plus ou moins dissimulée entre la classe capitaliste et la classe ouvrière.* », il ne définissait pas la valeur du salaire par la valeur économique objective de la « *force de travail* », mais comme le résultat d'un rapport de force politique.

« *Supposé que le travail nécessaire à l'entretien du producteur et de sa famille absorbât tout son temps disponible, où trouverait-il le moyen de travailler gratuitement pour autrui ?* »
Mais comment se trouve définie la valeur du salaire nécessaire à l'entretien du producteur et de sa famille, sinon par un rapport de force politique ?
Au-delà de la valeur nécessaire à l'entretien du producteur en activité lui-même (subsistances et qualification, congés et soins médicaux, etc.), l'incorporation au salaire des valeurs nécessaires à son entretien hors de son activité professionnelle (droit à la retraite, par exemple, et des valeurs nécessaires à l'entretien de sa famille (conjoint et enfants, parents âgés, handicapés) est l'objet d'un affrontement politique permanent.
En témoignent les luttes autour du statut social de travailleurs étrangers alors que le recours massif à leur main-d'œuvre a, entre autres, pour but de dispenser le capitaliste de payer l'entretien de leur famille, et, notamment le renouvellement intergénérationnel de la « *force de travail* »

« *Sans un certain degré de productivité du travail, point de temps disponible ; sans ce surplus de temps, point de surtravail et, par conséquent, point de plus-value, point de produit net, point de capitalistes, mais aussi point d'esclavagistes, point de seigneurs féodaux, en un mot, point de classe propriétaire !* »

Ici, Marx établit un lien entre la productivité du travail et l'existence d'un surtravail qui devient dans la société capitaliste une plus-value.
J. Chaillou (**JCh,** p.46) considère à juste titre comme un « axiome de la théorie de Marx » l'existence dans le capitalisme d'un surtravail :

> « Lorsqu'une force de travail est utilisée à la production de marchandises elle reçoit, si elle se vend à sa valeur d'entretien et reproduction, la valeur s(t) (du salaire -PR). Elle produit une valeur plus grande s(t) + valeur en plus. »

En réalité, la valeur des marchandises produites étant mesurée en unité de temps de travail social moyen consacré à les produire, le travailleur, suivant le niveau de son salaire et la productivité de son travail peut fournir aussi bien une plus-value qu'une moins value.
En outre, certains salariés disposant d'une qualification professionnelle rare, où exerçant un travail qualifiant peuvent disposer d'une situation de monopole sur le marché du travail et recevoir de ce fait une rémunération supérieure, non seulement à la valeur de leur « *force de travail* », mais aussi à celle du travail qu'ils fournissent.
Ainsi s'expliqueraient notamment les rémunérations exorbitantes de certains salariés comme ceux qui occupent des fonctions de direction d'entreprise. Mais plus généralement, la valeur de la rémunération du travail dépendant d'un rapport de force politique, la notion de valeur en plus doit, ainsi que cela a été rappelé plus haut, être entendue comme pouvant être aussi bien une valeur en moins.

p. 364 - 366 « *Quand, grâce à de rudes labeurs, les hommes sont parvenus à s'élever au-dessus de leur premier état animal, que, par conséquent alors, leur travail est déjà dans une certaine mesure socialisé, alors et seulement alors, se produisent les conditions où le travail de l'un peut devenir une source de vie pour l'autre, et cela n'a jamais lieu sans l'aide de la force qui soumet l'un à l'autre.* »
Encore une fois Marx nous rappelle que le rapport économique qui relie les classes exploiteuses aux classes exploitées, en particulier les capitalistes à leurs salariés, est indissolublement lié à un rapport de force, de pouvoir, un rapport politique.

« *Abstraction faite du mode social de production, la productivité du travail dépend des conditions naturelles au milieu desquels il s'accomplit.* (…) *Les conditions naturelles externes se décomposent au point de vue économique en deux grandes classes : richesses naturelles en moyens de subsistance, c'est-à-dire fertilité du sol, eaux poissonneuses, etc., et richesses naturelles en moyens de travail, tels que chutes d'eau vive, rivières navigables, bois, métaux, charbon, et ainsi de suite.* »
(…)

« La production capitaliste une fois établie, la grandeur du surtravail variera, toutes autres circonstances restant les mêmes, selon les conditions naturelles du travail et, surtout, selon la fertilité du sol. »
Ici, Marx semble faire de l'influence prépondérante de la « fertilité » du sol sur la productivité du travail une caractéristique a-historique de la production capitaliste, alors que cette influence se réduisait déjà du temps de Marx en même temps que se réduisait déjà la place de la production agricole au profit de la production industrielle. Marx se corrige donc aussitôt :

« Ce n'est pas fertilité absolue du sol, mais plutôt la diversité de ses qualités (...) et la variété de ses produits naturels qui forment la base naturelle de la division sociale du travail... (...) C'est la nécessité de diriger socialement une force naturelle, de s'en servir, de l'économiser, de se l'approprier en grand par des œuvres d'art, en un mot de la dompter, qui joue le rôle décisif dans l'histoire de l'industrie. (...) « Supposons qu'il faille à un de ces insulaires (des îles orientales de l'archipel asiatique -PR) *douze heures de travail par semaine pour satisfaire tous ses besoins ; on voit que la première faveur que lui accorde la nature, c'est beaucoup de loisir. (...) ...<u>pour qu'il le dépense en surtravail pour autrui, il doit être contraint par la force.</u> »*
Encore une fois Marx indique que le rapport exploiteur-exploité est un rapport à déterminisme multifactoriel, notamment <u>indissolublement économique et politique</u>.
(...)
« Le travail doit (...) posséder un certain degré de productivité avant qu'il puisse être prolongé au-delà du temps nécessaire au producteur pour se procurer son entretien ; mais ce n'est jamais cette productivité, quel qu'en soit le degré, qui est la cause de la plus-value. Cette cause, c'est toujours le surtravail, quel que soit le mode de l'arracher. »
Autrement dit, si le travailleur consomme l'équivalent de la totalité de ce qu'il a produit, il n'y a évidemment pas de surtravail et donc de plus-value, même si sa productivité est très élevée.
Et, faut-il ajouter encore une fois, si le travailleur consomme plus en valeur que ce qu'il a produit, le <u>surtravail</u> ou « <u>travail-en-plus</u> » se changera en « <u>moins-travail</u> » ou « <u>travail-en-moins</u> » et la <u>plus-value en moins-value</u>. Cette dernière situation apparaîtra notamment lorsque le salarié, disposant d'une situation de <u>monopole</u> de sa position professionnelle, pourra imposer une rémunération sans rapport avec la valeur effective de son travail, rémunération alors nécessairement prélevée sur le surtravail produit ailleurs.

Livre I, Chapitre XVII
p. 370 « *...le rapport de grandeur entre la plus-value et <u>le prix</u> de la force de travail est déterminé par trois facteurs : 1° la durée du travail (...) ; 2° son degré d'intensité (...) ; 3°son degré de productivité, suivant lequel la*

même quantité de travail rend dans le même temps différentes quantités de produits. »
On notera qu'ici, Marx abandonne la référence à la valeur de la « *force de travail* » pour celle du prix de cette force. Or, si, comme il le postule, cette valeur est objectivement déterminée par les besoins du travailleur, ce prix, lui, ainsi que Marx l'a exposé plus haut, est déterminé par un rapport de force, donc un rapport politique entre employeur et employé.

On notera aussi qu'ici, s'agissant du prix de la « *force de travail* », Marx ne fait référence qu'à des déterminations relatives au travail : il n'a pas écrit « *durée, intensité, productivité* de l'usage de la force de travail », mais « *durée, intensité, productivité du travail* » Ici, donc, le contrat capitaliste-salarié porte donc bien sur le travail et non sur la « *force de travail* »
« *A durée et intensité du travail constantes et productivité variable.*

1° La journée de travail d'une grandeur donnée produit toujours la même valeur, quelles que soient les variations dans la productivité du travail. »
Il s'agit ici de la productivité sociale moyenne, sinon on ne pourrait expliquer comment une entreprise d'une productivité du travail plus élevée que cette moyenne produit, à intensité du travail égale, plus de valeur par unité de temps.
(...)

2° La plus-value et la valeur de la force de travail varient en sens inverse l'une de l'autre. La plus-value varie dans le même sens que la productivité du travail, mais la valeur de la force de travail en sens opposé. »
Ici, Marx, reste dans le cadre imposé par un contrat égal capitaliste-salarié, cadre qui suppose que la valeur du salaire n'est autre que la valeur de la « *force de travail* » Dans ce cadre, si la productivité sociale moyenne du travail augmente, cela permet de faire baisser la valeur des subsistances nécessaires à l'entretien des travailleurs, c'est-à-dire, selon Marx, faire baisser la valeur sociale moyenne de leur « *force de travail* »
(...)

3° « *L'augmentation ou la diminution de la plus-value est toujours l'effet et non la cause de la diminution ou de l'augmentation parallèle de la valeur de la force de travail.* »
Ici, Marx reste dans le schéma théorique qui veut que la valeur (Vw) produite se partage entre plus-value (Vpv) et valeur (Vs) d'un salaire, la valeur du salaire étant égale à la valeur (Vft) de la « *force de travail* » :

(Vw) = (Vpv) + (Vft)

Cependant, un peu plus loin, Marx écrit :

« *Néanmoins, cette loi, d'après laquelle le prix de la force de travail est toujours réduit à sa valeur, peut rencontrer des obstacles* (…) » *La* (…) *valeur de la force de travail dépend du poids relatif que la pression du capital, d'une part, la résistance de l'ouvrier, de l'autre, jettent dans la balance.* »

Ainsi, encore une fois, Marx avance que la valeur de la « *force de travail* », et pas seulement son prix, est déterminée par un rapport de force politique.

Plus loin, s'appuyant sur un exemple concret, Marx écrit :

« *Bien que le prix de la force de travail* (le salaire -PR) *fût resté invariable, il se serait élevé au-dessus de sa valeur.* (…) *Avec un accroissement continuel de la productivité du travail, le prix de la force de travail pourrait tomber de plus en plus, en même temps que les subsistances à la disposition de l'ouvrier continueraient d'augmenter* »

Cette situation rencontrée dans les périodes de croissance fournit une base objective au succès, dans le salariat en général et pas seulement dans la classe ouvrière, des comportements de collaboration de classe.

L'illusion d'un échange égal capitaliste-salarié nourrit celle d'une convergence d'intérêt d'autant plus facilement qu'elle se traduit, pour certaines catégories de salariés à l'échelle mondiale, par une amélioration de leurs conditions de vie, à condition qu'ils acceptent la servitude qui consiste à ne vivre qu'au service de l'accumulation du capital, c'est-à-dire, par exemple, de ne pas choisir eux-mêmes à qui et à quoi pourra servir leur vie de travail. Par exemple qu'ils acceptent de travailler pour des industries et commerces des armes au service de guerres impérialistes, situation que résumait ainsi le poète Langston Hugues :

Green Memory (1951)
Langston Hughes

A wonderful time–the War:
when money rolled in
and blood rolled out.

But blood
was far away
from here–

Money was near.

(Cf. (http://angrybrownbutch.com/2006/07/05/green-memory/)

p. 377 « *L'augmentation de la productivité du travail et de son intensité multiplie la masse des marchandises obtenues dans un temps donné, et, par là, raccourcit la partie de la journée…*

…de l'année et de la vie toute entière…

…où l'ouvrier…
…le prolétariat producteur des biens matériels et des services…
…ne fait que produire un équivalent de ses subsistances. Cette partie nécessaire, mais contractile, de la journée de travail en forme la limite…
…inférieure…
…absolue…
…sauf à disposer d'une surabondance de main-d'œuvre au point de pouvoir se dispenser d'en assurer l'entretien ; cf. la surexploitation de la main-d'œuvre coloniale…
…qu'il est impossible d'atteindre sous le régime capitaliste. Celui-ci supprimé…,
…donc dans la société socialiste…
… le surtravail disparaîtrait, et la journée de travail pourrait être réduite au travail nécessaire. Cependant, il ne faut pas oublier qu'une partie du surtravail actuel, celle qui est consacrée à la formation d'un fond de réserve et d'accumulation, compterait alors comme travail nécessaire…
…dans les Etats socialistes du 20ème siècle il a fallu aussi compter avec l'exorbitante dépense consacrée à la nécessaire défense nationale et à la guerre…
(…) *Considéré au point de vue social, on augmente* (…) *la productivité du travail en l'économisant, c'est-à-dire en supprimant toute dépense inutile, soit en moyens de production, soit en force vitale…*
…en travail…
…Le système capitaliste, il est vrai, impose l'économie des moyens de production à chaque établissement pris à part ; mais il ne fait pas seulement de la folle dépense de la force ouvrière…
…du travail salarié…
…un moyen d'économie pour l'exploiteur, il nécessite aussi, par son système de concurrence anarchique, la dilapidation la plus effrénée du travail productif et des moyens de production sociaux, sans parler de la multitude de fonctions parasites qu'il engendre et qu'il rend plus ou moins indispensables. » [60]
Cependant, ainsi que cela a été démontré plus haut, c'est à tort que Marx refuse aux activités de services la capacité de produire de la valeur, ce qui revient à en faire des « *fonctions parasitaires* »

Livre I, Chapitre XVIII
p. 379-380 « *(Plus-value) / (Valeur de la force de travail) = (Surtravail) / (Travail nécessaire) = (Travail non payé) / (Travail payé)*
La formule ***[(Travail non payé) / (Travail payé)]*** *n'est qu'une expression populaire de celle-ci : [(Surtravail) / (Travail nécessaire)].*
Après nos développements antérieurs, elle ne peut plus donner lieu à cette erreur populaire que ce que le capitaliste paye est le travail et non la force

de travail. (…) …*le surtravail, dont il* (le capitaliste -PR) *tire la plus-value, peut être nommé travail non payé.* »
Or, si un travail est payé, c'est qu'il est bien une marchandise. Ici, Marx, donc, d'une part maintient que ce que le capitaliste paye est la « *force de travail* » et non le travail, et d'autre part accepte, à propos de la relation Ca-Sa, l'expression « travail payé » qui signifie que le capitaliste paye un travail, ajoutant que, dans la même transaction, du travail est non payé et correspond à un surplus de travail livré par le salarié.
Les expressions « travail payé » et « travail non payé » reviennent donc bien dans les termes à admettre que le capitaliste achète un travail dont une partie est payée et une partie est non-payée.
En réalité, cette contradiction avec la théorie de la « *force de travail* » provient de ce que Marx reste enfermé dans son postulat d'un échange égal entre salarié et capitaliste (échange Ca-Sa).
Dans ce cadre, en effet, admettre que le capitaliste achète le travail, serait admettre qu'il l'achète à sa valeur et ferait donc disparaître la plus-value qui résulte, elle, de l'inégalité de l'échange.
Le concept de « *force de travail* » apparaît ici comme un outil théorique *ad hoc* pour rester dans le cadre fixé par le postulat arbitraire et faux de l'égalité de l'échange.
Or, que la relation Sa-Ca soit foncièrement inégale, Marx l'écrit aussitôt : « *Le temps d'exploitation se divise en deux périodes. Pendant l'une, le fonctionnement de la force de travail ne produit qu'un équivalent de son prix ; pendant l'autre, il est gratuit et rapporte, par conséquent, au capitaliste une valeur pour laquelle il n'a donné aucun équivalent, qui ne lui coûte rien. En ce sens, le surtravail, dont il tire la plus-value, peut être nommé du travail non payé.* »
Ainsi Marx précise que c'est « *le fonctionnement de la force de travail* », c'est-à-dire le travail, et non « *la force de travail* » tout court, qui a eu « un prix » et donc fait l'objet de la relation marchande Ca-Sa.
Voici donc un échange dans lequel le capitaliste ne paye qu'une partie de ce qu'il a reçu, et que pourtant Marx veut enfermer dans le cadre de la loi de la valeur, c'est-à-dire dans le cadre d'un échange équivalent contre équivalent.
(…) « *Le capital* (…) *est essentiellement le pouvoir de disposer d'un travail non payé.* »
Il s'agit d'un pouvoir, donc d'un rapport politique. Cependant, le capitaliste ne dispose pas vraiment de ce travail non-payé, car son capital est soumis à la concurrence capitaliste, ce que Marx exprime clairement lorsqu'il dit du capitaliste (KM, I, XXIV, p.421) « *qu'il fonctionne comme le capital personnifié* », en « *agent fanatique de l'accumulation* » du capital. Notons en outre que, étant déterminé par un rapport de force économico-politique, le prix de la « *force de travail* » n'est en général pas égal à ce que

Marx désigne par sa valeur, c'est-à-dire la valeur des subsistances nécessaires à son entretien et son renouvellement intergénérationnel familial.

Livre I, Chapitre XIX

p. 381, donc, Marx écrit : « *Pour être vendu sur le marché à titre de marchandise, le travail devrait en tout cas exister auparavant. Mais si le travailleur pouvait lui donner une existence matérielle, séparée et indépendante de sa personne, il vendrait de la marchandise et non du travail...* »

Mais pourquoi une marchandise ne pourrait-elle pas être produite après avoir été vendue et même payée en totalité ou en partie (on est prié de verser des arrhes), à la commande, sur plan, sur pied, etc. ?.

Et pourquoi une marchandise devrait-elle être nécessairement indépendante, séparable de ses producteurs dans le temps et dans l'espace : Marx lui-même n'a-t-il pas cité l'exemple (KM, I, XVI, p. 362) du maître d'école salarié dans « *une fabrique de leçons* » ou l'exemple de la chanteuse (KM, Pl. II, XX, p. 393), « *engagée pour donner des concerts et rapporter de l'argent,* » en précisant que « *...certains travaux susceptibles d'être consommés uniquement comme services ne peuvent constituer des produits à part, transformables en marchandises autonomes ; toutefois, ils peuvent être exploités directement de manière capitaliste.* »

Un peu plus loin (KM, Pl. II, p.398), Marx considérait le cas où « *La production est inséparable de l'acte producteur* »

Quoiqu'il en soit, lorsqu'il considère la relation Sa-Ca, Marx montre clairement à quel point la définition de la marchandise objet matériel à laquelle il se réfère est antinomique de la définition d'un service : si le travail fourni au capitaliste est un service, et si la marchandise ne peut être qu'un objet matériel, il n'est pas possible de faire du travail une marchandise et l'échange marchand Sa-Ca ne peut porter sur le travail en tant que service.

Or Marx doit rendre compte des rapports marchands liant le capitaliste à son salarié. C'est pourquoi il invente une marchandise particulière, la « *force de travail* » Celle-ci sera produite avant le travail, et loin du travail : ses producteurs seront les producteurs des subsistances consommées par le travailleur. De ce fait, répétons-le, l'activité propre du salarié pour la production de sa « *force de travail* » (par exemple celle de l'étudiant en formation initiale ou en stage, l'entraînement d'un champion, ou les exercices vocaux d'une chanteuse salariée) ne sera pas comptée dans la détermination de la valeur de cette « *force* »

La construction théorique de Marx a donc sa logique.

Mais Marx est cependant contraint de se contredire, car il doit admettre, comme cela a été rappelé plus haut, que :

-(**p. 228**), ...ce qu'achète le capitaliste est en fait, « *la force de travail en mouvement* » ;

-ou **(p. 136)** : « *L'usage de la force de travail, c'est le travail* » ;

-ou (**p. 141)** : ...« *L'ouvrier travaille sous le contrôle du capitaliste auquel son travail appartient.* » Marx n'a pas écrit : « ...auquel sa « *force de travail* » appartient. » Le travail appartiendrait au capitaliste, mais celui-ci ne l'aurait pas acheté ? ;

-ou **(p. 141-142)** : ...« *L'usage de la marchandise appartient à l'acheteur, et, en donnant son travail, le possesseur de la force de travail ne donne en réalité que la valeur d'usage qu'il a vendue* » :

Marx n'a pas écrit que le salarié « donne sa « *force de travail* » » mais qu'il donne « *son travail* ».

Mais il n'aurait vendu qu'une valeur d'usage et non une valeur d'échange : la valeur d'usage serait le travail et la valeur d'échange serait la « *force de travail.* »

Mais alors, comment vendre une marchandise sans la vendre à la fois comme valeur d'échange et d'usage ? Marx n'a-t-il pas écrit **(p.142)** :

« *...de même que la marchandise est à la fois valeur d'usage et valeur d'échange, de même, sa production doit être à la fois formation de valeurs d'usage et formation de valeur.* »

Lorsque **(p.149)**, Marx a écrit :

« *En examinant la production de la plus-value, nous avons supposé que le travail approprié par le capital est du travail simple moyen.* »...,

...il n'a pas écrit...

« *...que la force de travail appropriée par le capital est une force de travail simple moyenne.* »

Sur la base de cette contradiction entre sa définition de la marchandise et la loi de l'échange égal appliquée à l'échange Ca-Sa, Marx poursuit donc : **(p.381)** « *...un échange direct d'argent, c'est-à-dire de travail réalisé, contre du travail vivant, ou bien supprimerait la loi de la valeur qui se développe justement sur la base de la production capitaliste, ou bien supprimerait la production capitaliste elle-même qui est fondée précisément sur le travail salarié.* »

On ne peut être plus clair : si l'échange Ca-Sa est un échange égal, ce ne peut être le travail qui fait l'objet de l'échange. Et si une marchandise ne peut être qu'un objet produit avant d'être consommé, dont la valeur ne peut être que du « travail mort », du « travail passé », elle ne peut être un service, elle ne peut donc être du travail.

Enfermé dans son postulat de la loi de la valeur, de l'échange égal, Marx écrit donc **(p. 381)** : « *...il* (le salarié -PR) *obtient pour douze heures de travail (...) moins de douze heures de travail. Douze heures de travail s'échangent dans ce cas contre dix, six, etc., heures de travail. Poser ainsi comme égales des quantités inégales, ce n'est pas seulement anéantir toute détermination de la valeur. Il est impossible de formuler comme loi une contradiction de ce genre qui se détruit elle-même.* »

On notera que le raisonnement de Marx repose ici, encore une fois, sur le postulat d'un échange égal, équivalent contre équivalent. Mais douze heures de travail peuvent bien s'échanger contre six, si l'échange ne s'effectue pas équivalent contre équivalent.

« *Mais qu'est-ce que la valeur ?* » s'était demandé Marx (**p. 381**) avant de répondre : « *La forme objective du travail social dépensé dans la production d'une marchandise...*
Qu'entendre ici par « *forme objective* » sinon la forme dite « *matérielle* » ?

...Et comment mesurer la grandeur de valeur d'une marchandise ? Par la quantité de travail qu'elle contient. Comment dès lors déterminer, par exemple, la valeur d'une journée de travail de douze heures ? Par les douze heures de travail contenues dans la journée de douze heures, ce qui est une tautologie absurde. »
Et, en effet, ce n'est une tautologie absurde que si l'on confond la forme objective de la marchandise (notion philosophique relative à la catégorie de matière) avec la notion d'objet matériel. [61]
En réalité la question qui se pose dans l'échange d'un travail déterminé contre un salaire est : « Quelle est la valeur d'échange de ce travail ? » Et la réponse à la question ainsi posée est que cette valeur est sa durée rapportée à la durée moyenne sociale actuelle d'un travail de même nature, une réponse qui est tout sauf une tautologie absurde.

p. 382 « *...la valeur dont la grandeur reste (...) toujours déterminée par le quantum de travail actuel et socialement nécessaire qu'exige la production d'une marchandise...* »
Appliquée à la marchandise « travail » en tant que service, la proposition devient : « ...la valeur d'un travail fourni comme prestation de service est déterminée par le quantum actuel de durée socialement nécessaire pour effectuer ce travail. » Ici Marx, par l'ajout du mot « *actuel* » à la définition de la valeur de la marchandise, établit la possibilité que la valeur d'une marchandise représente aussi bien un travail passé que présent, autrement dit que la marchandise soit aussi bien objet matériel que service. (...)

Marx poursuit donc (**p.382**) :
« *Ce qui sur le marché fait directement vis-à-vis au capitaliste, ce n'est pas le travail, mais le travailleur. Ce que celui-ci vend, c'est lui-même, sa force de travail. Dès qu'il commence à mettre cette force en mouvement, à travailler, dès que son travail existe, ce travail cesse de lui appartenir et ne peut plus désormais être vendu par lui.* »
Ce que Marx affirme ici est encore une fois qu'un service ne saurait être une marchandise : en effet au fur et à mesure que le service est effectué, il est consommé par l'acheteur et cesse donc d'appartenir au travailleur qui le

produit. Mais l'expérience montre que rien n'empêche qu'un service soit traité comme une marchandise ordinaire.
Ainsi que cela a été exposé plus haut, dans « *Matériaux pour l'Economie* » **(KM, Pl. II, p. 393)**, Marx remarquait : « *Certains travaux susceptibles d'être consommés uniquement comme services ne peuvent constituer des produits à part, transformables en marchandises autonomes ; toutefois, ils peuvent être exploités directement de manière capitaliste. Mais, comparés à la masse de la production capitaliste*, *ces travaux sont quantitativement peu importants*. »
Un peu plus loin **(KM, Pl. II, p.398)**, Marx considérait le cas où « *...la production est inséparable de l'acte producteur* » (...). Mais il ajoutait : « *Tous ces phénomènes de la production capitaliste dans ce domaine sont si peu importants comparés à l'ensemble de la production que nous pouvons les négliger complètement*. »
Cependant, ce qui était négligeable du temps de Marx, déjà devenu prépondérant à la fin du 20ème siècle dans les pays développés, est à leur suite en passe de le devenir dans les pays émergents, et l'on peut prévoir qu'il le sera un jour à leur suite dans le reste du monde.

Lorsque Marx écrit (**p.382**) que ce que le travailleur « *vend, c'est lui-même, sa force de travail.* » et non son travail, il imagine une relation marchande étrange dans laquelle le vendeur, le travailleur, vend un produit qui n'a rien d'un bien matériel et qu'il n'a pas lui-même contribué à produire, sinon en consommant depuis sa naissance des subsistances produites par d'autres et dont la valeur sera transférée à la marchandise qu'il vend, sa « *force de travail* », comme l'est la valeur des moyens de production consommés dans la production de toute marchandise dite « matérielle »
Dans la fabrication de la « *force de travail* », les subsistances consommées jouent donc, selon Marx, le rôle de moyens de production.
Une fois donc constituée, la « *force de travail* » sera vendue. Mais comme elle ne constitue pas une marchandise autonome, le salarié n'en sera pas quitte pour autant, car, ce qu'achète en fait le capitaliste, c'est l'usage de la « *force de travail* », autrement dit le travail.
Le capitaliste est donc en face du travailleur salarié comme un entrepreneur en face d'un prestataire de service bénévole auquel il n'aurait à payer que ce qui lui permet d'assurer l'entretien et le remplacement à terme de ses moyens de production.
De même, selon Marx, le capitaliste ne paie, de la « *force de travail* » du salarié, que son entretien et son remplacement à la génération suivante. Le salarié se comporte donc comme le prestataire bénévole puisque le service qu'il rend comporte non seulement le travail nécessaire au renouvellement de sa « *force de travail* », mais aussi généralement un surtravail, c'est-à-dire un travail dépensé en plus pour la mise en mouvement de cette force au profit de son employeur.

Pire encore, dans la vente de sa marchandise « *force de travail* », le salarié se trouve généralement dans un rapport de pouvoirs, un rapport politique d'infériorité manifeste devant son acheteur capitaliste.
Le salarié, en effet, ne possède ni l'argent nécessaire à l'achat des subsistances-moyens-de-production de sa « *force de travail* », ni les moyens de production nécessaires à l'exercice de cette force : il y a donc toutes les chances que dans cette vente, le prix qui lui sera donné de sa marchandise soit inférieur à la valeur qu'elle représente.
Le contrat qui lie le salarié au capitaliste apparaîtra donc comme un contrat triplement inégal :

-d'une part le travail qu'il aura fourni vaudra plus que la « *force de travail* » qu'on sera censé lui avoir payée,

-d'autre part, le prix qui lui sera donné pour cette force sera inférieur à ce qui est censé être sa valeur,

-et enfin, l'activité qu'il aura lui-même exercée pour la production de sa propre « *force de travail* » (pour ses études par exemple) ne sera pas prise en compte dans le calcul de la valeur de cette force.

Le salarié est censé vendre une marchandise dont ses parents ont acheté les moyens initiaux de sa production, à charge pour lui d'en acheter les moyens de l'entretenir.
Le salarié est censé vendre une marchandise qu'il n'a pas contribué lui-même à produire, et dont il est chargé sous peine de n'être pas payé, d'assurer lui-même la consommation par son acheteur.
Lequel acheteur détient les moyens de la consommer, ce qui fait que le salarié, en raison de cette dépendance n'est nullement assuré que sa marchandise lui sera payée à sa valeur !
Jacques Chaillou, en outre, (JCh, p.46) introduit, pour le calcul de la valeur de la « *force de travail* » la distinction entre « travail usant » et « travail qualifiant » En présence d'un travail qualifiant, l'étrangeté de la marchandise « *force de travail* » ne peut que se trouver confirmée : il s'agirait, en effet d'une marchandise dont la consommation augmente la valeur ! Mais c'est bien ainsi que Marx l'envisage, puisque c'est, selon lui, la consommation de la « *force de travail* » qui crée le surtravail dont se nourrit le capital.
En réalité, si l'on abandonne à ses contradictions et sa complexité la notion de valeur de la « *force de travail* », la relation Ca-Sa se trouve éclairée, le travailleur étant capable et contraint par un rapport politique généralement défavorable, de fournir généralement plus de travail présent qu'il ne consomme de travail passé : ce flux de travail en plus, ou surtravail est, dans un échange inégal, récupéré par le capitaliste, ce qui lui permet d'accumuler du capital, comme le flux de l'énergie solaire permet l'accumulation de l'énergie fossile.

p. 382 suite « *Le travail est la substance et la mesure inhérente des valeurs, mais il n'a lui-même aucune valeur.* »

Peut-on dire que ce qui joue le rôle de substance de la valeur n'est pas le travail, mais le temps de travail, sa durée sociale moyenne actuelle pour effectuer un certain service. Le travail serait alors source de temps de travail et il n'y aurait rien d'irrationnel à en considérer la valeur.
« *Dans l'expression : valeur du travail, l'idée de valeur est complètement éteinte. C'est une expression irrationnelle telle que par exemple valeur de la terre. Ces expressions irrationnelles ont cependant leur source dans les rapports de production eux-mêmes, dont elles réfléchissent les formes phénoménales.* »
Ici, Marx se réfère implicitement à son refus de considérer un service, un travail présent comme une marchandise. Selon lui, implicitement, la valeur d'une marchandise est constituée (c'est sa substance) par le travail dépensé antérieurement à la produire, et non par le travail présent, en train d'être dépensé à la produire. Lorsqu'une chanteuse salariée effectue son tour de chant, la marchandise qu'elle produit est aussitôt consommée, et donc détruite au fur et à mesure qu'elle est produite, ce qui ne signifie pas que son tour de chant n'a aucune valeur.
C'est pourquoi on peut affirmer que la valeur d'échange d'un travail déterminé effectué comme service est donnée par la durée sociale actuelle moyenne du temps dépensé à l'effectuer.
Par contre, Marx a raison d'écrire que la terre n'a aucune valeur marchande tant qu'elle n'a pas été travaillée.

« *Ayant emprunté naïvement, (….) à la vie ordinaire la catégorie « prix du travail », l'économie politique classique se demanda après coup comment ce prix était déterminé. Elle reconnut (…) que, pour le travail comme pour toute autre marchandise, le rapport entre l'offre et la demande n'explique rien que les oscillations du prix du marché au-dessus ou au-dessous d'une certaine grandeur. Dès que l'offre et la demande se font équilibre, les variations de prix qu'elles avaient provoqué cessent, mais là cesse aussi tout l'effet de l'offre et la demande. Dans leur état d'équilibre, le prix du travail ne dépend plus de leur action (...) On trouva ainsi des prix moyens (…). Ce prix moyen, donc, le prix « nécessaire » des physiocrates –le prix « naturel » d'Adam Smith – ne peut être pour le travail, de même que pour toute autre marchandise, que sa valeur exprimée en argent. « La marchandise, dit Adam Smith, est alors vendue « précisément ce qu'elle vaut.* »
L'économie classique (...) détermina cette grandeur par la valeur des subsistances nécessaires pour l'entretien et la reproduction du travailleur. A son insu elle changeait ainsi de terrain, en substituant à la valeur du travail, jusque-là objet apparent de ses recherches, la valeur de la force de travail, force qui (…) se distingue de sa fonction, le travail, tout comme une machine se distingue de ses opérations. » [62]

Ici, Marx résume en quelques mots la démarche et les présupposés qui l'ont conduit à mettre en avant le concept de « *valeur de la force de travail* » en lieu et place de celui de « *valeur du travail* »

-Tout d'abord, il y a, concernant le rapport Ca-Sa, la présupposition, au-delà des oscillations des prix du marché, d'un équilibre réalisé en moyenne dans le temps entre l'offre et la demande.

Mais cet équilibre est-il observable en réalité ? Marx n'a-t-il pas lui-même mis par exemple en évidence (cf. ci-dessus, citation des pages **346-47**), l'existence à son époque de « *la monstruosité d'une armée industrielle de réserve, tenue dans la misère, afin d'être toujours disponible pour la demande capitaliste* » ?

Cet excès permanent de l'offre de travail par rapport à la demande s'est encore accru dans des proportions gigantesques avec le passage du capitalisme de libre concurrence au capitalisme monopoliste d'Etat, donc au stade de l'impérialisme, avec notamment l'exploitation des « gisements de main-d'œuvre » des pays dominés, exploitation sur place ou via l'émigration vers les métropoles impérialistes.

- Deuxièmement, corollaire du postulat d'un équilibre en moyenne entre l'offre et la demande, il y a le postulat d'un échange Ca-Sa équivalent contre équivalent :

« *...la marchandise est vendue ce qu'elle vaut* », telle est la formule d'Adam Smith que Marx reprend à son compte. Or, dans la vente de son travail au capitaliste, le salarié prolétaire est, sauf s'il possède un monopole de sa qualification, dans un rapport d'infériorité évident : en effet, ainsi que cela a été rappelé plus haut, il ne possède lui-même ni ses propres moyens d'existence, ni les moyens de production sans lesquels il ne peut effectuer le travail qu'il doit vendre pour survivre.

-Troisièmement, corollaire du postulat d'un échange égal Ca-Sa, il y a l'impossibilité d'un échange portant sur le travail du salarié, sous peine de voir disparaître l'existence d'un surtravail et au-delà, d'une plus-value.

Marx écrit, en effet (p.384) :

« *La forme salaire, ou payement direct du travail, fait donc disparaître toute trace de la division de la journée en travail nécessaire et surtravail, en travail payé et non payé.* »

Il y a donc pour Marx la nécessité de remplacer, pour rester toujours dans ce cadre d'un échange égal, la marchandise « *travail* » par la marchandise « *force de travail* », inventée pour la circonstance.

-Quatrièmement, il y a le postulat qu'une marchandise ne peut être constituée que de travail passé. Ainsi, la « *force de travail* » sera assimilée à une « machine » dont le travail serait une « opération », avec le postulat sous-jacent qu'une telle opération, le travail vivant, ne peut constituer une marchandise : on retrouve là le refus de Marx de considérer le travail présent, le travail vivant, un service, une « *opération* », une « *fonction* » comme une marchandise.

Et c'est bien ce que reproche Marx à la supercherie qui consiste à présenter le salaire dans le cadre d'un supposé échange égal comme le juste prix du travail, alors que, dans ce cadre, il ne peut être que le juste prix en moyenne de la « *force de travail* » dont la fonction est de créer du surtravail :
« *...le rapport monétaire* » (Ca-Sa -PR) écrit Marx **p. 384**, « *dissimule le travail gratuit du salarié pour son capitaliste.*
On comprend maintenant l'immense importance que possède dans la pratique ce changement de forme qui fait apparaître la rétribution de la force de travail comme le salaire du travail, le prix de la force comme prix de sa fonction »
Cependant, pour réfuter cette mystification, il n'était pas nécessaire d'avoir recours au concept hors norme de « *force de travail* », puisqu'il suffisait de refuser la présentation de l'échange Ca-Sa sous la forme d'un échange égal.

-Cinquièmement, il y a le postulat qui fait la valeur du salaire égale à la valeur de la « *force de travail* » du salarié.
« Bravo ! », s'écrie le petit, moyen ou grand-bourgeois salarié qui reçoit deux, cinq ou cinquante fois le salaire d'un prolétaire au sens strict du terme, « ...mon salaire n'est que la récompense de mes mérites ! Mon salaire n'a rien à voir avec l'exploitation du travail d'autrui, fut-ce celle d'un pays dominé par le mien, puissance impérialiste ! »
Et de justifier par le signe d'égalité écrit entre la valeur du salaire et celle de la « *force de travail* », un éventail des salaires allant de un à quatre, voire de un à dix !
Et de confondre sous le même terme de « salarié » :

-d'un côté, la classe ouvrière, le prolétariat au sens strict du terme, c'est-à-dire ne disposant que du strict nécessaire pour vivre dans sa condition de prolétariat,

-et de l'autre côté, des salariés disposant d'un surplus par rapport à ce minimum vital, un surplus leur permettant de s'accommoder sans trop de peine de la vie qui leur est offerte dans la société capitaliste...jusqu'au jour où cette société les engage directement dans une guerre.

p. 384 « *La forme salaire, ou payement direct du travail, fait donc disparaître toute trace de la division de la journée en travail nécessaire et surtravail, en travail payé et non payé, de sorte que tout le travail de l'ouvrier libre est censé être payé.*
En réalité, cette conclusion n'est valable que si l'on reste enfermé dans le postulat d'un échange égal.

« Dans le servage le travail du corvéable pour lui-même et son travail forcé pour le seigneur sont nettement séparés (...). Dans le système esclavagiste, la partie même de la journée où l'esclave ne fait que remplacer la valeur de ses subsistances, où il travaille donc en fait pour lui-même, ne semble être que du travail pour son propriétaire. Tout son travail revêt l'apparence de

travail non payé. C'est l'inverse chez le travail salarié : même le surtravail ou travail non payé revêt l'apparence de travail payé. »
Mais il ne s'agit là, Marx le dit bien, que d'une apparence, non d'une réalité.

« *Là le rapport de propriété dissimule le travail de l'esclave pour lui-même, ici le rapport monétaire dissimule le travail gratuit du salarié pour son capitaliste.* »
Autrement dit, à sa propre formule « *le capitaliste achète à sa valeur une « force de travail » qui produit un surtravail qu'il s'approprie* », Marx lui-même oppose la formule « le capitaliste achète un travail dont il ne paye qu'une partie »
C'est à tort, donc, que Marx ajoute :
« *Rien ne distingue au premier abord l'échange entre capital et travail de l'achat et la vente de toute marchandise. L'acheteur donne une certaine somme d'argent, le vendeur un article qui diffère de l'argent.* »
En effet, tout d'abord, comme cela a été exposé plus haut (commentaire de la **p. 382**), « *l'article* » en question, « *la force de travail* », est, loin d'être ce « bien matériel » dont Marx fait le modèle exclusif de la marchandise. Ensuite l'échange entre capital et travail est à l'opposé de cet échange égal dont Marx a fait le modèle exclusif de l'échange marchand.
Marx remarque d'ailleurs que :
« *…les expressions « valeur du travail », « prix du travail » ne semblent pas plus irrationnelles que les expressions « valeur du coton », « prix du coton » En outre, le travailleur n'est payé qu'après avoir livré son travail.* (Le travailleur livre donc du travail et non de la « *force de travail* ») *Or, dans sa fonction de moyen de paiement, l'argent ne fait que réaliser après coup la valeur ou le prix de l'article livré, c'est-à-dire dans notre cas la valeur ou le prix du travail exécuté.* »
Donc, si l'on en croit Marx lui-même, la valeur ou le prix payé au salarié n'est autre que la valeur ou le prix du « travail exécuté »
En réalité, il y a ici amalgame ou confusion entre les notions de prix et de valeur. En effet, si l'on doit admettre que le salaire représente bien le prix payé du travail exécuté, il ne peut généralement en représenter la valeur totale, puisque le prix payé au salarié n'est, selon Marx que le prix moindre de sa « *force de travail* », la différence représentant le surtravail accaparé par le capitaliste).
Or, en outre, et toujours selon Marx, ce prix de la « *force de travail* » ne serait égal à la valeur de celle-ci qu'avec la répétition de l'échange à l'échelle sociale et en moyenne dans le temps grâce à un équilibre de l'offre et de la demande qui demande du temps à s'établir, s'il finit par le faire.

« *Enfin,* ajoute Marx, *la valeur d'usage que l'ouvrier fournit au capitaliste, ce n'est pas en réalité sa force de travail, mais l'usage de cette force, sa fonction, le travail.* »

Donc, si l'on croit ici Marx, le « *travail exécuté* » que le salarié fournit au capitaliste, autrement dit, la marchandise qu'il lui vend, serait une marchandise qui n'aurait pas en propre de valeur d'échange, puisque la valeur d'échange relative à sa vente serait celle de cette autre marchandise qu'est la « *force de travail* » !
Mais, réciproquement, la valeur d'usage de la « *force de travail* » serait attachée à cette autre marchandise qu'est le « *travail exécuté* » !

Marx poursuit donc : « *D'après toutes les apparences, ce que le capitaliste paye, c'est donc la valeur de l'utilité que l'ouvrier lui donne, la valeur du travail –et non celle de la force de travail que l'ouvrier ne semble pas aliéner. La seule expérience de la vie pratique ne fait pas ressortir (…) la propriété du travail de créer de la valeur, qui le distingue de toutes les marchandises et l'exclut, comme élément formateur de la valeur, de la possibilité d'en avoir aucune.* »
En réalité, pourtant, lorsque les circonstances le permettent et l'exigent, le travailleur peut fournir plus de temps de travail social qu'il n'en consomme. Ainsi, le travail qui peut créer de la valeur n'est pas le travail en général, mais le travail vivant, le travail présent qui peut, quand les circonstances sont favorables, fournir plus de « *travail effectué* » qu'il ne consomme de travail passé, comme la récolte peut représenter plus de grain que les semences qui lui ont donné naissance : on a, avec le travail une matière susceptible de s'auto-multiplier, ce qui ne l'empêche pas d'avoir une valeur comme toute les autres marchandises.
La valeur du travail social fourni (et acheté) dépasse (généralement, mais pas toujours) la valeur du travail social consommé.

Livre I, Chapitre XX
p. 388 « *…la proportion (Valeur journalière de la force de travail) / (Journée de travail d'un nombre d'heures donné) perd naturellement tout sens, dès que la journée de travail cesse de compter un nombre d'heures déterminé. Il n'y a plus de rapport entre le temps de travail payé et celui qui ne l'est pas.*
Il s'agit bien pour Marx ici de la marchandise « travail » et non de la marchandise « *force de travail* »

Livre I, Chapitre XXV
p. 442 « *Le rapport entre l'accumulation du capital et le taux de salaire n'est que le rapport entre le travail gratuit, converti en capital, et le supplément de travail payé qu'exige ce capital additionnel pour être mis en œuvre. Ce n'est donc point du tout un rapport entre deux termes indépendants l'un de*

l'autre, à savoir, d'un côté, la grandeur du capital, et, de l'autre, le chiffre de la population ouvrière...,
Marx ne s'intéresse ici qu'aux ouvriers.
...mais ce n'est en dernière analyse qu'un rapport entre le travail gratuit et le travail payé de la même population ouvrière. (...) Si le quantum de travail gratuit que la classe ouvrière rend, et que la classe capitaliste accumule, s'accroît assez rapidement pour que sa conversion en capital additionnel nécessite un supplément extraordinaire de travail payé, le salaire monte et, toutes autres circonstances restant les mêmes, le travail gratuit diminue proportionnellement. »
Dans tout ce développement, on remarquera qu'il n'est nullement question de « *force de travail* » pour décrire le contenu de l'échange Ca-Sa.

Remarque à propos de la notion de « prix du travail »

Sauf erreur, la première occurrence de la notion « *prix du travail* » dans le Capital se trouve dans le Livre I au chapitre X (**KM, I, X**, p. 204) où Marx cite un auteur anonyme :

> « Des ouvriers ne devraient jamais se tenir pour indépendants de leurs supérieurs. Il est extrêmement dangereux d'encourager de pareils engouements dans un Etat commercial comme le nôtre, où peut-être les sept huitièmes de la population n'ont que peu ou pas du tout de propriété. La cure ne sera pas complète tant que nos pauvres de l'industrie ne se résigneront pas à travailler six jours pour la même somme qu'ils gagnent maintenant en quatre. »

Dans ce but, ainsi que « pour extirper la paresse, la licence, les rêvasseries de liberté chimérique », et de plus, pour « diminuer la taxe des pauvres, activer l'esprit d'industrie et faire baisser le prix du travail dans les manufactures », *notre fidèle champion du capital propose un excellent moyen, et quel est-il ? C'est d'incarcérer les travailleurs qui sont à la charge de la bienfaisance publique, en un mot les pauvres, dans une maison idéale de travail «* an ideal Workhouse *« Cette maison doit être une maison de terreur (*house of terror*). Dans cet idéal de Workhouse, «* on fera travailler quatorze heures par jour, de telle sorte que le temps des repas soustrait, il reste douze heures de travail pleines et entières. »
Il est clair que Marx ici ne prend pas à son compte l'expression « prix du travail »
Il en est de même lors des occurrences suivantes de cette expression (cf. les extraits reproduits plus haut : **KM, I, XIX**, p.382 et 384) : celle-ci est alors considérée comme une catégorie « *naïvement (...) empruntée à la vie ordinaire* » par « *l'économie politique classique* »

Cependant il n'en est plus de même quand Marx écrit (sans abandonner pour autant la notion de « *force de travail* ») :
-(**KM, I, XX**, p. 387) :« *...suivant la quantité de travail livré par lui* (le travailleur -PR), *le même salaire quotidien, hebdomadaire, etc. peut représenter un prix du travail différent.* » ;

-(**KM, I, XX**, p. 389) : « *Le prix du travail peut rester nominalement constant et néanmoins tomber au-dessous de son niveau normal,* (…) *Nous avons établi plus haut que la somme du salaire quotidien ou hebdomadaire dépend de la quantité de travail fournie, le prix du travail étant donné* » et

-(**KM, I, XXV**, p. 442 -voir ci-dessus).

Dans la suite du Livre I du Capital, c'est cependant sous la plume d'autres auteurs que Marx reprend 50 fois l'expression « prix du travail » et non l'expression « *prix de la force de travail* », ce qui ne peut pourtant se comprendre sans admettre que le capitaliste achète du travail et non de la « *force de travail* » !

Sachant que ce qui est un prix pour le vendeur est un coût pour l'acheteur, Marx montre ici que la notion de « coût du travail » si souvent condamnée par ses commentateurs et continuateurs, ne lui paraît nullement condamnable.

Ce qu'il dénonce, par contre, c'est la volonté de tracer un signe d'égalité entre le prix du travail, sa valeur, son coût, le salaire versé et la valeur du travail exécuté (Cf. ci-dessous, Annexe 2, Note de lecture : « Lucien Sève Rédacteur en chef d'un jour »).

Chapitre VII

Pourquoi cette question du caractère productif du travail de circulation de la valeur me paraît importante ?

Réponse à des courriers d'Alain Bihr
(Correspondance personnelle : lettre 25 du **07 mars 2012**),
in ..\Karl Marx\Marx materiau\Marx erreur correspondance\Marx erreurs correspondance 2011-2014.doc

Avertissement
Le texte reproduit ci-dessous en réponse à des courriers de Alain Bihr (noté AB) correspond à une étape aujourd'hui dépassée des recherches de son auteur.

En particulier, celui-ci n'y a pas encore clairement rejeté comme infondée la théorie de la « *force de travail* » élaborée par Marx pour décrire l'échange capitaliste-salarié sous la forme d'un échange entre marchandises de valeurs égales (le salaire contre la « *force de travail* ») dans le cadre d'une société de libre échange.

De même, la réduction par Marx du prolétariat révolutionnaire à sa composante « *ouvrière* » est encore seulement contredite par la proposition d'étendre la définition de la « classe ouvrière » au prolétariat des services, au lieu de procéder à l'inverse en rejetant comme infondée la définition de cette classe par la nature des produits de son travail, plutôt que par le rapport social qui la lie à la classe capitaliste au service de l'accumulation du capital.

Cependant il n'a pas paru sans intérêt de montrer, à l'état natif, les contradictions et oppositions rencontrées lorsqu'il a été question de mettre en cause une œuvre aussi prestigieuse que celle de Marx après qu'elle ait été érigée en une doctrine d'apparence indestructible schématisée au cours de plus d'un siècle d'histoire.

Au fil des lignes seront donc présentées des commentaires (notés **PR17** et écrits en caractères droits Garamond de taille 11) correspondant au niveau atteint en 2017 par les recherches de l'auteur.[3]

---

[3] **Conventions typographiques**
-les citations de Marx et Engels : *caractères italiques Times New Roman de corps 11 ;*
-les textes de PR : caractères droits Times New Roman de corps 11 ;
-les citations des autres auteurs : caractères droits Times New Roman de corps 10 avec retraits droit et gauche ;
-les commentaires écrits en 2017 par PR : caractères droits Garamond de corps 10.
Sauf indications contraires, les sous-lignages sont de l'auteur.

Le 07 mars 2012, Pierre Roubaud a écrit

Pierre Roubaud
A Alain Bihr

Cher Monsieur Bihr,
Je vous remercie encore une fois du soin méticuleux avec lequel vous répondez à mes objections interrogatives concernant le Livre II du Capital de Marx.
Dans cette correspondance, je crains de me retrouver dans la ridicule position de ces inventeurs des siècles passés qui s'obstinèrent toute leur vie à construire une machine animée d'un mouvement perpétuel..., ou bien de ressembler à ces théoriciens de l'évolution biologique qui, désireux de contrer l'utilisation de la génétique au profit des thèses racistes, eurent le plus grand mal à renoncer à la théorie de l'hérédité des caractères individuels acquis.
Pourtant, je vous l'avoue, malgré la précision de vos arguments, j'ai le plus grand mal de mon côté à m'avouer, non pas vaincu, mais au contraire vainqueur de mes objections à Marx, ou du moins, à la reconstitution élaborée par Engels du Livre II du Capital.
Je prends donc à nouveau la liberté de vous solliciter au sujet de ces doutes jusqu'ici irréductibles, mais ne serais nullement choqué compte tenu de l'ampleur et de l'importance des travaux que vous avez entrepris, si vous renonciez à me répondre considérant que ma nouvelle lettre n'apporte rien de vraiment nouveau aux précédentes.
Et je serais vraiment désolé si, me lisant à nouveau, vous en veniez à regretter d'avoir, en insistant sur le caractère inachevé, « *en construction* », du Capital de Marx, ouvert la boîte de Pandore à toutes sortes d'interprétations révisionnistes.

I -Travail productif et accroissement de la richesse sociale
Le premier point sur lequel je n'arrive pas à me convaincre de mes torts concerne la relation qui devrait exister entre travail productif et accroissement de la richesse sociale. Pour bien me faire comprendre, je reviendrai donc sur ce paradoxe que vous qualifiez « **d'absurde** » selon lequel, je vous cite :

AB : « ... Si le travail de circulation...

(PR17 : Il s'agit de la circulation de la valeur.)

AB : « ...devait d'une quelconque façon renchérir les marchandises (augmenter leur valeur) qu'il fait circuler, celles-ci auraient d'autant plus de valeur qu'elles circuleraient davantage. Ce qui signifie qu'elles contiendraient d'autant plus de travail social qu'il a fallu en dépenser pour les faire circuler. »

PR17 : Mais le même raisonnement permettrait d'exclure de la production de la valeur, la circulation physique de la valeur, le transport des marchandises !

AB : « Mais deux individus s'enrichissent-ils, deviennent-ils plus riches s'il leur vient la fantaisie de s'échanger indéfiniment un même lot de marchandises ? Et, en multipliant par cent la quantité de travail de circulation de son produit global, la société serait-elle cent fois plus riche au sens où sa richesse aurait été multipliée par cent ? Il suffit de réfléchir un moment à ces exemples pour réaliser la profonde vérité contenue dans la thèse marxienne : le travail de circulation est un travail improductif qui n'augmente ni ne diminue la richesse sociale, la quantité de travail social matérialisé dans les marchandises, qu'il fait circuler. »

(PR17 : Ici, Alain Bihr suppose implicitement que les marchandises n'existent que sous une forme « matérielle », au sens non philosophique mais physique du terme, ce qui exclut, ainsi que Marx le fait, les services de la catégorie « *marchandise* »)

PR : Je dois admettre que j'ai été un moment ébranlé par cet argument selon vous « essentiel » dont se sert Marx, argument selon lequel (je vous cite) :

AB : « le travail de circulation n'enrichit en rien la société : il n'augmente nullement la richesse sociale, la quantité de travail social matérialisé dans le produit social existant ; et il n'accroît en rien la capacité reproductive de la société, l'échelle de sa reproduction ou, si vous préférez, l'échelle de son procès de consommation productive (les moyens sociaux de production disponibles) ou improductive (les moyens personnels et collectifs de consommation disponibles). »

PR : J'avais d'ailleurs déjà remarqué au tout début de mes réflexions au sujet de la notion de travail productif, que le fait d'avoir à payer le péage à la sortie d'une autoroute n'améliore en rien, bien au contraire, la valeur d'usage du service autoroutier proprement dit.

Cependant, et malheureusement pour ma tranquillité d'esprit, j'ai eu l'idée d'appliquer ces raisonnements à l'industrie des transports : un transporteur s'enrichit-il s'il lui vient la fantaisie de faire circuler indéfiniment entre Paris et Lyon aller et retour un même lot de marchandises ? Evidemment, il n'en est rien.

Mais doit-on en conclure que l'industrie des transports est improductive ?

Ce serait aller contre Marx lui-même qui écrit (Cf. KM, VI, p.131) : « *...Cependant la valeur d'usage des objets ne se réalise que lors de leur consommation, et celle-ci peut rendre nécessaire leur déplacement, donc le procès additionnel qui est celui de l'industrie des transports. Le capital productif engagé dans cette industrie ajoute ainsi de la valeur aux produits transportés,...* »

Ne pourrait-on écrire de même que, dans une société marchande, « *la valeur d'usage des objets ne se réalise que lors de leur consommation, et celle-ci peut rendre nécessaire leur échange marchand...* » ?

Cependant, il ne m'a pas échappé que Marx prend bien soin de distinguer le transport nécessaire à la consommation de l'objet marchandise, et le travail de circulation commerciale proprement dit :

« ...*des marchandises peuvent circuler sans se mouvoir matériellement, et des produits peuvent être transportés sans qu'il y ait circulation de marchandises ni même échange direct de produits.* (...) *Des marchandises mobiles* (...) *peuvent trainer longtemps dans le même dépôt, tout en parcourant une infinité de procès de circulation, en étant achetées et revendues par les spéculateurs. Ce qui se meut effectivement ici, c'est le titre de propriété sur la chose, non la chose elle-même.* »

Je pense que cette citation éclaire bien le fond de mon différent avec Marx. En effet, s'il ne faut pas confondre le mouvement des marchandises matérialisées dans des choses et le mouvement des titres de propriétés sur ces choses, cela ne signifie pas que, dans la société marchande, le service qui assure le mouvement des titres de propriété n'ait en soi aucune valeur d'usage et, comme il nécessite un certain travail, n'ait aussi en soi une certaine valeur-travail. (Notez que je ne confonds pas ici valeur d'usage et valeur travail, valeur tout court.)

Sur le chemin, donc, qui dans une société marchande mène la marchandise jusqu'entre les mains du consommateur, Marx introduit une coupure selon moi arbitraire avant l'échange. Ici, déclare-t-il s'arrête la production, donc le travail productif, et ici même commence la circulation, donc le travail improductif.

Vous m'écrivez que :

> AB : « ...c'est par pur abus de langage que j'ai pu écrire « que tout ce qui contribue à rendre l'échange possible contribue en même temps à la valeur d'usage d'une marchandise, cela paraît, dans une société marchande, une évidence. »

Pourtant, si vous confirmez bien...

> AB : « ...que, dans une société marchande, l'échange marchand est une condition indispensable à la mise à disposition du consommateur (...) des valeurs d'usage. »

PR : ...vous ajoutez aussitôt que :

> AB : « ...cela ne signifie pas que l'échange marchand contribue à façonner[4] ces valeurs d'usage. La valeur d'usage d'une marchandise, réside dans sa capacité à satisfaire un besoin humain quelconque »...

PR : « ...dont, pourquoi pas, le besoin d'échanger des marchandises à leur valeur. Mais quelle marchandise peut, dans une société marchande, satisfaire un besoin quelconque si elle n'est pas passée par l'échange ? Peut-on acquérir dans un supermarché une marchandise pour en faire usage sans payer ? Ce n'est pas dans une société idéale non marchande que se détermine la valeur d'usage d'une marchandise, mais bien dans une société marchande. Si on ne veut pas passer par l'échange, dans une telle société la

---

[4] « ***...façonner*** » : le choix de ce mot n'est pas innocent. Il nous renvoie plus à une marchandise « *chose* » qu'à une marchandise « *service* »

consommation individuelle se révèle une impossibilité ; … « et pain ne vois qu'aux fenêtres ! »
Si l'on admet que le service de l'échange est une marchandise, comment admettre que, tout en étant nécessaire, cette marchandise n'est pas utile et apte à satisfaire un besoin social précis, le besoin du service de l'échange ? Le nécessaire ne serait pas utile ? Comment l'admettre ?
Plus généralement, vous écrivez au sujet de l'échange des marchandises :

> AB : « On peut supprimer cette médiation sans altérer en rien la valeur d'usage de l'objet de consommation. »

PR : En effet, (encore que cette suppression soit généralement impossible à réaliser dans une société marchande), mais on peut en dire autant de la médiation du transport après la sortie de l'usine : sur le chemin qui dans une société marchande mène un objet marchandise jusqu'entre les mains du consommateur, le transport se trouve dans une position comparable à celle qu'y occupe l'échange. Vous écrivez :

> AB : « …une lame de rasoir ou un roman de Tolstoï font-ils moins d'usage s'ils sont donnés ou volés que s'ils sont échangés (au sens marchand du terme) ? »

PR : Mais, de même, vous paraphrasant, je peux demander : « Une boîte de conserve fait-elle moins usage si elle est produite sur place où si elle est importée d'un pays situé à des milliers de kilomètres ? » Et de même que le commerçant, le voleur et le transporteur se font payer.
Je dois avouer que je ne comprends pas, pour vous citer, comment, d'un côté, dans une société marchande l'échange marchand peut-être…

> AB : « …une condition indispensable à la mise à disposition du consommateur des valeurs d'usage »…,

PR…sans pour autant « contribuer à façonner ces valeurs d'usage » Car, si on applique ce raisonnement à l'échange, ne devrait-on pas aussi l'appliquer au transport ?
Ce n'est donc pas parce que j'aurais confondu valeur d'usage et valeur travail que j'ai avancé dans mes précédents courriers sous forme interrogative et que j'avance aujourd'hui sous forme affirmative que, dans une société marchande, « le travail consacré à l'échange contribue effectivement à la formation de la valeur d'usage de la marchandise (au même titre que le transport), et s'ajoute nécessairement à tous les autres travaux qui ont mis la marchandise à la disposition du consommateur. »

II -Réification de la marchandise

Ce n'est pas non plus seulement à l'échelle individuelle que, en dehors de l'échange marchand, certaines activités selon moi productives peuvent apparaître comme « n'augmentant en rien la richesse sociale » C'est le cas, en effet de toutes les marchandises qui, à l'instar de ce que l'on appelle les services, sont consommées par l'acte même qui les produit.
En réalité, l'image d'une marchandise comme un objet dont la production doit nécessairement augmenter la richesse sociale contredit celle qui définit

la valeur comme un rapport social indépendant de la nature de la marchandise produite.
(PR17 : Peut-on nier que la production d'un bien matériel de consommation augmente la « richesse sociale » ? Le faire reviendrait à nier que le travail de production des biens matériels ne produit aucune valeur. Mais si, comme le postule Marx, le travail pour avoir de la valeur doit être « coagulé » en une marchandise matérielle, c'est-à-dire exister entre sa production et sa consommation, combien de temps au minimum doit durer la vie autonome de la marchandise pour qu'elle continue à posséder de la valeur ? Combien de temps dure alors, par exemple, la valeur de l'énergie électrique, transportée en un millième de seconde du lieu de sa production au lieu de sa consommation ? Et quel principe interdit-il de passer à la limite en accordant de la valeur à une marchandise dont la durée de vie serait, à l'instar de celle des services, infiniment petite ?)
PR : Dans la première des lettres que j'ai reçues de vous, vous repérez bien avec Marx au sein du procès de circulation des opérations qui « *prolongent le procès de production* » comme, par exemple, le conditionnement ou le transport.
Mais, lorsque vous voulez ne retenir comme activité productive que celles qui augmentent la richesse sociale, vous devriez exclure de cette catégorie d'activité aussi bien le transport que le soin donné par une infirmière à un patient, une leçon donnée par un professeur à ses élèves, ou la gestion d'une copropriété par un syndic. Ces dernières marchandises ne possèdent pas ce « *corps* » qui serait le support matériel de toute marchandise susceptible d'être reconnue comme participant à la richesse sociale parce qu'elle se concrétise en un objet ayant une existence intermédiaire autonome entre sa production et sa consommation.
Or, je ne peux m'empêcher d'admettre que l'échange de marchandises peut être en soi une marchandise indépendamment de la nature physique ou non des marchandises échangées.
Pour mieux éclairer ma lanterne, j'ai aussi réfléchi à l'exemple que représente la marchandise « *énergie électrique* » Voici une autre marchandise fort répandue dont la production, de même que celle de la marchandise « *service de l'échange* », se confond avec sa consommation, et ce n'est que par un abus de langage que l'on prétend qu'une batterie stocke de l'énergie électrique, alors qu'elle ne stocke qu'une énergie chimique qui ne se changera en énergie électrique qu'au moment de la consommation de celle-ci. Cette impossibilité de conserver l'énergie sous sa forme électrique est d'ailleurs l'un des gros problèmes posés à l'industrie électronucléaire qui ne peut moduler sa production en fonction de la consommation instantanée.
C'est donc sur une « *chosification* », réification, matérialisation de la notion de marchandise que se fonde l'argument selon lequel l'échange des marchandises n'augmentant pas la richesse sociale doit être rejeté hors du champ des activités productrices de valeur, car, lorsque la consommation de

la marchandise se confond avec sa production, le travail social qui la produit ne se matérialise à la fin du procès de production en aucun nouveau moyen disponible pour la société.
Or, si du temps de Marx l'importance des marchandises sans « *corps* » matériel était réduite, elle a depuis augmenté dans les pays développés au point de représenter la plus grande part de la valeur ajoutée produite, loin devant la production des industries manufacturières.

Marx écrit (LII, VI, II – Frais de garde) :
« *...des frais qui renchérissent le prix de la marchandise sans lui ajouter de la valeur d'usage, qui appartiennent donc pour la société aux faux-frais de la production, peuvent être une source d'enrichissement pour le capitaliste individuel. Ils n'en conservent pas moins un caractère d'improductivité...* »
Et Marx donne comme exemple les frais d'assurance qui ne font que répartir « *sur l'ensemble de la classe capitaliste les pertes des capitalistes individuels, ce qui n'empêche pas les pertes ainsi compensées d'être et de rester des pertes au point de vue du capital total de la société.* ».
Mais, peut-on considérer que les frais consacrés à l'échange marchand, frais qui renchérissent le prix de la marchandise, ne lui ajoute aucune valeur d'usage alors que l'échange marchand est, dans la société marchande généralisée, une condition sine qua non de l'usage ?
Si nous admettons que l'échange n'ajoute rien à la valeur, pourquoi ne pas en dire autant des transports ?
Reste que, comme pour le péage autoroutier, l'exemple des assurances me pose bien un problème, car je suis tenté, avec Marx, de dire qu'elles n'ajoutent rien à la valeur d'usage des marchandises qu'elles assurent.
Mais, dans une société marchande, peut-on dire qu'une marchandise assurée a le même usage qu'une marchandise qui ne l'est pas ? Encore une fois, peut-on donner de l'usage de telle ou telle marchandise une description indépendante de la société qui la produit, la consomme et l'utilise ?

III -Deux définitions différentes sinon contradictoires du travail productif

Je ne peux donc être en accord, M Bihr, avec la première partie de cette phrase que je lis dans votre lettre du 5 janvier dernier :

> AB : « Travaux improductif en tant qu'ils n'accroissent pas la richesse sociale, les travaux de stockage n'en sont pas moins indispensables à la conservation de la richesse sociale, (…) et peuvent être des travaux productifs au sens où Marx entend d'habitude l'expression, au sens où ils peuvent contribuer à valoriser le capital matérialisé dans ces marchandises. »

PR : Il me semble qu'on ne pouvait pas mieux révéler que Marx en est arrivé à proposer deux définitions contradictoires du travail productif : d'un côté, n'est productif qu'un travail dont le résultat augmente la richesse sociale, et, de l'autre, est productif un travail qui valorise le capital.

La première de ces définitions, de plus, suppose une réification de la notion de marchandise, car elle ne peut s'appliquer qu'à des marchandises se matérialisant sous une forme physique concrète, un « *corps* », écrit Marx, entre la fin du processus de leur production et le commencement de celui de leur consommation. Cette définition devrait donc exclure, en toute logique, les marchandises sans corps matériel, on dirait aujourd'hui « immatérielles » qui sont consommées en même temps que produites.
Pourtant, et nous rencontrons là une deuxième contradiction, Marx range les industries des transports dans la catégorie des activités productrices.

IV –Le capital des industries manufacturières pris comme modèle

Cher Monsieur Bihr, comme
Vous le voyez, je n'ai pas
Eté convaincu
Par vos arguments, mais j'ai
Pensé au contraire avoir mieux

Cerné l'origine
De mon désaccord avec
Marx, du moins avec
La reconstitution que
Engels nous a donnée de

Ses thèses à partir
De ses notes de recherche :
Marx a centré son
Attention sur le cycle du*
Capital industriel.

Pour l'industriel,
La notion de marchandise
S'arrête à l'objet
Manufacturé, et, par
Conséquent, la production

S'arrête aussi à
Ce moment du cycle du
Capital. Sont donc
Considérées comme des
« *faux-frais* » les dépenses qui

Sont consenties pour
Vendre la production, puis
Acheter la force
De travail et les moyens
De travail nécessaires

A relancer ce
Qui, pour le capitaliste
Industriel est
Dans ce cycle, le seul
Moment producteur de plus-

-value. Or, une telle
Réduction de la notion
De marchandise à
L'objet manufacturé,
Pure réification,

Heurte l'acception
Plus profonde que Marx en
A donnée dès le
Livre I du Capital :
Peut-être marchandise

Un service aussi
Bien qu'un objet physique,
Et, en conséquence,
Cette acception vient aussi
En contradiction avec

La définition
De la valeur des marchandises*
Par le seul travail
Nécessaire à les produire,
Et donc, indépendamment

De leur apparence
Physique. Cette acception
Se heurte de même
A l'exemple concret que
Représente l'industrie

Des transports. A son
Propos Marx fait appel à
La notion de « *faux-*
-frais » du capital pris en
Général, alors qu'il ne

Sont faux que pour le
Capital industriel.
Or, en concluant
Dans votre dernière lettre
Les passages consacrés

Au cas des frais de
Garde, vous convenez que
Dans ce chapitre
Du Livre II « *Marx fait usage**
*Du concept de travail productif**

(ou improductif)
Dans un sens différent de
Celui dans lequel

*Il l'entend d'habitude :**
Non pas au sens de travail

Valorisant le
Capital (formant valeur
Et plus-value), mais
Au sens d'un travail utile
Producteur de valeurs d'usages. »

Peut-on éviter
De considérer ce brusque
Changement par Marx
De sa définition du
Travail productif comme une

Manifestation
D'une difficulté qu'il
A rencontrée dans
Ses recherches et tenté
De surmonter soudain par

Un moyen qui ne
Fait rien moins que remettre en
Cause les bases mêmes
De sa définition du
Travail productif*?

V -L'équivalence dans l'échange ne signifie pas invariance.

Comme je l'ai déjà écrit précédemment, si l'on adopte le point de vue de la simple logique, ce n'est pas parce que l'échange des marchandises finit par s'effectuer, grâce à la répétition de l'échange et dans le cadre de la concurrence capitaliste, (Pr17 : c'est « libre concurrence » qui aurait dû être écrit ici) « équivalent contre équivalent » que ces équivalents n'incluent pas le travail dépensé pour assurer l'échange.

Lorsque Mercier de la Rivière cité et approuvé par Marx au chapitre V du Livre II du Capital soutient que « *l'échange n'est accroissement de richesse ni pour l'un ni pour l'autre (des échangistes) ; car chacun d'eux avant l'échange, possédait une valeur égale à celle qu'il s'est procurée, par ce moyen.* », il ne démontre rien car les deux parties de son argument disent exactement la même chose, à savoir que le travail consacré à l'échange est nul et non avenu quant à un effet possible sur la valeur des marchandises échangées.

Pourtant, à la caisse du supermarché, le volume d'argent que je donne en échange de la marchandise inclut la valeur du travail de la caissière. C'est seulement dans la mesure où la marchandise est considérée comme une chose, réduite à son corps matériel, que l'illusion peut s'installer qu'elle n'a en rien changé de valeur au passage par la caisse et que le travail de la caissière s'est purement simplement volatilisé sans créer aucune valeur.

VI -Le temps que l'on passe à moissonner, on ne le passe pas à semer…

Dans votre première lettre, je lis :

> AB : « Pour trouver trace des raisons pour lesquelles Marx soutient que le «pur» travail de circulation est du travail improductif, il vaut mieux se reporter au début du Livre II, où l'on lit ceci (KM, II, IV, p.116) :
> « *Lorsque donc les possesseurs de marchandises sont non pas des capitalistes, mais des producteurs directs et autonomes, le temps employé à l'achat et à la vente est à déduire de leur temps de travail, et c'est pourquoi, dans l'Antiquité comme au Moyen Age, ils se sont toujours efforcés de remettre ces opérations à des jours de fête.* »
> Et c'est tout ! Convenons que, pour une fois, Marx n'est pas des plus explicites. C'est l'occasion de ce souvenir que le Livre II a été composé par Engels à partir de différents manuscrits laissés par Marx dans lequel la matière de ce Livre n'était encore que partiellement élaborée. On en a ici un exemple. »

PR : …mais cela ne signifie pas que le travail de la moisson est un travail improductif, ce qu'il semble être pourtant pour l'agriculteur spécialisé exclusivement dans les semailles.

VII -Fonction sociale de l'échange des produits du travail à leur valeur

A l'échelle de la société marchande tout entière, quelle est la fonction de l'échange généralisé des produits du travail à leur valeur sous forme de marchandises ?

C'est là une question qui se pose aussi bien pour la société capitaliste que pour la société socialiste, phase de transition dans laquelle les rapports marchands sont progressivement remplacés par les rapports non marchands du communisme développé.

Faute d'une méthode de mesure objective de la valeur des marchandises, c'est-à-dire de la dépense de travail consentie pour les produire, l'échange marchand tend…,

(PR17 : dans la concurrence de la société capitaliste de libre échange)

…à travers la répétition de l'échange, à ajuster pour chaque marchandise la valeur à la valeur d'usage, c'est-à-dire à l'intensité du besoin qu'elle doit satisfaire. Plus sa valeur d'usage est intense, et plus la dépense de travail socialement consentie pour la produire sera grande. Répétition de l'échange et concurrence sont les deux premières conditions pour que cette fonction soit assurée. Cela signifie que l'ajustement du prix à la valeur et l'ajustement de la dépense de travail social au besoin à satisfaire ne sont pas assurées lorsque la répétition de l'échange est limitée (cas de la marchandise rare, voire unique), ou quand, dans une situation de monopole, la production de la marchandise échappe à la concurrence.

VIII - Pourquoi cette question me paraît-elle importante

AB : « Venons-en maintenant à la raison pour laquelle », écrivez-vous dans votre lettre de janvier 1012, « vous tenez tant à établir le caractère productif (au sens habituel de formateur de plus-value) du travail de circulation. »

PR : Je vous remercie de me poser cette question : les motivations du chercheur sont rarement étrangères, via le choix des questions qu'il se pose, aux réponses qu'il leur trouve.

1 –Tout d'abord, il s'agit de vérifier si, personnellement j'ai bien compris la théorie de Marx. Au fil de la correspondance échangée sur le sujet et de mes successifs retours aux sources, je pense avoir progressé dans cette compréhension : il y a dans le « *Capital* » deux aspects de la définition du travail productif :

-un travail qui augmente la richesse sociale, (qui produit des marchandises « biens matériels », donc de la valeur) ;

(PR17 : pour Marx, ici, seules les marchandises forment la richesse sociale et seuls des biens matériels sont censés pouvoir être des marchandises et donc posséder de la valeur.)

-un travail qui produit de la plus-value.

L'argumentaire en faveur de la première de ces définitions conduit à considérer (je vous cite) :

AB : « …que le travail de circulation limite l'effort productif de la société, puisqu'une partie de ses forces productives (du travail mort et du travail vivant) se trouve stérilisée en étant affectée à de simples métamorphoses de la richesse sociale qui n'accroissent en rien cette dernière. »

(PR17 : Une telle conception du travail affecté à la circulation de la valeur (travail commercial et financier notamment), un travail considéré comme « limitant l'effort productif de la société » n'a pu que peser lourdement sur le développement de ces activités dans les Etats socialistes du 20ème siècle !)

PR : L'argumentaire en faveur de cette définition tend donc, comme j'ai tenté de le montrer plus haut, à <u>réifier</u> la notion de marchandise et à faire de l'industrie manufacturière le moteur unique de la production dans la société capitaliste. Il relègue ainsi à un rôle second, sinon purement et simplement <u>parasitaire</u>, les services qui n'augmentent pas la richesse sociale sous forme de biens matériels tangibles.

Ainsi, par exemple, un soin infirmier, une leçon donnée par un professeur, une connaissance nouvelle, la vente ou l'achat des marchandises et tous les travaux qui les rendent possibles, la gestion d'un immeuble par un syndic, etc., aucun de ces travaux ne serait productif.

Or, cette dévalorisation des services ne correspond pas à l'évolution de l'humanité qui, depuis Marx connaît, avec la croissance accélérée de la productivité du travail, deux bouleversements fondamentaux particulièrement avancés dans les pays les plus développés, mais à l'œuvre suivant des rythmes inégaux dans tous les pays : le premier se manifeste par le remplacement du travail agricole par le travail industriel, et le second par le remplacement du travail industriel par celui des services.
(PR17 : Le service : une activité qui augmente la vitesse et la sécurité de la rotation du capital ?
Le long de la chaîne des relations qui mènent de la production à l'usage, d'un côté se trouve le service qui est consommé par le travail même qui le produit, et de l'autre se trouve le produit mémorisé, matérialisé et doué d'une existence autonome entre sa production et son usage. Dans le cycle de rotation du capital, les activités de service permettent donc de sauter directement de la production à la consommation sans passer par la phase plus ou moins longue et précaire de la marchandise matérielle.
Une plus grande vitesse de rotation du capital dans les activités de services pourrait expliquer la place prépondérante progressivement acquise par ces activités dans l'économie mondiale.
Une étude comparative des vitesses de rotation du capital dans la production des biens matériels et dans celle des services sera nécessaire pour valider ou infirmer cette hypothèse.)
PR : Depuis ma jeunesse, j'ai sans cesse été convaincu que la théorie est un guide pour l'action. Pendant cinq décennies, j'ai milité activement, et je pourrais dire passionnément, dans un parti politique qui se réclamait alors encore du marxisme. Ce parti m'ayant quitté en abandonnant entre autres toute référence au marxisme, j'ai été l'un des fondateurs de ce petit parti politique qui a pour nom « Communistes » et qui, lui, a inscrit dans ses statuts cette phrase : « Communistes » fonde son action sur la théorie marxiste »
Cependant, une chose est de se réclamer d'une théorie, une autre est de la bien comprendre et de la confronter aux développements de l'histoire.
Au sein du PCF, je me suis longtemps battu contre ce que j'appelais « une sous-estimation persistante du rôle de la connaissance dans les processus révolutionnaires » Elu pendant de nombreuses années secrétaire de la section communiste du campus universitaire de Jussieu, à Paris, un ensemble qui constituait la plus grande entreprise de la région parisienne par le nombre des personnes qui y travaillaient ou étudiaient, puis secrétaire du PCF de tout le 5ème arrondissement de Paris, je me suis heurté à une conception du marxisme et du communisme que je qualifie « d'ouvriériste »
Mon parti, en effet, ne procédait à aucune analyse des intérêts de classe à l'œuvre au sein des universités, ni, plus largement, aucune analyse systématique des changements qui affectaient à grande allure la disposition des classes sociales en France et dans le monde.

Alors qu'en France, la place de la paysannerie se réduisait comme peau de chagrin (quelle évolution depuis ce vers de l'Internationale : « Ouvriers, paysans nous sommes le grand Parti des travailleurs » !), à son tour, la place des industries manufacturières commençait à se réduire au profit de la nébuleuse des services, au milieu de laquelle se trouvaient noyées en particulier les universités.
Après la révolte de 1968, (en partie manipulée par le Parti étatsunien contre le nationalisme de de Gaulle, et correspondant au passage du grand capital national d'une phase de croissance interne à une phase de croissance externe, en correspondance avec le changement d'échelle de la grande production), j'ai en particulier tenté de comprendre les contradictions à l'œuvre au sein des universités.
Dans cette réflexion, j'ai tenté d'appliquer à « la qualification » (au sens où l'on parle de travail qualifié) les notions marxistes de marchandise et de valeur (valeur d'usage et valeur travail). J'envisageais donc l'université comme une entreprise productrice de qualification, en repérant dans la valeur de cette marchandise particulière trois composantes : le travail de recherche, le travail d'enseignement, le travail d'étude (respectivement le travail des chercheurs, des enseignants et des étudiants, avec une superposition dans le cas du travail des enseignants-chercheurs (avec la participation des Agents Techniques, Ouvriers et Employés de Service -ATOS).
Ces recherches ont été écourtées par l'énormité de la tâche politique et d'organisation qui m'incombait au jour le jour, mais elles m'avaient cependant permis de constater et déplorer les retards que prenait le PCF dans sa connaissance des rapports de classe dans la société française.
En particulier, le PCF continuait à réduire la classe ouvrière française aux seuls salariés des industries manufacturières, seuls engagés dans ce que l'on appelait « la production matérielle » et que l'on opposait aux « employés » et autres « intellectuels » et « couches moyennes », bref en définissant la classe ouvrière non par son rapport à la classe capitaliste, mais par la nature des produits de son travail, à savoir, des « choses », des objets physiques.
(PR17 : Mais élargir la notion de « classe ouvrière » en y adjoignant le prolétariat des services ne revient-il pas, tout simplement à superposer le terme de classe ouvrière à celui de prolétariat, au risque d'introduire une confusion dans la mesure où la notion de classe ouvrière resterait attachée à celle de production matérielle ? Dans cette acception, à l'évidence, la place relative de la classe ouvrière dans le prolétariat ne cesse de se réduire à l'échelle mondiale.)
Je me souviens, par exemple, avoir eu une âpre discussion avec mes camarades d'alors qui, campant sur cette position, prétendaient exclure de la classe ouvrière l'une de mes étudiantes de thèse qui pourtant travaillait sur contrat avec l'industrie : je soutenais que les connaissances qu'elle produisait étaient « marchandises » au même titre qu'une voiture ou un sac de pommes de terre, et que ses rapports…
(PR17 : les rapports de l'étudiante en thèse en question…)

…avec son employeur, que je ne servais dans cette affaire que comme un banal contremaître payé par l'Etat, étaient ceux de n'importe quelle salariée de l'industrie : elle vendait (et pour pas cher !) sa « *force de travail* »…
(PR17 : son travail)
…tandis que son employeur capitaliste s'appropriait la totalité du fruit de son travail qu'il pouvait revendre éventuellement sous forme de brevet ou consommer productivement dans la mise au point de nouveaux procédés de production ou de nouvelles molécules.
Sur la lancée de ces réflexions, j'ai été conduit à contester la thèse à la mode suivant laquelle, en France comme dans tous les pays développés, l'importance numérique de la classe ouvrière ne cesse de se réduire, ce qui, pour un parti politique qui voyait en la classe ouvrière la seule classe potentiellement « révolutionnaire jusqu'au bout », n'offrait pas pour ces pays des perspectives révolutionnaires bien réjouissantes !
(PR17 : au contraire, à moins d'abandonner la relation du travail ouvrier avec le travail de production matérielle, il n'est pas possible de faire des salariés des services des « ouvriers » Dès lors, plutôt que d'étendre la définition de la classe ouvrière, le mieux est de s'en tenir à celle du prolétariat, à condition d'admettre, contre Marx, que les prolétaires des services produisent tout autant que les ouvriers, non seulement de la plus-value, mais aussi de la valeur-travail.
Loin de contester la réduction continue de la place de la classe ouvrière dans l'activité productrice en France comme dans le monde, un parti politique révolutionnaire ne peut, au contraire, que se défaire de toute conception réductrice du prolétariat, seule classe potentiellement révolutionnaire jusqu'au bout, selon Marx.)
PR : Mes camarades en étaient conduits à reporter leurs espoirs de luttes anticapitalistes majeures sur des pays dits « émergents », ceux-là même où se produit avec retard…
(PR17 : …mais d'une façon accélérée,
…en ce moment la croissance de la classe ouvrière manufacturière aux dépens de la paysannerie laborieuse, et, avec plus de retard encore, la croissance des services marchands aux dépens de l'industrie manufacturière !)
En conséquence, m'opposant à la réduction de la classe ouvrière aux seuls ouvriers des industries manufacturières, j'ai proposé de la définir comme constituée de tous les prolétaires producteurs de marchandises au profit de la classe capitaliste, quelle que soit la nature de ces marchandises, qu'elles soient ou non qualifiées de « matérielles », qu'il s'agisse ou non d'objets manufacturés ou de services.
(PR17 :
Les diverses formes de la valeur-travail
Remarquons que, le long de la chaîne des étapes qui mènent de la production à l'usage, on trouve successivement :
-le bien matériel dont la valeur-travail préexiste à son usage ;

-le service dont la valeur-travail est produite en même temps que son usage ;
-la qualification, la connaissance dont la valeur-travail est produite par son usage dans un travail-qualifiant.
S'agissant de la production de valeur-travail, il convient de tenir compte, à propos des produits du travail, de l'existence objective :

-d'une valeur-travail brute qui est celle de tout produit individuel d'un travail, même si ce produit n'est pas destiné à être consommé par autrui. La valeur brute d'un travail est égale à sa durée d'exécution. Cette notion s'applique à un objet unique en son genre ;

-d'une valeur sociale qui est celle de tout produit considéré comme pouvant être fourni à autrui, sans pourtant être nécessairement échangé contre d'autres produits. La valeur sociale d'un produit est égale, dans l'ensemble spatio-temporel social considéré, à la quantité moyenne de travail nécessaire à la production d'un objet de même type. En tant que valeur moyenne, cette notion ne s'applique pas à un objet unique en son genre ;

-d'une valeur d'échange qui est celle de tout produit considéré comme pouvant être échangé contre d'autres produits. La valeur d'échange d'un produit est égale, dans l'ensemble spatio-temporel social considéré, à la quantité moyenne de travail nécessaire à la production et à l'échange d'un objet de même type. En tant que valeur moyenne, cette notion ne s'applique pas à un objet unique en son genre. Certains produits échangeables ne coûtent aucun travail, sinon celui nécessaire à leur échange contre d'autres produits (par exemple, la terre vierge de tout amendement.) ;

-d'une valeur marchande monétaire qui est celle de tout produit considéré comme pouvant être vendu, c'est-à-dire échangé contre de l'argent. La valeur marchande monétaire d'un produit est égale, dans l'ensemble spatio-temporel social considéré, à la quantité moyenne de travail nécessaire à la production et à l'échange contre de l'argent d'un objet de même type. En tant que valeur moyenne, cette notion ne s'applique pas à un objet unique en son genre. Certains produits échangeables ne coûtent aucun travail, sinon celui nécessaire à leur échange contre d'autres produits (par exemple, la terre vierge de tout amendement).

PR : C'est ainsi que je me suis interrogé sur la place des salariés du commerce, de la banque, de la publicité, de la gestion et des administrations, et plus généralement de tous les services, mais dans la seule mesure où leur travail s'intégrait dans le processus de production de marchandises, ce qui excluait évidemment les salariés des secteurs non marchands.

(PR17 : mais rien ne justifie la réduction de la notion de valeur-travail à sa seule forme marchande.)

PR : Ainsi, j'étais amené par exemple à conclure que, loin de se réduire avec une prétendue désindustrialisation des grands pays développés et particulièrement de la France, la classe ouvrière ne pouvait que se développer avec notamment les privatisations marchandes en cours des services publics.

(PR17 : Au contraire (cf. notre remarque ci-dessus), ce n'est pas la classe ouvrière qui se développe aujourd'hui, mais le prolétariat, même si l'importance de ce développement doit être nuancé par le développement, au sein du salariat, de très nombreuses couches moyennes salariées constituées de travailleurs disposant de revenus leur assurant un surplus par rapport au strict nécessaire à leur entretien et reproduction sociale en tant que travailleurs prolétaires)

PR : J'en étais arrivé là de mes réflexions lorsque l'un de mes camarades m'expliqua (avec véhémence, sinon hostilité envers mon attitude qualifiée de « révisionniste antimarxiste » !) que je faisais complètement fausse route en ce qui concerne les travailleurs du commerce : pour lui, se référant à Marx, ceux-ci ne sont pas des travailleurs productifs, et le commerce s'intégrant dans les « *faux-frais* » du capital, leur salaire ne pouvait qu'être prélevé sur le fruit du travail ouvrier.

Cette remarque, je l'ai prise comme une mise en demeure de revenir à Marx lui-même, pour tester par la confrontation avec son œuvre…,

(PR17 : …et la confrontation de son œuvre avec des données de faits.)

PR : …mais loin de toute référence dogmatique à une autorité, la conception que je m'étais forgée de la définition de la classe ouvrière.

J'en étais là, mais sans avoir le courage de me lancer, avec cet esprit, dans ce travail d'étude et ré-étude des œuvres de Marx, et notamment du Capital, lorsque la lecture de votre livre, « La Logique Méconnue du Capital » a constitué l'encouragement qui me manquait.

Comme vous avez pu le constater, j'ai successivement découvert que, dans le travail du commerce, Marx distingue ce qui est prolongation de la production au sein de la circulation et ce qui est pure métamorphose de la valeur.

Puis, grâce à l'effort que m'a demandé la mise à l'épreuve de vos arguments exposés en détail dans vos deux lettres du 15 mai 2011 et du 5 janvier 2012, je suis arrivé à la conclusion personnelle que Marx se référait à deux définitions contradictoires du travail productif : comme le montre la phrase de Marx que vous rapportez dans votre première lettre (KM, I, I, p.41), la première de ces définitions procède d'une réification de la notion de marchandise :

« *La marchandise est d'abord un objet extérieur, une chose qui par ses propriétés satisfait des besoins humains de n'importe quelle espèce.* »

L'autre, au contraire, permettait d'inclure la production des services dans la catégorie du travail productif.

Par contre, dans une lettre adressée à Jean-Michel Goux. et Annie Lacroix-Riz le 25/02/2011, j'écrivais :

« Alain Bihr écrit dans son livre cité plus haut (AB, p.118) :

> « …c'est un des points sur lesquels la plupart des marxistes lui auront été infidèles, en tendant à fonder cette différence (entre travaux productifs et improductifs -PR) sur le contenu des travaux là où Marx , très logiquement,

montre que seuls importent les rapports sociaux dans le cadre desquels ces travaux sont effectués. »

Et Alain Bihr cite ce passage de Marx :

« *Un comédien par exemple, un clown même, est par conséquent un travailleur productif, du moment qu'il travaille au service d'un capitaliste (de l'entrepreneur), à qui il rend plus de travail qu'il n'en reçoit sous forme de salaire, tandis qu'un tailleur qui se rend au domicile du capitaliste pour lui raccommoder ses chausses, ne lui fournit qu'une valeur d'usage et ne demeure qu'un travailleur improductif...*

(PR17 : ...ce qui n'empêche pas le service rendu par le tailleur de correspondre à une certaine valeur-travail, même s'il n'est pas lié à la formation d'une plus-value au service de son employeur, et même d'un surplus à sa disposition si le prix payé pour son service dépasse la valeur du strict nécessaire à son entretien et à sa reproduction sociale en tant que travailleur.)

...Le travail du premier s'échange contre du capital, le travail du second contre du revenu. Le premier crée de la plus-value ; dans le second cas, c'est un revenu qui est consommé. »

(PR17 : Mais, quelle que soit la valeur du service que le tailleur aura rendu, la valeur-travail du revenu qu'il aura reçu en échange peut se révéler capable de lui procurer un surplus qu'il pourra consommer en totalité comme l'envisage Marx en biens matériels ou services de confort ou de luxe, ou, au contraire, ce que Marx ici n'envisage pas, accumuler sous forme de rentes ou de capitaux.)

PR : De même, dans le Capital (KM, I, XVI, p. 362), à propos de la plus-value, Marx écrit :

« *... n'est censé productif que le travailleur qui rend une plus-value au capitaliste ou dont le travail féconde le capital. Un maître d'école, par exemple, est un travailleur productif, non parce qu'il forme l'esprit de ses élèves, mais parce qu'il rapporte des pièces de cent sous à son patron. Que celui-ci ait placé son capital dans une fabrique de leçons au lieu de le placer dans une fabrique de saucissons, c'est son affaire.* (...)

Désormais, la notion de travail productif ne renferme plus simplement un rapport entre activité et effet utile, entre producteur et produit, mais encore, et surtout, un rapport social qui fait du travail l'instrument immédiat de la mise en valeur du capital. »

(PR17 : J-M Harribey, cependant (J-M H, p. 69) cite un texte de Marx distinguant :

« *...la question du travail productif et du travailleur productif, telle qu'elle se pose du point de vue du capital, avec la question du travail productif en général* »...,

...ce qui indique que Marx n'excluait pas le tailleur choisi comme exemple de la catégorie des travailleurs productifs de valeur-travail « *en général* », donc aussi en particulier dans la société capitaliste !)

De même encore, dans « *Matériaux pour l'Economie* », ouvrage antérieur au Capital, Marx écrivait :

« ... *le fait, pour le travail d'être productif n'a absolument rien à voir avec le contenu déterminé du travail, son utilité particulière ou la valeur d'usage particulière dans laquelle il se matérialise* [63]. »
Ainsi, « *leçon ou saucisson* », selon Marx lui-même, la marchandise peut-elle être aussi bien un service qu'une chose. Contradiction ? Oui, contradiction.

Contradiction ?

PR : Cher Monsieur Bihr, dans votre première lettre, vous écrivez…

AB : « …si elle possède son importance du point de vue de la théorie économique, la différence entre travail productif et travail improductif est sans doute de peu d'intérêt du point de vue de la classification des agents et de la perception qu'ils peuvent avoir de leurs fonctions et positions dans la division du travail. En un mot, qu'on ne saurait fonder sur eux des différences entre classes sociales. »

(PR17 : pourtant, c'est bien sur ce genre de « différences entre classes sociales » que se fondent Marx et sa postérité lorsqu'ils distinguent les « employés » de la « classe ouvrière », réservant à cette dernière le rôle moteur de la lutte révolutionnaire.)

PR : Mais vous concluez aussi la même lettre par ces mots :

AB : « …Et, du coup, vous obtenez aussi la réponse à *la* question que vous posez : qu'est-ce qui se trouverait modifié à la manière dont Marx raisonne et aux résultats qu'il obtient si l'on supposait que le « pur » travail de circulation est productif tout comme le travail mis en œuvre par le procès de production ? La réponse est : on détruirait tout simplement les bases mêmes de son analyse, la catégorie fondamentale de valeur qui constitue son point de départ et la base de toute son analyse. »

PR : Pour ma part il me paraît difficile d'admettre qu'un point de vue qui détruirait la base de toute l'analyse de Marx reste sans conséquence, par exemple, sur la définition des différences de classe. Plus généralement, je pense que ce qui a de l'importance en théorie a nécessairement aussi de l'importance, en pratique.

Revenant donc sur ce point dans votre deuxième lettre (AB-LdS et al, lettre 24, p.31), vous écrivez :

AB : « Venons-en à la raison pour laquelle vous tenez tant à établir le caractère productif (au sens habituel de formateur de plus-value) du travail de circulation…

(PR17 : mais ne doit-on pas reconnaître que la qualité de « formateur de plus-value » repose sur celle plus générale de « producteur de valeur-travail » – Par exemple, Jean-Marie Harribey (J-M H, p.15) se réfère à « la distinction de Marx entre procès de travail capitaliste et procès de travail en général ».)

AB : « ... De la sorte, pensez-vous, il sera possible d'unifier objectivement le salariat, en faisant des salariés employés dans le procès de circulation, comme du salariat employé dans le procès de production, des exploités (des producteurs de plus-value) et, bien évidemment, cela facilitera leur unification subjective (leur rassemblement et organisation en syndicat et parti), et, partant, cela renforcera le camp anticapitaliste. (…) …

(PR17 : Ici, Alain Bihr, en bon connaisseur de Marx, résume en quelques mots la thèse que nous contestons : en effet, il oppose la « production » qui serait seule productive de plus-value à la « circulation » qui serait alors nécessairement « improductive » dans le même sens. Assimilant « exploitation » à « production de plus-value » indistinctement pour tout le salariat, il efface en son sein les contradictions de classe qui naissent notamment de la hiérarchie des salaires.
Par ailleurs, il renverse complètement le sens de ce que doit être à nos yeux une critique scientifique de l'œuvre scientifique de Marx. Car il ne s'agit pas pour une telle critique de tenter de faire rentrer de force la réalité objective des contradictions objectives entre les classes dans le cadre imposé de l'extérieur d'un objectif subjectif idéal d'unification, mais de partir d'une connaissance aussi proche que possible de la réalité objective de ces contradictions pour élaborer des objectifs d'action. Par exemple, qui penserait faire participer ensemble à l'unification du salariat le haut dirigeant salarié d'une entreprise multinationale et la salariée surexploitée en Chine ou au Pakistan de cette même entreprise ?)

> AB : « ...Il me semble que, pour répondre à votre souci politique, il n'est pas nécessaire pour autant de commettre les entorses à l'analyse marxienne que vous proposez. D'une part, les rapports de classes (la division de la société en classes et les luttes de classes entre elles) ne se réduisent pas à leur seule dimension d'exploitation. Ils comprennent également des dimensions de domination et d'aliénation qui sont (...) tout aussi importantes que la dimension d'exploitation, notamment dans la perspective de l'unification des forces anticapitalistes.
> D'autre part, pour nous en tenir à la seule dimension d'exploitation, le caractère productif ou improductif du travail (au sens habituellement donné par Marx à ces termes) ne préjuge en rien de la possibilité ou non d'être exploité.

(PR17 : Selon Marx, pourtant, le taux d'exploitation est égal au taux de plus-value suivant la relation :

(Taux-pv) = (Vpv) / (Vft)

...relation ou (Vpv) désigne la valeur de la part de la valeur du travail fourni par le salarié qui est accaparée par l'employeur capitaliste sous forme de plus-value, et (Vft) désigne la valeur de la force de travail du salarié que le salarié a dépensée au service de son employeur. Or, selon Marx, les salariés de la circulation de la valeur ne fournissent aucune valeur-travail : ils ne sauraient donc fournir à leur employeur capitaliste qu'une valeur produite ailleurs, c'est-à-dire par les travailleurs de la production matérielle, auxquels ils devraient de même la valeur de leur salaire. Ainsi, comme Marx l'a écrit lui-même, les salariés de la circulation seraient, au même titre que leur employeur placés en position de parasites du travail ouvrier, un statut hybride, ce qui ne manquerait pas de les ranger parmi les couches moyennes. Il n'est donc pas étonnant que, s'appuyant sur une lecture non critique de Marx les partis communistes du 20ème siècle aient accordé une dommageable priorité ouvriériste à la lutte parmi les prolétaires de la production matérielle, négligeant ceux des services, pourtant devenus au cours du 20ème siècle une fraction largement majoritaire du prolétariat, en particulier du prolétariat féminin. »)

AB : « Autrement dit, un travail improductif de circulation (comme celui d'une caissière de supermarché ou d'une secrétaire ou d'un comptable) peut tout aussi bien être exploité qu'un travail productif (celui d'un ouvrier de l'industrie manufacturière), et cela alors même que le premier ne forme ni valeur ni plus-value, contrairement au second. »

PR :

Alors, l'ouvrier,
Le seul vrai, le prolétaire
De la « production
Matérielle », s'adresse au
Vieil employé des services

Que j'ai rencontré
A la FNAC et qui se
Décarcassait pour
Lui trouver le livre qu'il
Cherchait : « Cher ami, tu es

Exploité autant
Que moi, je le sais, car tu
Vends ta force de
Travail à un invisible
Maître qui en tire du

Profit, mais j'ai lu
Marx : tu ne crées aucune
Valeur. Ton travail
Est improductif. Tu es
Donc un parasite qui

Est nourri de mon
Travail, moi qui produis
Des « choses », non un
« service » Ceci dit, viens
Avec moi, rejoins-moi dans

L'exaltante lutte
Révolutionnaire, mais
Sous ma direction,
Car je suis membre de la
Seule classe dont Marx a

Pu dire (mais est-ce
Lui qui l'a dit ?) qu'elle peut
Un jour devenir
Jusqu'au bout révolutionnaire.

Dis-toi bien que, dans
Le socialisme qu'ensemble
Nous allons construire,
Tu seras, en qualité de
Travailleur improductif

Moins payé que moi,
Et ce sera aussi le
Cas des enseignantes,
Des médecins, infirmières
Et autres employées et

Intellectuels
Qui ne vivent qu'aux crochets
De moi, l'ouvrier
D'industrie, le seul qui crée
De la valeur en ce monde. »

-Merde ! répondit
Alors l'employé. Que je
Passe ma vie à
Vous cirer les pompes ? Non
Merci, j'ai déjà donné !

Dans ce genre de
Société que vous voulez
Où je ne suis qu'un
Moins que rien : les parasites
On les élimine. Non ?

En réalité, je ne voudrais surtout pas chercher à tordre l'analyse de Marx pour la mettre en conformité avec mes désirs : ce que je cherche en effet avant tout, c'est découvrir ce qu'il en est en réalité des rapports objectifs de production, pour connaître la réalité des contradictions économiques…
(PR17 : il aurait fallu écrire ici, au minimum « la réalité des contradictions économico-politiques, idéologiques, juridiques, morales voire militaires, etc., ces divers aspects étant inséparables dans le déterminisme en permanence multifactoriel « des rapports objectifs de production. »)
…qui courent au sein du salariat et autres victimes de l'exploitation capitaliste et mettre cette connaissance au service de leur unification.
L'actualité en France, par exemple, est marquée par un subit intérêt porté à la lutte contre une prétendue désindustrialisation de la France. [64] Je pense que cette campagne, en dehors de ses motivations purement électorales, a plusieurs objectifs :

-d'une part accréditer l'idée que, contrairement à Marx, la classe ouvrière n'est plus la classe montante de l'Histoire ;
(PR17 : et, effectivement, la classe ouvrière n'est plus, à elle seule au sein du prolétariat, « la classe montante de l'Histoire » : en effet, sa place dans l'activité économique est en régression relative à l'échelle mondiale. Et, de plus, une étude spéciale serait (sera) nécessaire pour déterminer, si, en intégrant les prolétaires de la production des services aux côtés de ceux de la production matérielle le prolétariat est bien en voie d'expansion continue, alors que se développent à ses dépens les nombreuses et diverses couches moyennes salariées.)

-d'autre part, attribuer cette régression aux délocalisations d'entreprises, et, parmi ces délocalisations, exclusivement à celles qui ont lieu en direction des pays à bas coût de la main-d'œuvre, ceci pour enfermer les travailleurs dans les termes d'une concurrence pour l'emploi ; [65]

-ensuite, il s'agit de masquer l'origine véritable de l'essentiel de la régression numérique de l'emploi dans les industries manufacturières : la demande n'y suit pas la croissance de la productivité du travail ; [66]

-enfin, il s'agit de cacher que le sous-emploi frappe également les salariés des industries manufacturières et ceux des services publics ou privés.

Alors qu'aucun des candidats à l'élection présidentielle…
(PR17 : l'élection de 2012)
…dont on parle ne propose la nationalisation de tous les grands moyens de production, de communication et d'échange, alors que la « marchandisation » s'étend à toutes les activités humaines, il ne me semble pas indifférent de montrer l'intégration de tous les producteurs de marchandises, quelle que soit la nature des marchandises qu'ils produisent en un système unique de production où l'essentiel est leur qualité commune de producteurs de plus-value (et de valeur –PR) pour le compte du capital.
C'est pour cela que je pense être plus fidèle à la pensée de Marx en le contredisant qu'en le suivant lorsqu'il exclut le travail de l'échange des

marchandises à leur valeur de la catégorie du travail productif, car, comme vous l'avez écrit :

> AB : « …c'est un des points sur lesquels la plupart des marxistes lui auront été infidèles, en tendant à fonder cette différence (entre travaux productifs et improductifs -PR) sur le contenu des travaux là où Marx , très logiquement, montre que seuls importent les rapports sociaux dans le cadre desquels ces travaux sont effectués. »

Chapitre VIII

Note de lecture : Lucien Sève,

Rédacteur en Chef d'un jour in L'Humanité du 9/12/2014

<u>Conventions typographiques</u> :

-Textes de Lucien Sève (noté LS) : en caractères *italiques de corps 11*, police Times New Roman.

-Notes de lecture de PR : entre parenthèses, caractères droits de corps 11, police Times New Roman.

-Objections de Denis Lemercier (DL : communication personnelle) et réponses de Pierre Roubaud (PR) : en caractères droits de corps 10, police Times New Roman.

-Textes de Karl Marx (noté KM) : en caractères *italiques de corps 11, police Garamond.*

(PR : Un Chrétien : « C'est vrai,
Puisque c'est
Dans la Bible. » Un
Musulman : « Puisque c'est
Dans le Coran. »

Un Philosophe en
Photo dans
L'Humanité : « C'est
Ecrit dans Karl Marx. »)

DL: « Sur ce point je t'ai dit que Sève lui-même dit et pratique une réévaluation de Marx avec l'argument que Marx avait tellement de casseroles au feu qu'il n'a pas pu aller jusqu'au bout des mets préparés – je le dis à ma sauce, si je puis me permettre – et que c'est ce qui justifie cette sorte de prolongement à la pensée de Marx qu'il effectue notamment dans son dernier livre sur la philosophie. »

PR : « Ce que je critique, ce n'est pas l'œuvre de Sève dans son ensemble, mais ce qu'il a choisi d'écrire ce jour-là dans l'Humanité. Et, ce qu'il nous a donné ce jour-là est un cours magistral sans aucun bémol ! Ceci-dit, je dois donc modifier mon texte, soit :
« PR : ...Et l'article d'un
Philosophe
Dans l'Humanité :
« C'est écrit dans Marx. » Un
Militant... »

Qu'en penses-tu ? »

(PR : Un
Militant : « C'est
Une décision
Du dernier
Comité Central »

Les seuls arguments
D'autorité que pourra
Ecouter, puis faire
Siens le scientifique, sont
Ceux que lui présentera

La réalité
Objective, c'est-à-dire
La matière qui
Préexiste à
L'idée qu'on s'en fait.)

LS :
ILS N'ONT PAS` HONTE !
Le prétendu « coût du travail »

A l'obsédante campagne sur le « coût du travail » qui serait cause de nos malheurs, on riposte souvent : ce qui nous écrase est le coût du capital ! On n'en dira jamais trop sur le coût du capital, mais on semble ainsi admettre l'idée de coût du travail. Or, c'est une énormité.

1) Avec la nature, le travail est la source de toute richesse sociale. Étant source de la valeur économique, il n'en a pas lui-même, comme le courant électrique qui fait briller l'ampoule est en lui-même dépourvu de brillance.

(PR : Pourtant, la valeur n'est pas du travail en général, mais du temps de travail : tout travail déterminé a une durée qui fait sa valeur)

LS : *N'ayant pas de valeur, le travail ne saurait avoir de coût. La formule « coût du travail » est un non-sens.*

(PR : Cependant, Marx lui-même qui pourtant dénie au travail la propriété d'avoir une valeur, utilise à son compte les expressions « prix du travail », « travail payé », « travail non payé »)

DL : « Cela ne veut pas dire que même s'il a un prix, s'il est payé, il a un coût »
PR : Karl Marx écrit (**KM, I**, I, p. 46) : « Le coût réel de la marchandise se mesure, du point de vue capitaliste, à la dépense de capital, son coût réel à la dépense de travail »

Autrement dit, si l'on admet, contrairement à Marx, que le travail fourni est la marchandise achetée au salarié par le capitaliste, la valeur de cette marchandise est la quantité de travail social qu'elle représente. Par exemple, un travail qualifié vaudra plus qu'un travail moins qualifié (je n'utilise pas l'expression de « travail simple », parce que tout travail exige une certaine qualification.

Dans la citation de Marx reproduite ci-dessus, la notion de « coût réel » désigne en fait le « coût du travail pour la société », son coût social, c'est-à-dire sa valeur, et non son coût dans la transaction capitaliste-salarié, son « coût marchand » Dans cette transaction, le coût du travail fourni est pour le capitaliste qui l'achète égal au prix qu'il paye pour se l'approprier (travail payé), c'est-à-dire égal au salaire qu'il verse au salarié. »

(PR : Difficile en outre d'admettre qu'un cours donné par un enseignant dans une école privée, un soin prodigué par une infirmière ou un médecin dans un hôpital privé ne créent aucune valeur marchande, alors que les actionnaires de l'école ou de l'hôpital s'enrichissent de leur travail.)

LS : 2) Ce non-sens recouvre la confusion du « travail » avec la « force de travail », ensemble des capacités qu'un individu met en œuvre dans son travail. La force de travail, dont la production et reproduction exigent des biens eux-mêmes produits, a de ce fait une valeur, et un coût pour qui l'achète.

(PR : Mais la valeur de la «*force de travail* » ne résulte pas que de celle des biens consommés par le travailleur, mais aussi de la valeur qu'il ajoute par sa propre activité, par exemple lorsqu'il étudie, ou lorsque son travail lui-même est qualifiant. On voit qu'ici, la notion de « *force de travail* » en tant que marchandise est prise en défaut par la façon dont Marx en calcule la valeur.)

LS : 3) Cette confusion est entretenue à plaisir, a montré Marx, parce qu'elle masque le secret du profit capitaliste : la force de travail peut produire bien plus de valeur qu'elle n'en a.

(PR : Il suffit de dire que le travailleur peut fournir plus de travail que n'en valent les marchandises (biens matériels et services) qu'il consomme). [67]

LS : *Ce qui coûte au capital n'est pas le travail, source de ses profits...,*

(PR : au contraire, le travail a un coût comme la semence a un coût, même si c'est elle qui permet d'avoir, quand les circonstances sont favorables, plus de grains qu'elle n'en représente elle-même.)

LS : *...mais l'appropriation privée de cette poule aux œufs d'or qu'est la force de travail. Dénonçant le « coût du travail », il ne cesse en fait de se plaindre que la poule aux œufs d'or doive quand même être assez nourrie pour pouvoir pondre.*

(PR : Ce qui prouve bien que le travail a un coût, comme la nourriture de la poule : à la limite, si la nourriture de la poule vaut plus que ses œufs en or, l'éleveur se trouvera en déficit : à la « plus-value » peut s'opposer la « moins-value »).

DL : « A ce niveau de la discussion des positions de Sève, ni Sève ni toi n'avez raison : lui dit que la force de travail a un coût, toi que c'est le travail. Mais le travail n'a pas de coût puisque ce que le capitaliste donne comme salaire n'est pas pris sur des valeurs qu'il aurait accumulées à la suite de son travail, mais sur celles que produit le salarié, et donc le travail du salarié ne lui coûte rien : ce n'est pas parce que le capitaliste attribue un salaire au salarié que cela lui coûte quelque chose. En cela, je suis d'accord avec Sève. »

PR : « Je ne puis être d'accord avec toi. Lorsqu'un acheteur débourse une certaine quantité d'argent pour acquérir une marchandise, cette quantité représente pour lui un coût, quelle que soit l'origine de l'argent ainsi déboursé : un coût pour l'acheteur, un prix pour le vendeur.

D'ailleurs, sauf l'exception du paiement en nature, le capitaliste ne paie pas le salarié avec une part de la valeur que celui-ci a produite, car, pour que le capitaliste puisse disposer de cette valeur, il faut qu'il ait vendu la marchandise. Sauf exception, il n'attend pas cette vente pour payer son salarié.

Par ailleurs, dans tout achat, il peut se faire que le coût pour l'acheteur soit inférieur à la valeur de la marchandise, mais il peut arriver aussi que ce coût soit supérieur à cette valeur.

Même si on se place avec Marx dans le cadre d'un échange salaire contre force de travail (et non, comme moi, salaire contre travail fourni), et surtout si on calcule la valeur de la force de travail comme le fait Marx (en ne tenant compte que des « subsistances » consommées par le salarié et non aussi de sa propre activité), il arrive souvent que, dans une situation de monopole de sa force de travail, ou dans un contexte politique favorable, le salarié puisse obtenir pour sa force de travail un prix supérieur ou très supérieur à sa valeur. Le salarié dispose alors d'un surplus et, pour le capitaliste, le coût de la force de travail est alors supérieur à sa valeur. Il peut être même, (c'est par exemple le cas du salaire des hauts dirigeants d'entreprise) supérieur à la valeur fournie par le travail : dans ce cas, les propriétaires et les gestionnaires du capital se partagent une plus-value produite ailleurs.

Evidemment, dans le cas le plus fréquent, le « prix payé » (expression adoptée par Marx) pour le travail fourni, autrement dit le coût du travail fourni est inférieur à la valeur de ce travail, la différence constituant la plus-value que Marx appelle d'ailleurs aussi « travail non payé » »

Ainsi le salariat se distribue selon une échelle de salaire. En bas se trouve le prolétariat au sens strict qui reçoit au mieux le nécessaire pour le renouvellement de sa force sociale de travail. Au dessus, se trouve une couche moyenne salariée, qui dispose d'un surplus plus ou moins important par rapport à ce strict nécessaire, un surplus qu'elle peut éventuellement transformer en capital. Enfin la couche la mieux payée participe directement déjà par son salaire à l'exploitation du travail salarié. De là résultent d'importantes contradictions de classes au sein du salariat.

LS : 4) *On nous dira peut-être : ne jouez pas sur les mots, le capital doit bien payer les salaires et les charges ! Mais c'est la valeur créée par la force de travail*

(PR : non, ce n'est pas la « *force de travail* » qui crée la valeur des marchandises, mais la « *force de travail* » en exercice, c'est-à-dire le travail vivant, le travail en train de s'effectuer)

LS : *…et appropriée par le capital qui en vérité les paie, et bien au-delà ! Qui joue sur les mots ? L'expression « coût du travail » est une radicale falsification des rapports économiques.*

DL : « Ce n'est pas radicale falsification des rapports économiques, mais c'en est une qui n'est pas négligeable, quoique non radicale. »

(PR : Pas du tout ! La valeur de ce que consomme le travailleur est du travail social passé. Grâce à cette consommation, il peut effectuer plus de travail social qu'il n'en a consommé. D'ailleurs le capitaliste ne le paie que lorsqu'il a effectué le travail pour lequel il le paye. Mais sur une journée de travail effectué, il en paye le moins possible, pour s'approprier le restant si les rapports de force capital-travail lui sont favorables. Et ils le sont en général, parce que c'est le capitaliste qui possède les moyens de travailler, et l'argent dont le travailleur a besoin pour vivre. Contrairement à ce qu'indique la théorie de la « *force de travail* », le contrat qui lie le salarié à son employeur n'est pas un contrat d'égal à égal tel que le salarié vendrait sa marchandise à sa valeur, et le capitaliste l'achèterait à sa valeur.)

DL : « Tout à fait d'accord. »

LS : *5) Veut-on une preuve courte de ce qui précède ? Elle tient en une question : si pour le capital le travail était un coût, nous expliquera-t-on pourquoi il met un tel acharnement à vouloir en allonger la durée hebdomadaire ?*

(PR : Au contraire, c'est parce qu'elle est pour lui un coût, qu'il veut en réduire autant que possible le prix qu'il la paye, c'est-à-dire le salaire.).

DL : « Ce n'est pas parce qu'il a un coût, mais parce que cela limite le montant escroqué. (...) il faut traduire en mots simples et néanmoins clairs et précis, le fait que le capitaliste prend dans la poche du salarié le salaire qu'il lui attribue pour son travail. »

PR : « Au contraire, ce n'est pas parce que le capitaliste achète la récolte (le travail fourni) au prix de la semence (à la valeur de la force de travail selon Marx ; à un prix dépendant du rapport de force économico-social entre lui et son salarié selon PR), que la semence n'a pas de valeur et ne représente pas pour lui un coût. Ce que par exemple achète le capitaliste, c'est le travail fourni en une journée. Si, pour le même salaire, il peut allonger la journée de travail, c'est pour lui tout bénéfice. »

Ils osent appeler ça un salaire...
Lucien Sève, philosophe.

LS : *Le Centre national du cinéma vient de décider de ne plus subventionner un film dont les vedettes toucheraient plus de 100 000 euros - souvent, c'est dix fois plus. Mesure bienvenue de salubrité publique à l'égard de leurs « salaires « Mais qu'appelle-t-on ici salaire, comme à propos de ces dirigeants de société dont le « salaire » dépasse même le million d'euros ? Au sens propre, le salaire est le prix de la force de travail.*

(PR : Non, le salaire est le prix payé pour le travail fourni.)

LS : *Ce prix ne saurait être arbitraire : il est déterminé par le prix des marchandises nécessaires à la production et reproduction de cette force de travail.*

(PR : Non, le salaire est déterminé par le rapport de force économique et politique entre capital et travail. Sinon ce serait admettre que les besoins d'un salarié au SMIC pour vivre avec sa famille sont plusieurs fois inférieurs aux besoins d'un professeur agrégé en fin de carrière. Ou admettre qu'une salariée pakistanaise à trois à dix fois moins de besoins qu'un salarié moyen des Etats-Unis !).

DL : « Ceci est vrai, mais pas uniquement : la qualification est aussi un facteur du salaire. Mais peut-être fais-tu intervenir la qualification dans le rapport de force économique. »

PR : « En effet : dans le rapport de force économico-politique.
Si l'employeur a, face à lui, un salarié qualifié difficile à remplacer, il sera dans une position moins favorable pour négocier le salaire que si l'emploi en question ne demandant que peu de qualification, le salarié trop « exigeant » peut être facilement remplacé par l'un des chômeurs qui attendent à la porte. »

LS : *Naguère encore, en France, avaient lieu d'âpres négociations entre patronat, syndicats et pouvoirs publics sur la liste des 173 articles jugés indispensables à cet effet, et sur son montant.*

(PR : Ce qui montre que ce qui détermine le « nécessaire », c'est-à-dire le salaire, est le rapport de force économico-politique, ou politico-économique entre capital et travail).

LS : *De Quel ordre est l'éventail ainsi justifié des salaires ?*
1 à 4, selon le rapport estime juste par Platon ? 10 à 1, comme vont jusqu'à l'admettre des économistes ?

(PR : Ils ne manquent pas d'air ! Un salarié du haut de l'échelle –ces économistes-là doivent en être ! – aurait dix fois plus de besoins qu'un salarié au SMIC ? Un logement dix fois plus grand, du filet et de la langouste au lieu du blanc de poulet, etc. etc. ! Quels intérêts de classe défend Lucien Sève pour reprendre à son compte une pareille énormité ?)

LS : *Certainement pas davantage, en tout cas, si on parle bien de valeur de la force de travail.*

(PR : Voyez comment le Philosophe glisse d'une notion à une autre sans en avertir son lecteur : ci-dessus il nous assénait : « le salaire est **le prix** de la force de travail », et maintenant il nous parle du salaire comme de la « valeur de la force de travail », comme si prix et valeur étaient la même chose ! Or, justement, le prix du travail fourni, c'est-à-dire le salaire, est généralement inférieur à sa valeur, et c'est même ainsi que le capitaliste peut accaparer une plus-value qui nourrit son capital !)

DL : « D'accord, mais Sève parle de la force de travail et, de ce point de vue, il n'est pas faux de dire que le prix et la valeur sont la même chose. »

PR : « En aucun cas, prix et valeur ne doivent être confondus : le prix du côté du vendeur et le coût du côté de l'acheteur expriment au cas par cas le rapport de force économico-politique entre vendeur et acheteur. La valeur, au contraire, représente la quantité objective de travail social moyen instantané nécessaire à la production de la marchandise.
Si, chez Marx, le prix de la force de travail est décrété égal à sa valeur, c'est parce qu'il postule que l'échange marchand (force de travail) contre (salaire) est un échange en moyenne égal, car régulé par la loi d'équilibre de l'offre et de la demande dans le cadre d'une libre concurrence. Or, pour qu'un tel équilibre soit accessible, il faut que le salarié ne dispose pas du monopole d'une force de travail spécifique telle que son employeur ne puisse pas aisément la remplacer. Dans ce cas, le salarié dispose d'un rapport de force favorable et peut obtenir un salaire supérieur à la valeur de sa force de

travail, et même, parfois, supérieur à la valeur du travail qu'il fournit.
Au contraire, lorsque l'employeur capitaliste trouve en face de lui des demandeurs d'emploi en surnombre pour la tâche à accomplir, ou un rapport de force politique défavorable aux travailleurs, il y a toutes les chances pour que le salaire soit inférieur, non seulement à la valeur sociale du travail fourni, mais en outre, à la valeur de la force de travail elle-même.
Dans ce cas, l'entretien social de la force de travail n'est plus assuré. Marx a d'ailleurs fort bien décrit comment, au dix-neuvième siècle, cette dilapidation forcenée de la force de travail en Angleterre a rendu nécessaire l'intervention de l'Etat, gestionnaire des intérêts de la classe dominante dans son ensemble contre les intérêts particuliers de ses membres ; et ce fut, appuyée sur les luttes ouvrières, la loi sur la limitation de la journée de travail.

LS : *Or, rappelle l'économiste Jean Gadrey, les rémunérations des PDG des grands groupes sont passées de 20 fois le salaire ouvrier moyen, en 1990, à 500 fois, en 2000, voire maintenant plus de 1000. Il tombe sous le sens qu'alors, nous n'avons plus affaire à quoi que ce soit de l'ordre du salaire.*

(PR : Mais si ! Mais si ! On a affaire à un salaire basé sur le monopole d'une qualification difficile à remplacer !)

DL : « Pas seulement : il y a aussi un rapport de force politique. Je prendrai l'exemple des joueurs de foot. Leur salaire est déterminé par leur qualification, mais aussi par le rôle idéologique que le sport et la réussite sportive individuelle joue dans l'hégémonie de la bourgeoisie. Pourquoi paye-t-on si grassement les Présidents d'Université et les Recteurs ? Parce que ce sont de zélés larbins qui mettent en œuvre la politique du pouvoir.

PR : « Il est certain que le salaire d'un grand joueur de foot, tellement supérieur à celui d'une joueuse de volley-ball tout aussi talentueuse, n'a pas grand chose à voir avec la valeur des subsistances nécessaires à la reconstitution de sa force de travail. Mais lorsque l'on a affaire à une marchandise rare, il faut prendre en considération la valeur de toutes les autres marchandises banales qu'il a fallu dépenser pour l'obtenir : le salaire d'un grand champion profite de l'absence de salaire de milliers de pratiquants qui ont été entretenus pour que le grand champion sorte du rang. Si, pour produire un objet d'art, il faut en sacrifier des centaines, la valeur de cet objet cumule celle de tous les objets sacrifiés : c'est comme dans le jeu de loto ! Qui tire le bon numéro récupère les mises de tous les autres. C'est aussi ce qui se passe lorsqu'un chercheur s'enrichit avec la prise d'un brevet : sa découverte bénéficie du travail de tous les travailleurs de la recherche avant et autour de lui. »

(PR : Sinon, ce serait prendre à tort pour des imbéciles les actionnaires des groupes capitalistes qui votent sans sourciller des salaires aussi mirobolants : ils savent que le dirigeant de leur entreprise possède toutes les relations nécessaires pour assurer la « compétitivité » de leur entreprise, sans laquelle, adieu leurs dividendes !
Que ces actionnaires prélèvent la rémunération de leur haut dirigeant sur le profit qu'ils tirent de

l'exploitation des salariés de l'entreprise dont ils sont les actionnaires, ne change rien à l'affaire : le salaire est le prix payé pour un travail en fonction d'un rapport de force, et non en fonction de la seule valeur d'une force de travail !)

LS : *…il s'agit de la part de la survaleur créée par le travail social de tous…,*

(PR : Notons qu'ici, pour Lucien Sève la survaleur est à nouveau censée être payée par « le travail », et non plus par la « force de travail » !)

LS : *…ou sur le travail que ces prédateurs sont en position d'accaparer. Ces revenus extravagants ne sont pas des salaires mais des rançons. Voilà qui dit de façon crue dans quel monde nous fait vivre ce qu'ils appellent « l'économie de marché » : la dictature des grands propriétaires privés, au cynisme sans rivage. Encore faut-il bien voir que le scandale de leurs « salaires » n'est que petite bière : celui de leur gestion et de ses gâchis est encore bien pire.*

(PR : Il y a ici, de la part de Lucien Sève, un risque de glissement entre la condamnation du capitalisme pour le luxe de ses gestionnaires et les gâchis de leur gestion, et la condamnation de sa loi fondamentale, qui est l'asservissement de la société tout entière à l'accumulation concurrentielle et donc suraccumulation du capital. Or, à la limite, un capitalisme dont les actionnaires et gestionnaires se contenteraient pour vivre d'un salaire minimum, n'en continuerait pas moins à engendrer les gaspillages, le chômage, les guerres qui le caractérisent actuellement.)

LS : *Si tant de choses évoquent une fin de monde, c'est qu'en effet nous entrons dans la longue et rude époque historique de la fin du capitalisme, système de prédation sociale incapable de faire droit aux extraordinaires possibles présents du genre humain. Rien n'importe plus que de le faire comprendre jour après jour à tous et chacun : ce à quoi il est vital de travailler sans relâche, c'est à la sortie par le haut du capitalisme.*

(PR : Que signifie « sortir par le haut » du capitalisme ? Pourquoi préférer cette expression à celles choisies par Marx, par exemple « l'abolition de l'exploitation de l'homme par l'homme » et « l'abolition de l'exploitation des nations par d'autres nations » ? Il y a derrière le terme d'abolition l'idée d'une rupture révolutionnaire. Au contraire le terme de sortie laisse la place à l'idée d'une transformation progressive de la société.)

LS : *Certes, cela ne suffit pas à faire une politique au quotidien, mais c'est crucial pour construire une stratégie de longue portée. Et seule la vaste vision stratégique donne sens, motivant à l'action quotidienne.*

CORTEX **14**

***Karl Marx, dans Travail salarié et capital* (1849)** : extrait cité par Lucien Sève dans l'Humanité du 09/12/2012 – commentaire de PR.

KM : « *Le capitaliste, semble-t-il, achète donc le travail [des ouvriers] avec de l'argent. C'est pour de l'argent qu'ils lui vendent leur travail. Mais ce n'est là que l'apparence. Ce qu'en réalité ils vendent au capitaliste pour de l'argent, c'est leur force de travail. Cette force de travail, le capitaliste l'achète pour une journée, une semaine, un mois, etc.*

(PR : Lorsque vous achetez une bouteille d'huile, le vendeur de cette bouteille n'est pas obligé de faire la cuisine à votre place. Par contre, le vendeur de sa force de travail est obligé de la mettre en œuvre à la place du capitaliste !)

KM : *Et dès lors qu'il l'a achetée, il l'utilise en faisant travailler les ouvriers durant le temps convenu. Pour cette même somme qu'il a mise à acheter la force de travail, par exemple deux marks, il aurait pu acheter deux livres de sucre ou une quantité déterminée de toute autre marchandise.* (...) *La force de travail est donc une marchandise ni plus ni moins que le sucre.*

(PR : N'en déplaise à Marx et aux marxistes dogmatiques, rien n'est plus faux : car le commerçant qui m'a vendu le sucre n'est pas obligé de s'occuper à s'en servir à préparer mes gâteaux dans ma cuisine)

DL « Je n'ai pas compris la signification de cette parenthèse. »

PR : « Lorsque le salarié vend sa force de travail, il n'est pas quitte pour autant, car ce qu'il vend, c'est la mise en œuvre de cette force, c'est-à-dire le travail. Ainsi Marx écrit (KM, I, VI, p.134) :

« *Une fois le contrat passé entre acheteur et vendeur, il résulte de la nature particulière de l'article aliéné* (la force de travail –PR) *que sa valeur d'usage n'est pas encore passée réellement entre les mains de l'acheteur* »

Donc, lorsque le salarié a vendu sa marchandise, il n'en est pas quitte pour autant : c'est à lui de la mettre en œuvre ! On ne peut pas en dire autant des marchandises usuelles, car c'est à leur acheteur et non à leur vendeur que revient le soin de les mettre en œuvre. »

KM : (...) *Tant d'argent pour tant de durée d'utilisation de la force de travail.- Pour douze heures de tissage…,*

(PR : …ce que le capitaliste achète donc, est bien douze heures de travail de tisserand, car l'usage de la force de travail, c'est le travail !)

KM : *…deux marks.* (...) *Le tisserand se met au travail et le fil devient de la toile. Le capitaliste s'approprie la toile et la vend, par exemple vingt marks. Le salaire du tisserand est-il alors une part de la toile, des vingt marks, du produit de son travail ? Pas du tout. Longtemps avant que la toile soit vendue, peut-être même longtemps avant qu'elle soit fin prête, le tisserand a touché son salaire.*

(PR : Et en effet, il l'a touché lorsqu'il a fini de produire la marchandise qu'il a vendue, c'est-à-dire son travail et non la force de travail qu'il est pourtant censé, selon Marx, avoir vendue et dont la production a précédé de longtemps son usage.)

KM : *Le salaire n'est donc pas une part que prend l'ouvrier à la marchandise qu'il a produite. Le salaire est la portion de marchandises antérieurement produites avec laquelle le capitaliste s'approprie par achat une quantité déterminée de la force de travail productive.*

(1) K. Marx, Travail salarié et capital ; suivi de Salaire, prix et profit. Éditions sociales, 1969, p. 20-21 (traduction revue par moi, Lucien Sève.)

(PR :
- S'adressant au peuple
Ignorant, car trompé jour
Après jour par son
Ennemi épouvantable…

DL : « Ce que je perçois comme étant de l'ironie semble nier le caractère épouvantable de l'ennemi : ce qui ne me semble pas juste. »

PR : « Non, ce n'était pas de l'ironie : le capitalisme est bien un ennemi épouvantable des peuples. »

…le bien nommé « *ils* » ou « *on* »,

-Relayant auprès
De ce peuple, les textes des
Paroles divines,

DL : « Très outré : il n'est pas juste de dire que Sève a pu prendre les textes de Marx comme paroles divines. »

PR : « Outré ? Possible. Mais je suis frappé par le nombre des commentateurs de Marx qui omettent de vérifier si ses thèses sont confirmées ou non dans la réalité ! Par exemple, je n'ai rencontré jusqu'ici aucun auteur qui ait tenté de vérifier si, comme Marx l'affirme, seul produit de la valeur le travail de production des biens matériels»

PR : En Philosophe, donc « ami
De la connaissance » en fin

De vie convaincu
D'être enfin devenu « *Homme
Qui sait* », car ayant
Lui aussi pensé, écrit,
Et publié maints ouvrages,

« …ayant connu un
Assez grand succès », -S'étant
Vu confier le rôle
De « Rédacteur en Chef d'un
Jour » pour un journal qui se

Disait, autrefois,
« Communiste » -Sabrant donc
Dans un pur souci
Pédagogique dans les
Contradictions, les erreurs,

Les obscurités
De la Bible Karl Marx (sans
Livre de Job et
Non négociable), -Il
Déclare, persiste et signe :

« *La formule « coût
Du travail » est un non-sens.* »
-Pendant des années
Il a apporté sans faille
Sa caution philosophique

A un Parti qui
Un jour a fait disparaître
De ses statuts toute
Référence au marxisme…

DL : « Je ne sais pas si c'est le cas. D'une part, je ne me souviens plus quand cette référence a disparu et d'autre part je ne sais pas si Sève était encore au PCF ou s'il est encore. Mais ce que je sais c'est que, comme je te l'ai dit, il avait âprement discuté de la suppression du centralisme démocratique, mais peut-être s'y était-il rallié au bout du compte. En tout cas je me souviens bien d'un certain nombre d'arguments qu'il avançait »

PR : « A ma connaissance, Lucien Sève n'a pas cessé d'apporter cette caution dont je parle. Mais peut-être a-t-il voulu dans sa contribution à l'Humanité,

justement revenir sur cet abandon de la référence au marxisme. »
…et
Qui, sur cette lancée, a

Evacué de
Sa propagande, les mots
Devenus tabous
De « *nationalisation* »,
Ou « *révolution* », sans que

Le Philosophe ait
Un seul mot à y redire.

DL : « Je ne sais pas si c'est vraiment le cas. »

PR : « Lucien Sève peut-il être innocent des mots dont j'accuse son ex et peut-être encore actuel Parti, alors que, contre lui, dans l'Humanité il n'a trouvé aucun mot à dire ?

-Un Parti qui ne
Manque pas une occasion
De faire savoir à quel

Point il a rompu
Avec le léninisme et
L'œuvre immense de
L'Union Soviétique. -Un
Parti devenu fidèle

Collaborateur
De la gauche « moindre mal »
En strapontin
Electoral, d'abord d'un
Ancien sous-ministre de

Pétain, puis de tout
Ambitieux désigné pour
Occuper le poste
De gouverneur au service
De l'impérialisme yankee.

-Rien de tout cela
N'aura troublé la tranquille
Assurance du
Philosophe au moment de
Revenir sans appel à

La théorie de
Marx : « *La formule « coût du*
Travail » est un non-
-sens. » -Pourtant, combien de fois
Marx n'a-t-il pas usé des

Expressions « *travail*
Payé, travail non payé » ?
Dans le Capital,
Ainsi, Chapitre VI, Livre
I, (dont le Philosophe a

Lui-même revu
La traduction !), vingt-
-six occurrences de ces
Expressions ont pu
Etre comptées par le seul

Pierre Roubaud, sans
Que l'officiel philosophe
De ce Parti ne
Se rende compte une fois
De la contradiction qu'elles

Représentent avec
Son affirmation péremptoire
« *La formule « coût*
Du travail » est un non-sens » ?
« *Ils osent appeler ça un*
Salaire », s'indigne aussi

Le Philosophe à
Propos des millions que gagnent
Certains dirigeants
D'entreprise. « *De quel ordre*
Est l'éventail justifié

Des salaires ? », se

Demande-t-il, « *si on parle*
Bien de la valeur
De la force de travail »
Mais faut-il qu'il méprise

Ses lecteurs à ce
Point pour croire qu'ils ne se
Rendront même pas
Compte qu'il contredit par
Là son affirmation juste

Précédente que
« *Le salaire est le prix* (donc
Non la valeur) *de*
La force de travail » ! –Et
S'est-il même rendu compte

Que ce qui décide
Du salaire, n'est pas, comme
Marx pourtant l'affirme,
La valeur des subsistances
Nécessaires à reproduire

Et entretenir
La « *force de travail* », mais
Le rapport des forces
Liées inséparablement
Economiques et politiques

Entre le travail
Et le capital. A-t-il
Imaginé un seul
Instant que le dirigeant
D'entreprise peut ne faire

Que profiter d'une
Situation le rendant
Difficilement
Remplaçable à son poste,
Lui permettant d'exiger

Un salaire pour
Prix de son travail sans en
Justifier le
Montant par une quelconque
Valeur de sa force de

Travail ? S'est-il de
Même demandé si une
Contradiction de
Classe au sein du salariat
Ne peut pas naître de la

Séparation entre
Les tâches qualifiantes,
Non répétitives,
Et les tâches seulement
Usantes, répétitives

Pour lesquelles le
Patronat dispose d'une
Armée permanente
De réserve, notamment
Produite dans les pays

Dominés et prête
A remplacer à moindre coût
Tout salarié qui
Se montrerait exigeant
Quant à sa rémunération ?

Et cette question
Pourtant simple, ne sera
Pas posée : « Qu'en est-
-il en réalité *?* » Triste
Oubli d'un matérialiste !) [68]

Chapitre IX

Les contradictions de la théorie de la « *force de travail* » de Marx
Citation commentée d'une lettre de Philippe Battesti

Le 26 05 2017, Ph. Battesti (noté PhB) a écrit :

> PhB : « Bonsoir Pierre,
> Du point de vue marxiste, la *force de travail* est ce que possède le travailleur et qu'il loue à un patron (en échange d'un salaire). En d'autres termes, il s'agit de ses bras, ses jambes et sa tête (sous-ligné par PhB –PR). Marx distingue ainsi travail et force de travail, (chapitre 6 de « *Le Capital* ») celle-ci étant considérée comme transformée en une simple marchandise dans l'économie capitaliste. »

PR : Mais, de quel Marx parle ici PhB ?

-De celui qui écrit (KM, « Le Chapitre VI », éd. sociales GEME, 2010, p.133) :

« *Le rapport originel dans lequel le capitaliste en puissance achète du travail (depuis le chapitre IV nous pouvons nous exprimer ainsi, au lieu de dire capacité de travail) au travailleur pour capitaliser une valeur monétaire, et le travailleur vend la disposition de sa capacité de travail, son travail pour gagner sa vie…* » ?

…de celui qui écrit (KM, II, XI, p. 193) :

« *La substance réelle du capital déboursé en salaire, c'est le travail lui-même, la force de travail en action, créatrice de valeur* » ?

…certainement pas !

Par conséquent, c'est au seul Marx retenu par sa postérité que PhB fait référence, à savoir ce Marx qui écrit notamment (KM III, XLVIII, p. 744) :
« *Nous avons déjà montré que le salaire ou prix du travail n'est qu'une expression irrationnelle de la valeur ou prix de la force de travail* »…
Donc, le Marx de sa postérité (que je noterai « MarxPst ») déclare égaux le prix et la valeur de ce qu'il appelle la « *force de travail* »
MarxPst postule en effet que dans la production marchande simple, la répétition de l'échange des marchandises conduit celui-ci à s'effectuer, au-delà des fluctuations contingentes, équivalent contre équivalent :
« *Dans sa forme normale, l'échange des marchandises est un échange d'équivalents* » (KM, I, V, p. 124).
Or, s'il en est bien ainsi, la formation du capital ne peut pas résulter de l'échange marchand, car si le capitaliste achète et revend les marchandises à leur valeur, il ne peut pas bénéficier d'une plus-value !
C'est pourquoi, pour rester dans le cadre tout théorique d'une société de libre échange où les prix des marchandises s'ajustent à leur valeur, MarxPst a imaginé l'existence d'une marchandise exceptionnelle, la « *force de travail* » dont l'usage produirait plus de valeur (plus de travail social) qu'elle n'en

représente elle-même, c'est à dire que n'en consomme sa propre production ou reproduction.
Donc, selon la théorie de la « *force de travail* », l'employeur capitaliste achète en location-vente cette « *force* » à sa valeur pour, ensuite, en user à sa guise, comme un producteur de blé achète de la semence en vue d'une récolte qui, si tout se passe comme il l'entend, lui fournira plus de grains qu'il n'en aura consommés en semences.
L'ennui pour cette théorie de la « *force de travail* » est que cette « *force* » est inaliénable et que le salarié qui l'a vendue n'en est pas quitte pour autant, car c'est à lui et à lui seul de cultiver cette semence pour en obtenir une récolte profitable à son employeur.
Qui plus est, si l'on en croit MarxPst, le salarié qui loue sa « *force de travail* » ne l'a ni achetée ni contribué à la produire : il l'a reçue gratuitement de ses parents et son employeur client n'est que tenu de lui fournir l'argent nécessaire pour qu'il puisse se procurer les moyens matériels de l'entretenir lui-même, sans que soit jamais tenu compte des services qu'il doit acheter et du travail qu'il doit fournir pour assurer cet entretien.
C'est comme si le salarié mettait en location une voiture qu'il n'aurait lui-même ni achetée ni contribué à produire, alors qu'il devrait fournir à son client, outre la disposition de la voiture, le travail de la conduire à sa place pendant le temps de la location, sans que la valeur de ce travail soit comprise dans le prix de la location qui, de plus, ne prendrait en compte que le coût des moyens matériels nécessaires à l'entretien de la voiture, donc à l'exclusion du travail fourni par le salarié à cet usage.
Il est évident que, dans de telles conditions, l'échange marchand « *force de travail* » contre « *salaire* » serait tellement défavorable au salarié qu'il ne saurait concerner des échangistes en position d'égalité.
En réalité, le montant du salaire, loin d'être ajusté à la valeur de la « *force de travail* » par la répétition des échanges économiques entre échangistes égaux, est déterminé par le rapport de force historique de leurs forces économico-politiques, idéologiques, voire même militaires respectives.

> PhB : « Le prix de cette force de travail correspond au salaire qui est nécessaire pour la reproduire, c'est-à-dire pour que le travailleur soit apte à travailler de nouveau. »

PR : Encore une fois, selon MarxPst, le prix payé pour cette « *force de travail* » ne correspondrait qu'à la valeur des marchandises matérielles que le travailleur doit consommer pour être « apte à travailler de nouveau » Autrement dit, le salarié vendrait une marchandise qu'il n'aurait lui-même en aucune façon contribué à produire. Ainsi, dans l'échange marchand capitaliste-salarié n'apparaîtrait ni la valeur des travaux accomplis par le salarié avant l'échange, ni celle des travaux qu'il exécute après !

Il est dommage que les adeptes de la théorie marxiste de la «*force de travail*» ne se soient pas, en bons scientifiques, demandé si les attendus de cette théorie sont ou non vérifiés dans les faits.
Or, à l'échelle mondiale, il est de plus en plus évident qu'il n'en est rien :

-C'est d'abord par centaines de millions à l'échelle mondiale que l'on rencontre des travailleurs privés du « nécessaire » pour « entretenir » leur propre «*force de travail*» C'est à eux que Berthold Brecht pensait déjà lorsqu'il écrivait (Berthold Brecht, « Mère Courage » Théâtre complet II, 1959 L'Arche éd., p.49) :

> « Ils ont tant cherché, tant remué le ciel et la terre / Qu'à la fin ils ne pouvaient plus remuer leur propre main. »

Et il ne s'agit pas là seulement des salariés travaillant pour un salaire de misère, qu'ils soient surexploités sur place dans leur pays de naissance ou après émigration volontaire ou forcée pour fuir les conséquences économiques, politiques, écologiques ou militaires de la crise actuelle du capitalisme. Il s'agit aussi des millions de travailleurs mis au chômage.

-Et c'est aussi par centaines de millions que l'on rencontre des travailleurs qui se privent eux-mêmes volontairement du « nécessaire » pour « reproduire » leur propre «*force de travail*»
Car, il ne s'agit pas selon MarxPst de la seule reproduction individuelle de la «*force de travail*», mais aussi de sa reproduction et de son remplacement qualitatif intergénérationnels.
C'est ainsi que, dans des pays développés comme l'Allemagne, la Russie ou le Japon, le taux de fécondité des ménages a baissé au point de menacer longtemps ces Etats d'une véritable catastrophe démographique, une sorte de génocide à la source dont les conséquences économiques n'ont pu être évitées en Allemagne que par le recours à une immigration massive.
(Cf.: -https://fr.wikipedia.org/wiki/D%C3%A9mographie_de_la_Russie- et

https://fr.wikipedia.org/wiki/D%C3%A9mographie_de_l%27Allemagne#D.C3.A9bats_et_controverses_sur_la_d.C3.A9mographie_allemande ;

https://fr.wikipedia.org/wiki/Japon#D.C3.A9mographie ;

http://www.defenddemocracy.press/automation-and-migration-all-our-estimations-were-wrong-by-giulietto-chiesa/ :

> « During the first decade of 21st century it was predicted that, during the following twenty years, Europe would need at last 20 million immigrants, in order to counterbalance the low birth rate characterizing all its countries. »).

-C'est ensuite, au contraire, la véritable explosion du nombre des travailleurs bénéficiant d'un surplus salarial par rapport au strict nécessaire susceptible de les rendre « aptes à travailler de nouveau »

C'est le cas de tous les travailleurs qui acquièrent par l'exercice de la composante non répétitive de leur travail une expérience singulière et disposent alors sur le marché du travail d'une sorte de monopole de leur qualification [69] qui leur permet de négocier en position de force économico-politique le montant de leur salaire.

> « Pour l'outilleur, le technicien, l'ingénieur, le cadre », écrit Jacques Chaillou (JCh, p. 46) (et JCh aurait dû ajouter à sa liste bon nombre des travailleurs des services –PR), le taux d'exploitation est plus faible (que pour le travailleur non qualifié -PR) puisqu'une partie de leur temps de travail se fixe dans leur propre capacité de travail : ils acquièrent une expérience monnayable auprès de leur employeur qui sait pouvoir difficilement les remplacer s'ils trouvent mieux ailleurs. »

Pour ces travailleurs à expérience singulière (et tous les travaux comportent, quoique à des degrés divers, une part d'expérience singulière), la valeur (Vs) du salaire se décompose donc en :

-une part salariale strictement nécessaire pour assurer le remplacement social du travailleur. Cette part (Vsalariale-d'entretien-remplacement) (dont une part seulement (Vft) paraît correspondre à la valeur de ce que MarxPst » appelle la « *valeur de la force de travail* ») pourrait être appelée « la part salariale prolétarienne » ;

-un surplus salarial ou plus-value salariale (Vsalariale-surplus ou Vplus-value salariale) que les salariés peuvent consacrer à des dépenses improductives de confort ou de luxe, voire transformer en rentes ou en capitaux. Cette part pourrait être appelée « la part des couches moyennes salariales »

Par ailleurs, dans les Etats impérialistes (mais pas seulement), l'existence d'un surplus salarial résulte aussi (et pour des centaines de millions de salariés !) de la redistribution en cascade d'une part du butin acquis par le pillage de la main-d'œuvre (sur place ou après émigration) et le pillage des ressources naturelles des pays plus ou moins directement dominés. [70]

Ainsi se développent, au sein du salariat producteur des biens matériels (et des services !), des contradictions de classe entre des couches moyennes salariées et le prolétariat au sens strict, contradictions dont la théorie marxiste de la « *force de travail* » tend à ne pas rendre compte parce qu'elle n'envisage la valeur du salaire que comme égale à sa « part prolétarienne »

Pour MarxPst, la valeur (Vp) d'un produit (P) du travail est déterminée par la quantité de travail social que ce produit (P) a demandé pour sa production. Cette quantité se décompose en :

-d'une part, la valeur (Vmp) des moyens matériels de production antérieurement produits et, usés, voire consommés en totalité au cours de cette production, et,

-d'autre part, la quantité de travail (Vw) nouvellement fournie par le travailleur au cours de cette même production.
D'où la relation :

(1) : (Vp) = (Vmp) + (Vw)

(La valeur du produit du travail)
=
(la valeur d'entretien et remplacement des moyens de production consommés)
+
(la valeur du travail nouvellement fourni).

Toujours selon MarxPst, de plus, la valeur (Vw) du travail W fourni par le travailleur pour la production du produit P se décompose :

-en la valeur (Vft) de sa « *force de travail* » antérieurement produite et usée au cours de cette production et

-une valeur supplémentaire, la plus-value (Vpv-employeur) correspondant à un surplus de travail fourni à l'employeur par le travailleur toujours au cours de cette production.
D'où, toujours selon MarxPst, la relation :

(2) : (Vw) = (Vft) + (Vpv-employeur)

(la valeur du travail fourni)
=
(la valeur de la « force de travail » dépensée)
+
(la plus-value fournie à l'employeur)

Or, pour MarxPst, la valeur (Vft) de la « *force de travail* » n'est autre que celle (Vs) de son salaire. D'où la relation :

(3) : (Vw) = (Vs) + (Vpv-employeur)

(la valeur du travail fourni)
=
(la valeur du salaire versé au travailleur)
+
(la valeur de la plus-value revenant à l'employeur)

Passons ici sur le fait que MarxPst n'attribue une valeur (Vw) au travail fourni par le travailleur que dans la mesure où celui-ci se fixe dans <u>un produit P matériel</u>.

Passons aussi sur le fait qu'il néglige la part des services consommés par le travailleur dans la valeur de la « *force de travail* » qu'il a consommée, donc dans la valeur de son salaire.

Passons enfin sur le fait que Marx néglige aussi, dans la valeur de la « *force de travail* », la part de valeur due au travail fourni par le travailleur lui-même dans la production de sa propre « *force de travail* » (activité de l'étudiant, par exemple).

Constatons seulement que dans cette relation :

(2) (Vw) = (Vs) + (Vpv-employeur)…,

…il n'y a aucune place pour un éventuel surplus ou déficit salarial, pas plus qu'il n'y a de place pour l'attribution éventuelle d'une valeur négative à la plus-value, ce qui en ferait une « moins-value » :

> « L'existence d'une valeur en plus positive va être pour nous un axiome, l'un des points de départ de notre développement théorique, et non une conclusion scientifiquement établie, à l'instar de K. Marx. »

écrit Jacques Chaillou (J. Ch, p.26).

Or, en réalité, comme cela a été montré plus haut, dans la relation

(3) : (Vw) = (Vs) + (Vpv-employeur)…,

…la part (Vs) distribuée en salaire est déterminée par le rapport de pouvoir existant entre le producteur et son employeur.
Si cette part (Vs) est supérieure à la valeur (Vw) du travail fourni, la plus-value (Vpv-employeur) revenant à l'employeur peut se changer en moins-value. La plus-value-employeur doit donc être comprise comme une valeur algébrique (une ±value).
Quant à la valeur (Vs) du salaire, comme cela a été indiqué plus haut et donc contrairement à MarxPst, elle n'est pas celle de l'hypothétique marchandise « *force de travail* », mais, résultant d'un rapport de pouvoirs, le prix payé de la marchandise « travail » que vend le travailleur à son employeur.
C'est d'ailleurs cette part que, cohabitant avec sa théorie de la « *force de travail* », Marx lui-même appelle dans certains de ses écrits « *travail payé* » ou « *travail nécessaire* » et oppose à la part « *travail non payé* » ou « *surtravail* » de la valeur produite par le salarié :

> Cf. (KM, I, XVIII, p. 379-380) : « *[Travail payé)] n'est qu'une expression populaire de celle-ci : [(Surtravail) / (Travail nécessaire)]. Après nos développements antérieurs, elle ne peut plus donner lieu à cette erreur populaire que ce que le capitaliste paye est le travail et non la force de travail.* (…) …*le surtravail, dont il* (le capitaliste –PR) *tire la plus-value, peut être nommé travail non payé.* »

Quelle que soit donc la théorie de la « *force de travail* » de MarxPst, en réalité la valeur (Vs) du salaire versé comme « prix du travail » (et non comme « valeur du travail ») peut être répartie en deux parts :

- l'une, (Valeur salariale d'entretien et remplacement social du travailleur) correspond à une valeur sociale déjà produite antérieurement et dont la consommation est strictement nécessaire à l'entretien personnel et au remplacement social intergénérationnel du travailleur (EP-RI-Tr) [71]
- l'autre part (Vpv-salariale) (comme la plus-value (Vpv-employeur) d'ailleurs), peut prendre une valeur négative ou positive.

Dans ce dernier cas, elle peut être destinée à des consommations de confort ou de luxe ou destinée à être accumulée sous forme de rentes ou de capitaux. : c'est cette part de « plus-value salariale positive » que la théorie de la « *force de travail* » néglige complètement alors qu'elle crée des couches moyennes nombreuses dont la présence nourrit d'importantes contradictions de classes au sein du salariat.

Si l'on considère les composantes de la valeur sociale (Vw) d'un travail, on trouve :

-selon MarxPst :

(3) : (Vw) = (Valeur d'entretien et remplacement social du travailleur) + (Vpv-employeur)

(La valeur du travail fourni) = *(la valeur-travail sociale nécessaire à l'entretien et au remplacement du travailleur)* + *(la valeur de la plus-value revenant à l'employeur).*

-en réalité :

(4.1) : (Vw) = (Valeur d'entretien et remplacement social du travailleur) + (Vpv salariale) + (Vpv-employeur)

(La valeur du travail fourni) = *(la valeur-travail sociale nécessaire pour l'entretien et le remplacement du salarié)* + (la valeur de la part de plus-value revenant au salarié) + *(la valeur de la part de plus-value revenant à l'employeur).*

Si l'on considère maintenant les composantes de la valeur-travail (Vp) du produit (P) d'un travail, on trouve :
-selon MarxPst :

(5) : (Vp) = (Vs) + (Vmp) + (Vpv-employeur)

(La valeur du produit d'un travail) = *(la valeur du salaire versé au travailleur, valeur égale à celle de sa « force de travail », c'est à dire à la valeur des biens matériels nécessaires à l'entretien et au remplacement du travailleur)* + *(la valeur nécessaire à l'entretien et remplacement des moyens de production)* + *(la valeur de la plus-value accaparée par l'employeur)*

-en réalité :

(5.1) : (Vp) = (Vs) + (Vmp) + (Vpv-employeur) +(Vpv-salariale)

(*La valeur du produit d'un travail*) = (*la valeur des biens matériels* et services *nécessaires à l'entretien et au remplacement du travailleur*) + (*la valeur nécessaire à l'entretien et au remplacement des moyens de production*) + (*la valeur de la plus-value accaparée par l'employeur*) + (la valeur de la plus-value revenant au salarié)

Cette relation peut aussi s'écrire :

(5.1bis) : (Vp) = (V-entretien et remplacement des travailleurs et moyens de productions) + (Vplus-value totale)

...relation dans laquelle la « plus-value totale » produite par le seul salarié, mais que se disputent l'employeur et le salarié, est égale à la différence entre la valeur du produit P et son coût de production. [72]

Commenter de façon détaillée les relations fondamentales (5.1) et (5.1bis) reviendrait à réécrire en l'actualisant une bonne part des œuvres de MarxPst. Nous nous contenterons donc ici de citer dans le désordre en guise d'illustration quelques unes des contradictions historiques que cette relation permet de mettre en évidence.

Si l'on se place du côté des intérêts de l'employeur, la relation (5.1) devient :

(5.1-employeur) : (Vpv-employeur) = (Vw) - (Valeur d'entretien et remplacement social des travailleurs) - (Vpv salariale)

(la valeur de la plus-value accaparée par l'employeur) = *(la valeur-travail fournie par le salarié)* – *(la valeur-travail d'entretien et remplacement social du salarié)* – (le surplus de valeur-travail revenant au salarié)

Si l'on se fie donc à cette relation (5.1-employeur), l'intérêt de l'employeur est le suivant :

a)- augmenter autant que possible la quantité de travail social (Vw), c'est-à-dire le nombre d'heures de travail social exécutées à son service. D'où, par exemple, le conflit constant capital-travail à propos de la durée du travail : durée journalière, hebdomadaire, mensuelle, annuelle, travail des enfants et des jeunes, âge de départ à la retraite.

Cependant, l'augmentation de (Vw) rencontre les limites imposées par la nécessité de l'entretien et remplacement intergénérationnel du travailleur (EP-RI-Tr).

Par exemple, au-delà d'un certain degré de fatigue du travailleur, les malfaçons, l'absentéisme et les accidents du travail se multiplient de même que peuvent augmenter (même si ce n'est pas automatique) les risques économiques et politiques que représentent les luttes des travailleurs contre leur surexploitation (grèves, lois en faveur de la réduction de la durée du travail, réformes anticapitalistes et révolutions).

A ces conséquences qui contredisent les intérêts collectifs de la classe capitaliste s'opposent donc des mesures étatiques, particulièrement importantes depuis l'avènement du capitalisme monopoliste d'Etat.

Une autre façon d'augmenter la valeur sociale (Vw) du travail fourni à l'employeur est d'augmenter sa productivité relativement à la productivité

du travail des entreprises concurrentes et de réduire sa propre dépense en moyens de production.
Ainsi, comme le montre notre note « Productivité, valeur sociale du travail et plus-value » (note 52), la valeur sociale Vwx produite en un temps donné par le travailleur collectif d'une entreprise X dépend :

-positivement de sa productivité relativement à la productivité du travail des entreprises concurrentes ;

-négativement de la valeur qu'il a consommée lui-même en moyens de production ;

-et positivement de la valeur consommée en moyens de production par les travailleurs des entreprises concurrentes.

b)- de réduire autant que possible la valeur des produits sociaux du travail consommés par les travailleurs à son service, biens matériels et services, strictement nécessaires à l'EP-RI-Tr. Cette réduction peut résulter de la hausse générale de la productivité du travail dans la production des biens de consommations consommés par les travailleurs. Elle peut résulter aussi de la surexploitation des producteurs de ces biens de consommation, notamment ceux des pays soumis à la domination impérialiste, sur place ou après émigration.

c) de réduire autant que possible la plus-value salariale (Vpv salariale). Pour cela il s'agit par exemple de casser la situation de monopole de certains salariés quant à leur qualification, monopole qui les rend difficilement remplaçables dans leur emploi. Dans ce sens vont les interventions publiques en faveur de l'éducation dans les secteurs de l'emploi déficitaires en main-d'œuvre et surtout pour augmenter partout les capacités d'adaptation de la main-d'œuvre aux changements des méthodes de production des biens matériels et services et, tout autant, aux changements de ses conditions d'existence. [73] [74] . Dans les secteurs excédentaires en main d'œuvre, la réduction de la plus-value salariale (Vpv-salariale) peut aller jusqu'à lui donner une valeur négative, auquel cas l'EP-RI-Tr des travailleurs concernés n'est plus assuré.

Si l'on se place du côté des intérêts du salarié, la relation (5.1) devient :
(5.1 salarié) :

(Valeur salariale d'entretien et remplacement social du salarié)
+
(Vpv salariale)
=
(Vw)
-
(Vpv-employeur)

Ici apparaît la contradiction fondamentale du capitalisme, contradiction qui oppose le capital et le travail.
En effet, la valeur (Vpv-employeur) de la plus-value capitaliste à la source du capital apparaît ici clairement comme un prélèvement parasitaire s'effectuant aux dépens de la seule valeur produite qui est celle (Vw) du travail fourni par le salarié et aux dépens de la part de cette valeur revenant à celui-ci : du côté « travail » de la relation, la somme des (Valeur d'entretien et remplacement social du salarié) et (plus-value salariale) constitue la valeur du salaire dont le montant est clairement diminué du montant de la plus-value revenant à l'employeur sans que celui-ci ait aucunement lui-même participé à sa production :
Cependant, l'intérêt du salarié est contradictoirement convergent avec celui de l'employeur quant à :

a) - l'augmentation de la valeur (Vw) du travail fourni. Par exemple, il s'agit de salariés recherchant des heures supplémentaires ou un deuxième emploi.

Mais cette recherche rencontre les limites imposées par la nécessité d'assurer l'entretien personnel et le remplacement social du travailleur en tant que travailleur (EP-RI-Tr). C'est ainsi que, par exemple, comme cela a été rappelé plus haut, la valeur positive de la plus-value salariale peut être assurée par la baisse de la fécondité des ménages qui permet, (en particulier aux femmes, mais pas seulement), de consacrer plus de temps à leur vie professionnelle. Et cette « solution » a aussi pour conséquence de réduire la valeur salariale de remplacement social des travailleuses, quitte même à leur assurer personnellement le bénéfice d'une plus-value salariale.
Mais la valeur sociale (Vwx) du travail fourni en un temps donné par le collectif de travail d'une entreprise X dépend des caractéristiques productives de cette entreprise relativement à celles des entreprises concurrentes dans l'espace économico-politique considéré : productivité horaire, valeur des moyens de production consommés.
(Cf. note 52 : « Productivité, valeur sociale du travail et plus-value »).
Ainsi, la valeur du travail fourni par une entreprise peut bénéficier d'un transfert d'une part de la valeur produite par les salariés d'entreprises moins productives et plus dépensière en moyens de production. Il est clair qu'un pareil transfert de valeur ne peut qu'alimenter des contradictions économico-politiques de classe au sein du salariat.

b) – Comme pour l'employeur, la réduction de la valeur salariale de remplacement social peut résulter de la hausse générale de la productivité du travail dans la production des biens de consommation consommés par les travailleurs. Elle peut résulter aussi de la surexploitation des producteurs de ces biens de consommation, notamment ceux des pays soumis à la domination impérialiste. C'est là une réalité qui tend, par exemple, à rapprocher des politiques colonialistes une part du salariat dans les pays impérialistes.

Ainsi, liées aux caractéristiques historiques des différents secteurs de la main-d'œuvre disponible (les « gisements » de main-d'œuvre »), des contradictions de classe se manifestent, en un écheveau complexe, contradictions qui présentent, indissolublement liés, des aspects politiques, économiques, idéologiques, voire militaires.

Parmi ces contradictions, la contradiction principale reste bien celle qui oppose le capital et le travail, mais la théorie de la « *force de travail* » de MarxPst, parce qu'elle est fondée sur le postulat d'un échange capitaliste-salarié égal en valeur, pèche par son incapacité à rendre compte de la diversité des contradictions qui opèrent au sein du salariat.

C'est d'ailleurs cette incapacité même qui pourrait expliquer que la popularité de cette théorie se soit maintenue auprès des intellectuels marxistes alors que la forme « biens matériels » des produits du travail était progressivement supplantée par leur forme « service » En effet, en escamotant comme elle semble permettre de le faire les contradictions de classe au sein du salariat, la théorie de la « *force de travail* » encourage le marxiste réformiste à faire passer, même inconsciemment, ses propres intérêts de classe moyenne pour ceux du prolétariat en général, et, en particulier ceux de la « classe ouvrière » au service de laquelle il pense se mettre.
C'est ainsi, par exemple, qu'un penseur marxiste aussi éminent que Lucien Sève (Cf. ci-dessus, Chapitre 8, p.140) a pu se réclamer de Marx pour tenter de justifier par une hiérarchie des besoins liés au renouvellement de la « *force de travail* » une hiérarchie des salaires pouvant aller de 1 à 10 :

> LS : « Au sens propre, le salaire est le prix de la force de travail. Ce prix ne saurait être arbitraire : il est déterminé par le prix des marchandises nécessaires à la production et reproduction de cette force de travail. Naguère encore, en France, avaient lieu d'âpres négociations entre patronat, syndicats et pouvoirs publics sur la liste des 173 articles jugés indispensables à cet effet, et sur son montant. De quel ordre est l'éventail ainsi justifié des salaires ?
> De 1 à 4, selon le rapport estimé juste par Platon ? 10 à 1, comme vont jusqu'à l'admettre des économistes ? »

> PhB : « Or, le travail (production) fourni par la force de travail vaut plus que cette dernière : la différence entre les deux correspond à la plus-value par laquelle le capitaliste génère un profit. Il s'agit d'une aliénation.

PR : De quelles données dispose-t-on pour valider la thèse de MarxPst selon laquelle : « le travail (production) fourni par la force de travail vaut plus que cette dernière… » ?

En réalité, la plus-value-employeur récoltée par le capitaliste n'est pas égale à la différence arbitrairement supposée toujours positive (!) entre la valeur du travail fourni et la valeur de la problématique «*force de travail*»...supposée elle-même arbitrairement égale à la valeur du salaire en même temps qu'à la valeur salariale de remplacement social du travailleur. En effet, la valeur du salaire est déterminée par un rapport de force économico-politique, voire militaire entre l'employeur et l'employé : elle ne coïncide donc pas nécessairement avec la valeur de la «*force de travail*», si tant est que l'on puisse donner une valeur non arbitraire à cette «*force*»
Dès lors, contrairement à ce qu'affirme PhB avec MarxPst, la différence entre la valeur de la «*force de travail*» (déclarée sans examen des faits égale à la valeur du salaire) et la valeur du travail fourni n'est pas nécessairement positive. Dans un rapport économico-politique favorable, le salarié peut recevoir plus en salaire que le strict nécessaire à son entretien personnel et son remplacement social intergénérationnel en tant que travailleur (EP-RI-Tr) ; il peut même recevoir plus en salaire que ne vaut son travail et, dès lors, se nourrir d'une plus-value extorquée à d'autres travailleurs. C'est ainsi que se constitue, au sein du salariat, une vaste couche moyenne dont les intérêts contradictoires la prédispose à des degrés divers à soutenir toutes les politiques de compromis avec l'exploitation capitaliste, si ce n'est même les politiques d'active collaboration de classe.

PhB : « La relation entre un chauffeur de taxi (lorsque ce dernier possède son moyen de production, voiture, licence, etc.) et son client (capitaliste ou pas), est de type MAM.
Dans le cas d'un chauffeur Uber, la relation entre lui et la « plate forme » détenue par des capitalistes est de type AMA, (la plus-value étant ici la commission versée par le chauffeur à Uber).
Ce qui intéresse Marx, c'est de comprendre la logique qui amène dans un premier temps la circulation simple des marchandises et celle du capital ensuite. Si la circulation simple de marchandises M-A-M (échange marchandise-argent et ensuite échange argent-marchandise) où l'argent intervient comme moyen de circulation (moyen d'achat) et fonctionne comme équivalent général, le troc M-M (échange marchandise contre marchandise) est caractérisé par un échange direct de valeurs où l'argent n'est pas nécessaire. La circulation M-A-M aboutit à échanger un produit contre un autre par l'intermédiaire de l'argent. Le but de l'échangiste, qui après avoir vendu quelque chose dont il n'a pas besoin, achète la marchandise qu'il désire, c'est de consommer mieux et plus. En revanche la circulation du capital A-M-A renferme en elle un objectif tout autre qui est celui d'acheter des marchandises pour les vendre plus cher.

PR : Au contraire, la découverte théorique fondamentale de Marx est d'avoir démontré que l'origine de la valeur qui constitue le capital n'est pas dans le commerce des marchandises, mais dans leur production : c'est le travail seul

qui produit la valeur des marchandises, et non leur échange en tant que tel Cf. (KM, II, VI, p. 115) :
« *Si les marchandises se vendent à leur valeur, la grandeur de valeur reste entre les mains de l'acheteur la même qu'entre celles du vendeur ; seule sa forme d'existence a changé. Si les marchandises ne se vendent pas à leur valeur, la somme des valeurs converties reste la même ; le plus d'un côté devient le moins de l'autre côté.* »
Malheureusement, Marx, en cela suivi par sa postérité, a cru devoir en conclure que le travail consacré au service de l'échange, et au-delà le travail consacré à tous les services, quels qu'ils soient, ne crée aucune valeur.

PhB : « Là, le but n'est pas la consommation mais l'enrichissement, faire avec l'argent plus d'argent, c'est faire du capital. Produire de la plus value est le but du mode de production capitaliste.

PR : Mais ce n'est pas la circulation de la valeur en tant que telle qui produit une éventuelle « plus-ou-moins-value », mais ce sont les travailleurs qui assurent la production des biens matériels et des services.

PhB : « C'est sa raison d'être. Il ne stimule la production que là où il y a de la plus value.

PR : Mais, comme cela a été montré plus haut, l'éventuelle plus-value produite par le travailleur se distribue, en fonction d'un rapport de force économico-politique, voire militaire, entre une « plus-value salariale » qui revient au salarié, et une plus-value capitaliste qui revient à son employeur.

PhB : « A propos D'Uber.
(…) Chauffeurs Mexicains en grève.
Le Mexique est un pays qui compte environ 122 millions de personnes (soit deux fois plus que la France). Il y a actuellement au Mexique environ 44.000 chauffeurs Uber. Les chauffeurs se sont battus l'année dernière pour conserver Uber. En effet, le gouvernement cherchait à réguler Uber et les chauffeurs ont lancé des campagnes de soutien #UberSeQueda (Uber reste). Victoire donc des chauffeurs, Uber a pu rester au Mexique mais c'est là qu'est apparu UberPOOL.
Comme en France, Uber a poussé très fort sur UberPOOL. D'abord des commissions à 20%, puis 30% et aujourd'hui à 40%. Ils n'en peuvent plus et ont donc lancé une nouvelle action, mais cette fois contre Uber.
D'abord par une pétition sur change.org qui a récupéré 20.000 signatures de soutien. Ensuite par des revendications claires présentées à Uber et à leur gouvernement. Pour l'instant Uber refuse toute négociation en affirmant que ce ne sont que quelques chauffeurs qui mentent sur leurs conditions de travail. »
PR : Ce que vend le chauffeur de taxi à son compte à son client, c'est un service : un produit de son travail qui est consommé en même temps que produit.

Les chauffeurs de taxi « Uber » ne sont pas des salariés, mais de petits producteurs individuels de services.
Ce que vend UberPOOL au chauffeur « Uber », c'est la mise en relation du chauffeur avec son client. Que nous raconte l'histoire des chauffeurs Uber ? C'est que le prix d'un produit n'a pas grand chose à voir avec sa valeur-travail dès lors qu'intervient un monopole.
Comme l'écrit J. Chaillou (JCh, p.32),

> « L'ouvrier hautement qualifié, qui acquiert de l'expérience, aime son métier, peut gagner trois fois plus qu'un OS et sait qu'il est difficile à remplacer (souligné par PR) ... »

Et c'est aussi ce que raconte Marx (KM, I, X, p. 176) :
« *Le capitaliste soutient son droit comme acheteur,* (...) *et le travailleur soutient son droit comme vendeur* (...) *Il y a donc ici une antinomie, droit contre droit, tous deux portant le sceau de la loi qui règle l'échange des marchandises. Entre deux droits égaux, qui décide ? La force.* »
Sauf qu'avec les « Uber », il ne s'agit plus de salariés et capitalistes en présence dans une société de « libre concurrence », mais de petits producteurs indépendants mis en présence d'un monopole de la distribution de leur production.

En conclusion, quel que soit le bout par lequel on prend la théorie de la « force de travail » de Marx, on se heurte à des contradictions externes, c'est-à-dire avec des faits, ou internes, ces dernières ayant même conduit Marx lui-même dans certains de ses écrits à abandonner la thèse centrale de cette théorie qui veut que le salarié vende à son employeur une marchandise à sa valeur, la marchandise « *force de travail* », et non, en fonction d'un rapport de force économico-politique, voire militaire généralement défavorable, mais pas toujours, la marchandise travail, généralement mais pas toujours, en dessous de sa valeur.

Chapitre X
Deux tentatives de réfutation et de réfutation de ces réfutations

Pierre Roubaud, le 01 11 2016,
Chers correspondants,
Vous trouverez ci-joint en fichier attaché le texte de la première partie d'une étude critique que j'ai entreprise, il y a de cela plusieurs années, au sujet de la théorie marxiste.
Comme l'indique le titre de cette étude, « je crois avoir démontré que Marx s'est contredit ou s'est trompé sur quelques questions théoriques importantes »
Et, comme l'indique aussi le titre de cette étude, je lance à son sujet « un appel à réfutation » J'espère vivement que vous répondrez à mon appel.
Par la même occasion, je vous informe que j'ai vainement tenté de faire publier mon travail auprès de plusieurs maisons d'édition : à ce jour, seulement deux de ces maisons ont accusé réception de l'envoi de mon manuscrit pour la publication duquel, un peu plus tard, elles m'ont fait parvenir une réponse négative.
C'est pourquoi, je prends la liberté de vous demander, à défaut de réfutations partielles ou totales de mes thèses, de me dire seulement si vous leur avez trouvé un intérêt : cela me serait précieux pour m'encourager à vous faire parvenir bientôt les nouvelles notes de lecture que je finis de rédiger à propos des contradictions ou erreurs dans les textes de Marx et de leurs conséquences éventuelles dans les luttes sociales jusqu'à nos jours.
En vous remerciant de votre attention,
P. Roubaud.

Le 02 11 2016, Luniterre (noté Lnt), (solydairinfo@gmx.fr) a écrit :

LnT : « Bonjour,
« Marx s'est contredit »…
Mais le marxisme est, précisément, une dialectique
Dialectique
(...)
Définitions Citations :
« Dialectique : méthode de raisonnement qui consiste à analyser la réalité en mettant en évidence les contradictions de celle-ci et à chercher à les dépasser »
« Suite de raisonnements rigoureux destinés à emporter l'adhésion de l'interlocuteur : Une dialectique implacable »
La première de ces deux définitions me paraît correspondre, (…) à la dialectique marxiste... Et donc, des aspects contradictoires de la réalité peuvent engendrer des considérations de même nature...
Sur un même sujet, à voir selon les contextes, et selon l'angle de vue, l'approche... Le marxisme n'est pas un dogme... C'est une approche scientifique d'une réalité évidemment évolutive, et qui plus est, en sciences-humaines, il ne

peut donc qu'évoluer... Le problème des « services », (…) nécessite certainement une approche nouvelle, en fonction de leur importance nouvelle, et, singulièrement, de leur « marchandisation », en tant que quasi-« produits »… etc. ... Mais pour autant, remettre en cause l'outil qui est, à la base, l'arme du prolétariat, cela me paraît clairement faire un cadeau à l'adversaire... En effet, lui, avec son armada d'économistes "marxiens", ne se prive pas d'essayer d'en tirer le meilleur parti pour sauvegarder un tant soit peu son profit et son pouvoir... (…) …la bonne démarche consiste plutôt à tenter de reprendre le manche de l'outil pour le tourner résolument dans le sens des luttes...
Lénine, en son temps, n'hésitait pas à reprendre les meilleures études des économistes bourgeois pour en faire l'analyse dialectique et à partir de là, former la sienne comme une arme de combat, toujours aussi utile et fondamentale que L'impérialisme, stade suprême du capitalisme :
http://www.marx.be/fr/content/limp%C3%A9rialisme-stade-supr%C3%AAme-du-capitalisme-i-l%C3%A9nine.
De nos jours, c'est l'inverse... Le bourgeois s'empare de Marx, tandis que le prolo le dénigre...
C'est vraiment tendre le bâton pour se faire battre...
Ce n'est pas ma stratégie du tout...
En vous souhaitant, néanmoins, de ne pas prendre trop de coups...
Amicalement,
Luniterre

Le 03 11 2016, PR a répondu :
Sujet : tentative de réfutation d'une tentative de réfutation

Merci, Luniterre, de cette franche réponse, mais, je pense qu'elle demande de ma part quelques précisions et « réfutations »

« Le marxisme n'est pas un dogme, c'est une approche scientifique »…

…m'écrivez-vous. Tout à fait d'accord : c'est là tout le sens de mon travail. Comme tout travail scientifique, celui de Marx a ses limites, ses contradictions, ses approximations, voire ses erreurs.
Vous me citez : « Marx s'est contredit » et m'opposez une définition de la dialectique que pourtant, en première lecture, j'approuve :

« Méthode de raisonnement qui consiste à analyser la réalité en mettant en évidence les contradictions de celle-ci et à chercher à les dépasser. »

A propos de cette définition vous ajoutez :

« Et donc, des aspects contradictoires de la réalité peuvent engendrer des considérations de même nature...
Sur un même sujet, à voir selon les contextes, et selon l'angle de vue, l'approche... »

Mais en quoi cette dernière remarque concerne-t-elle les contradictions que j'ai découvertes dans l'œuvre de Marx ?
Lorsque je lis, de Marx lui-même, les deux textes suivants :

-(KM, III, XLVIII, p. 744) : « *Nous avons déjà montré que le salaire ou prix du travail n'est qu'une expression irrationnelle de la valeur ou prix de la force de travail* » ;

-(« Le Chapitre VI », éd. sociales GEME, 2010, p.133) » : « *Le rapport originel dans lequel le capitaliste en puissance achète du travail (depuis le chapitre IV nous pouvons nous exprimer ainsi, au lieu de dire capacité de travail) au travailleur pour capitaliser une valeur monétaire, et le travailleur vend la disposition de sa capacité de travail, son travail pour gagner sa vie…* »

...il ne s'agit pas de « contextes, angles de vue ou approches différentes » !

Le premier de ces textes affirme que le capitaliste achète au salarié sa « *capacité de travail* », le second affirme qu'il n'en est rien, car, en fait, il achète au salarié son « *travail* » ! Et c'est Marx lui-même qui explicite ici cette contradiction dans son œuvre ! Et, comme j'ai pris le soin de le démontrer dans mon étude, ce ne sont pas les seuls textes de Marx qui la font apparaître ! Ce genre de contradiction n'a rien à voir avec la dialectique, car la dialectique n'est pas la confusion des contraires ! Acheter « *le travail* » n'est pas acheter la force « *de travail* » !

Or, comme je l'ai aussi montré, il ne s'agit pas là d'une question d'une importance secondaire. Car Marx ne s'est pas contenté d'affirmer plus d'une fois (affirmation reprise par ses continuateurs) que le salarié ne vend pas son *travail*, mais sa *capacité* ou *force de travail*, il a aussi affirmé que, au-delà des fluctuations de l'offre et de la demande, en moyenne, le salarié vend sa *force de travail à sa valeur* ! Quelle aubaine pour l'idéologie réformiste ! L'échange capitaliste-salarié *salaire contre force de travail* serait un échange égal, valeur contre valeur !
Bien sûr, Marx montre très bien que le prix et donc, selon lui, au-delà des fluctuations de l'offre et de la demande, la valeur de ce qu'il appelle la « *capacité* » ou « *force de travail* », sont l'objet d'une lutte non seulement économique, mais aussi politique permanente, car chacun des échangistes cherche à tirer le maximum de l'échange.
Donc ici se trouve l'expression d'une nouvelle contradiction dans l'œuvre de Marx. En effet, alors que celui-ci fait d'un rapport politique un facteur déterminant du rapport économique que représente la valeur d'échange, il place par ailleurs les rapports économiques dans la position d'une infrastructure déterminante des rapports politiques placés en position de superstructure. En réalité, ce que montre bien Marx, c'est que les rapports

économiques et politiques sont deux aspects inséparables et non hiérarchisés d'un déterminisme multifactoriel.
Il est vrai que Marx démontre aussi, et c'est là l'une de ses plus importantes découvertes, que *le capital ne peut trouver sa source que dans le travail*, (ce qui n'arrive, remarquerai-je, que lorsque le travail fourni par le salarié vaut plus que son salaire). Mais, qu'on le veuille ou non, la thèse de l'échange égal en valeur capitaliste-salarié, alimente les thèses du réformisme.

(Notons au passage que l'on ne saurait juger de la validité d'une théorie scientifique par l'usage qui peut en être fait. Par exemple, ce n'est pas parce que la théorie génétique mendélienne a été utilisée pour justifier le racisme que cette théorie est fausse. Ce n'est pas parce que l'introduction des OGM peut servir à ruiner le petit paysan que les OGM sont nuisibles pour la santé !)

Cependant, lorsque j'ai lancé mon appel à réfutation, il ne s'agissait pas seulement de contradictions dans l'œuvre de Marx, mais aussi d'erreurs.
Par exemple, je pense avoir démontré que Marx s'est trompé lorsqu'il a voulu exclure, sans aucune justification, le travail des salariés du commerce et plus généralement ceux de la circulation de la valeur, puis le travail de tous les services (sauf ceux des transports –autre contradiction) de la catégorie « travail productif de valeur sociale »
Même si du temps de Marx, alors que les services étaient peu développés, cette thèse pouvait peut-être être considérée comme une approximation quantitativement acceptable, elle ne péchait pas moins par une totale absence de justification théorique. Mais, aujourd'hui, elle n'est plus non plus quantitativement acceptable !
En effet, une thèse de Marx concernant les services est que ceux-ci sont rémunérés par un prélèvement sur la plus-value produite dans le secteur de la production des biens dits « matériels » (industrie, pêche, plus agriculture soit, essentiellement pour Marx, la production industrielle). Ceci revient donc à considérer les salariés des services comme des « parasites » de la classe ouvrière ! (Le mot de « *parasitaire* » a même été utilisé par Marx à propos des employés du commerce !)
Pourtant, dans le secteur de la production des biens dits « matériels », la plus-value ne représente qu'un cinquième environ du travail fourni. Autrement dit, si l'on en croit Marx, un cinquième du travail fourni pour la production des biens matériels devrait représenter autant de valeur (autant de travail donc) que la totalité du travail fourni pour assurer les services (salaires+moyens de production+ plus-value) !
Ce qui, bien évidemment, ne peut aujourd'hui correspondre avec la réalité, puisque, par exemple, selon la Banque Mondiale (Cf. BM1), la part des services en pourcentage du PIB dans l'économie mondiale qui était déjà de 58% en 1995, atteignait 68% en 2014 !

Pire encore pour la thèse de Marx (Cf. BM 3), les données de la Banque Mondiale montrent que la part de la valeur ajoutée par l'industrie dans le PIB mondial a baissé entre ces dates de 33,6% à 27,6 en 2014. Et cette baisse en valeur relative est observée dans tous les Etats développés et presque la moitié des pays dépendants. Autant dire que la classe ouvrière n'est plus de nos jours, à l'échelle mondiale, la classe numériquement montante qu'elle était du temps de Marx.
Quant à la part de la valeur ajoutée agricole dans le PIB mondial (Cf. BM 2), elle serait passée toujours entre ces deux dates de 8,11% 3,88 % !

Je vous en prie, cher Luniterre, tentez de me réfuter sur ce point. Ne prenez pas cette question à la légère, car, si je ne me suis pas trompé, cette erreur de Marx, parce qu'elle a été reprise dogmatiquement par ses continuateurs sans confrontation avec les faits, a eu des conséquences considérables dans la conduite des luttes révolutionnaires des 19ème et 20ème siècles (en URSS notamment) ..., et elle en a encore de nos jours.
En effet, cette erreur réduit le prolétariat à sa composante ouvrière, celle des prolétaires producteurs des biens matériels. Elle en exclut donc sa composante productrice des services, qui pourtant est devenue aujourd'hui mondialement largement majoritaire ! Ainsi, enfermé dans une lecture dogmatique de l'œuvre de Marx, on militera dix fois plus, par exemple, auprès des prolétaires ouvriers et ouvrières de l'automobile qu'auprès des prolétaires salariées des écoles, hôpitaux privés, banques ou grands magasins.

Ainsi, en URSS, selon le témoignage d'Henri Martin, dont vous connaissez peut-être le rôle qui a été le sien dans la lutte contre la guerre coloniale « d'Indochine », je cite (HM, p.88) :

> « Même dans un institut scientifique on faisait diriger l'organisation du parti par des ouvriers d'entretien au nom du rôle dirigeant de la classe ouvrière. » !

Pire encore, peut-être, pour le socialisme soviétique : en liaison avec à une lecture dogmatique de Marx, le refus d'accorder de la valeur sociale aux services a rendu impossible la mesure de la valeur du travail salarié, notamment la valeur du travail non-répétitif, et donc la mesure de la valeur des produits du travail, biens matériels comme services !

Ainsi, constate Michael Parenti (MP, p.81) :

> « Les économies communistes avaient cette caractéristique de pays enchantés où les prix n'avaient que rarement un lien avec le coût ou la valeur réelle. »

Comment, dès lors, échapper à l'arbitraire [75] au moment de faire respecter la loi fondamentale du socialisme qui veut que chacun reçoive « selon son travail » ?
Comment éviter que des rapports de pouvoir et donc des marchandages politiques ne deviennent déterminants dans la fixation de la rémunération des diverses couches de la population, la fixation du prix des marchandises, et, peut-être plus grave encore, dans l'établissement des rapports économiques entre nationalités soviétiques et entre Etats socialistes !
Cependant, après avoir reconnu que ce que vous appelez « le problème des services », mérite de retenir notre attention, vous ajoutez :

> « Mais pour autant, remettre en cause l'outil qui est, à la base, l'arme du prolétariat, cela me paraît clairement faire un cadeau à l'adversaire... »

Alors, là, je ne vous comprends pas !
En quoi, le fait de mettre en évidence que les ouvriers ne sont pas la seule couche sociale productrice de valeur, pour ne reprendre que cette question, serait-il faire « un cadeau à l'adversaire » ?
Si effectivement, sur ce point, Marx s'est trompé, et après lui ses continuateurs, vous ne pensez pas que refuser de corriger cette erreur serait, alors, au contraire, faire clairement un cadeau à nos ennemis de classe ?
Vous écrivez à propos du « problème des services », que ce problème…

> « …semble me préoccuper particulièrement »

Qu'est-ce à dire ? Que cette question de la place déterminante prise par les services dans la disposition des classes sociales en France et dans le monde ne vous préoccupe pas, vous, « particulièrement » ?
Si je vous ai bien compris, c'est à propos de mon étude que vous écrivez :

> « Le bourgeois s'empare de Marx, tandis que le prolo le dénigre... »

N'est-ce pas là suggérer qu'il est interdit de critiquer quoique ce soit dans l'œuvre de Marx, sans que ce soit du dénigrement ou de la récupération au service du capitalisme ?
Je vous en prie, répondez-moi sur le fond, par une confrontation avec les faits, car, vous le savez autant que moi, la vérité est révolutionnaire.

PS : Prochainement, je l'espère, je serai en mesure de vous faire parvenir la suite de mon étude.
Amicalement,
PR

Le 01 11 2016, Polinfo (polinfo@mcicom.net -noté PF) a écrit :

> PF : « Sujet : Appel à commentaires, à défaut de réfutations »
> Bonjour,
> Mais combien de bouquins ai-je lu qui « réfutaient » Marx. Je me demande même, si enfant, Marx n'était pas réfuté par ses camarades de classe ! »

PR : Cher ami, votre lettre (dont je vous remercie) commence mal !
En effet, je ne réfute pas Marx, en général ; bien au contraire, je m'efforce simplement d'étudier ses œuvres comme on doit étudier n'importe quel texte scientifique. Voulez-vous dire que tout a été dit désormais les concernant ?

> PF : « Le travail est conséquent, l'analyse détaillée, MAIS … oh combien insulaire !
> Marx s'est trompé il n'y a plus (ou presque plus) de prolétaires …. Et les services produisent …. Des services … J'entends ça depuis que j'ai essayé de saisir le marxisme.

PR : Excusez-moi, mais je pense que vous m'avez mal lu : en effet, ce que je pense avoir démontré, ce n'est pas comme vous l'insinuez « qu'il n'y a plus (ou presque plus) de prolétaires », mais, exactement au contraire, que le prolétariat est injustement réduit par Marx aux prolétaires producteurs de biens matériels (essentiellement pour Marx, le prolétariat industriel).
Ce que je pense avoir démontré, c'est que les travailleurs des services produisent de la valeur sociale, au même titre que les ouvriers industriels ou agricoles. Autrement dit encore, ce que je pense avoir démontré, c'est qu'il n'est pas possible de suivre Marx lorsqu'il affirme, par exemple, que les activités de services sont rémunérées exclusivement par un prélèvement « *parasitaire* » effectué sur la plus-value produite par les travailleurs de la production matérielle.
Quant au caractère « insulaire » de ma démonstration, je vous sais gré de m'en avoir signalé le défaut. Aussi, je m'empresse de réfuter votre réfutation sur ce point, en vous signalant une étude (BM 1) parmi d'autres qui montre qu'aujourd'hui, à l'échelle mondiale cette fois, la part de la valeur ajoutée par les services dans le PIB qui était déjà de 58% en 1995, était passée à 68% en 2014 !
Comment voulez vous que les deux tiers (parasitaires !) de l'économie soient financés sur la seule plus-value créée par le travail du tiers restant ?
Je vous en prie, j'espère que vous ne vous offusquerez pas de me voir faire appel à des études de spécialistes « bourgeois » pour étayer les miennes, et je regrette qu'avant de réduire à rien ma démonstration en raison de son caractère limité à la France, vous n'ayez pas pris vous-même le soin de vérifier s'il n'était pas possible de la généraliser en l'appliquant à la planète tout entière !

PF : « Et si j'ai compris une chose c'est que Marx a formulé des lois générales de l'économie capitaliste. Pas des « lois » pour les petits coqs gaulois de 2016, bien au chaud dans leurs frontières. »

PR : Il me semble qu'ici vous vous méprenez gravement sur la nature de la recherche scientifique. Ce n'est pas, par exemple, parce qu'un Alexis Carrel fut un propagateur des idées racistes et un collaborateur des nazis que ses travaux scientifiques doivent être jetés à la poubelle !
Que je ne sois qu'un « petit coq gaulois, bien au chaud dans les frontières de la France », c'est indéniable. Mais, les recherches que j'ai entreprises, croyez-vous que j'aurais pu les mener à bien, si j'avais dû vivre dans un bidonville ? Et vous même ? Pourquoi ne répondez-vous pas sur le fond, sur les faits, à mon appel à réfutation ? J'écris que Marx s'est contredit sur des questions théoriques très importantes, et vous me répondez que vous n'en voulez rien savoir parce que je vis bien au chaud dans les frontières de la France !
Une vérité est une vérité, quelle que soit l'origine sociale de celui qui l'énonce !

PF : « La France n'est rien. »

PR : C'est faux !
(Cf. https://fr.wikipedia.org/wiki/%C3%89conomie_de_la_France)
Et demandez, aujourd'hui, en 2016, aux peuples libyen, syrien, malien, ivoirien, etc., pour ne citer que les peuples de ces pays-là, si la France n'est rien ! Demandez-le aux Français qui collaborent à l'étude et l'exploration de l'espace-temps cosmique !
Demandez-le aux syndicalistes qui affrontent, au cœur même d'une métropole impérialiste, le pouvoir du patronat. Demandez-le aux militants du Mrap, qui semaines après semaines, apportent leur aide et leur soutien aux victimes de discriminations raciales ! Dites-le, qu'ils ne sont rien !
Et, quand bien même la France serait une toute petite nation, cela suffirait-il à réduire à zéro ma démonstration à propos du caractère productif en valeur des services ? Dans le progrès de la connaissance, bien souvent de grandes avancées sont sorties d'analyses de détail !

PF : « C'est une toute petite partie d'un monde globalisé sous l'égide du mode de production capitaliste. Ce n'est plus la France de Marx. Lénine est passé par là pour éclairer le rôle de l'impérialisme comme stade suprême du capitalisme. ET nous y sommes. »

PR : Mais, depuis Lénine, il ne se serait rien passé ? Par exemple, j'ai émis l'hypothèse que le développement et la socialisation mondiale de plus en plus poussés de la production des biens matériels et des services tolère de

moins en moins l'existence d'Etats impérialistes de puissances comparables comme il en existait du temps de Lénine.
Autrement dit, j'émets l'hypothèse que l'impérialisme états-unien a de bonnes raisons d'espérer accéder à l'hégémonie mondiale, ce qui tendrait à remplacer les guerres inter-impérialistes par des guerres intra-impérialistes, sous la domination des EUA, entre leurs vassaux. Qu'en pensez-vous ? Déjà, lors de la deuxième guerre mondiale, les EUA avaient soutenu en même temps l'Angleterre, l'Allemagne et même, dosé à minima, l'URSS !

> PF : « Qu'est-ce que cela signifie : qu'il y a une division internationale du travail, qu'il y a développement inégal du capitalisme sur toute la planète. De Cuba à Moscou, de Tombouctou à Berlin, la règle est la même : Profit maximum, bourgeoisies compradores, impérialismes en rivalité.
> Ainsi la belle analyse de Mr Pierre Roubaud n'est elle qu'un regard restreint sur une zone restreinte d'un supplétif de l'impérialisme U$: la France. »

PR : Et quand bien même, ce regard ne serait-il que restreint (ce que je conteste d'ailleurs, voir plus haut), ne mériterait-il pas de votre part d'être pris en considération ? Ce qui se passe en France n'aurait-il rien à voir avec ce qui se passe en Chine, en vertu « des lois générales de l'économie capitaliste » dont vous dites vous réclamer ?
Avez-vous cherché à savoir qu'elle est la part des services dans l'économie chinoise ? Non, je suis déçu de lire qu'en matière de réfutation, vous vous contentez d'invectives et références dogmatiques.

> PF : « Si on veut s'attaquer à Marx, pas pour le détruire, bien sûr, personne n'a dit ça, juste pour le « corriger » (le « réformer » peut être !), comme Kautsky, Pannekoek et tant d'autres ; il faudra prendre un autre angle d'attaque et voir ce qu'est le capitalisme au plan mondial. »

PR : Mais un certain Lénine, lui aussi, s'est attaqué à Marx en avançant la possibilité d'une révolution dans un seul pays, semi-développé de surcroît ! Ceux qui s'attaquent à Marx, ne sont pas tous des contre-révolutionnaires !

> PF : « Et on verra, ici beaucoup de services et de fonctionnaires (sauf armée et police qui ont une fonction sociale de protection de l'ordre) absolument improductifs (secteur parasitaire du capital) et payés par les plus-values soutirées sur le travail des ouvriers Hindous, pakistanais, chinois .... Et de France (marginalement). »

PR : Mais non, le portrait que vous nous présentez des économies française et mondiale, ne correspond pas du tout à la réalité !
Non, les travailleurs des services ne sont pas des parasites de la plus-value créée par les ouvriers. Même au Pakistan, en Chine, la part dans le PIB de la valeur ajoutée par les services dépasse celle de l'industrie ! Par exemple la Banque Mondiale (Cf. PB 3) donne les parts suivantes en 2014, en %,

respectivement pour les services et l'industrie : Afghanistan : 54,2 et 22,3 ; Chine 48,1 et 42,7 ; Inde : 52,6 et 30,0 ; Pakistan : 54,1 et 20,9.

> PF : « Et là-bas dans ces pays détruits par le colonialisme, la guerre, les maladies, les dictatures …, des prolétaires (ceux qui n'ont rien d'autre à perdre que leurs chaînes) noirs, jaunes, basanés, femmes, enfants, tout mêlés dans les « usine monde » ou les plantations industrielles. »…

PR : …et dans les centres d'appel, les sites touristiques, les « maisons de plaisir », etc. qui n'ont rien à voir avec la production matérielle…

> PF : « Le seul problème pour le capital c'est cette foutue technique qui dans un premier temps lui fait faire beaucoup de bénéfices : caisses automatiques, robots, informatique …, mais qui, à terme, lui pose un problème inégalé dans son histoire : tous ces êtres surnuméraires, sans travail et qui n'en auront plus jamais et qu'il faut nourrir, loger. Ça, ça coute cher !!!! »…

PR : …problème inégalé, dans l'histoire du capitalisme, l'existence d'une « *armée industrielle de réserve* » ?

> PF : « Les bobos crient au salaire universel. Etre payé à ne rien faire, ce serait le top… (…) L'Etat nous enlèverait le souci du lendemain : quel bonheur. Ces bobos sont les pires voyous qui soient. C'est de l'indécence ! Que croient-ils que l'argent on l'a comme au Monopoly, on l'imprime et puis voilà !
> Ce sont les mêmes qui parlent des « 30 glorieuses » ces années durant lesquelles leurs parents sont sortis des chantiers et des champs pour devenir fonctionnaires pendant que des millions d'immigrés, logés dans des bidonvilles ont construit nos routes, nos maisons, ont fait tourner les usines des capitalistes, etc. … »

PR : Allons donc, ce n'est pas sérieux : il n'y aurait eu, pendant « les trente glorieuses » en France, plus aucun ouvrier français ? Et pour construire des routes, des maisons, et faire tourner et gérer des usines, pour créer et innover dans l'art de faire grandir la productivité sociale du travail, il n'y aurait pas besoin d'autres travailleurs que les ouvriers ?
Vous plaisantez, j'espère. Avez-vous entendu parler de l'évolution de l'espérance de vie à l'échelle mondiale ?
(http://donnees.banquemondiale.org/indicateur/SP.DYN.LE00.IN)
Allons donc. Allez faire un tour à l'hôpital, ou à l'école, au CNRS, et dites-leur, à ces fonctionnaires, ces infirmières, ces médecins, ces enseignants, ces chercheurs que leur travail ne produit aucune valeur sociale et qu'ils ne sont que des bobos, des voyous, etc., des parasites !
Que, pour certains d'entre eux, ainsi que, d'ailleurs que pour bon nombre de membres de la « classe ouvrière », une partie de leurs revenus provienne de retombées de l'exploitation impérialiste du travail et des ressources naturelles des pays dominés, ne signifie pas, pour autant, que l'autre partie de leurs revenus provient d'autre chose que de <u>la valeur créée par leur propre travail</u> !
A vous écouter dans votre diatribe contre les fonctionnaires, (et ça tombe bien, en pleine offensive contre le statut de la Fonction Publique, les

nationalisations et le programme du CNR !), je crois entendre les discours convergents des Sarkozy, Hollande et autres Le Pen !
Drôle de façon d'unir toutes les couches non monopolistes face aux menaces du fascisme et de la guerre mondiale !

PF : « Les analyses de Marx restent opérantes car les conditions du capitalisme n'ont pas changé, sur le fond, l'impérialisme est simplement venu masquer la dureté de l'exploitation qui se déroule, pour l'essentiel, à des milliers de kilomètres de nous – invisible – mais essentielle pour notre confort, nos fonctionnaires, notre chômage, notre misère assistée. »

PR : L'exploitation capitaliste aurait donc déménagé ? Malheureux Lénine, s'il entendait ce que vous semblez vouloir lui faire dire : il n'y aurait en France que des bourgeois ? « Nos » chômeurs, quels privilégiés ! « Nos » sans logis, quels « assistés » ! Etc.

PF : « Dans un temps où les « surnuméraires » vont être appelés, dans un effort national, et mondial, à s'étriper dans une autre guerre mondiale (ce qui fut toujours le plus sûr moyen de résoudre les crises capitalistes) je ne puis m'empêcher de penser qu'il serait temps que les intellectuels mettent la main à la pâte au lieu de spéculer comme leurs reflets économiques le revendiquent si haut et fort. »

PR : ... voila maintenant que la démagogie anti-intellectuelle vient rejoindre la démagogie anti-fonctionnaire, au nom des intérêts de la classe ouvrière !

PF : « Donc je me permets de vous conseiller vivement, avant d'aller plus loin (ce qu'ont fait nombre de vos prédécesseurs !), de revoir Marx à la lumière de Lénine (Impérialisme). Je ne désespère pas que vous y puisiez une sagesse et une modestie nouvelles. »

PR : C'est clair : pour la modestie, vous ne craignez personne !

« Pol »

PR

Chapitre XI

Note de lecture : J. Chaillou « Travail simple. Travail qualifié »

Jacques Chaillou écrit (JCh, p. 40) :

> « Comment expliquer les hiérarchies des salaires, de l'ordre de 1 à 10, que l'on peut observer en économie marchande capitaliste ? Ces hiérarchies engendrent entre salariés des conflits parfois aigus, et font de la répartition de l'énorme masse salariale l'une des plus grandes injustices sociales. »

J. Chaillou, donc, tente « d'expliquer », tout en se réclamant autant que possible de la théorie de la « *force de travail* » de MarxPst, l'existence d'écarts de salaire allant de 1 à 10.

Pourquoi de 1 à 10 et pas de 1 à 100 ou à 1.000 ? Pourquoi JCh ne prend-il pas en compte, dans la détermination des limites des écarts qu'il se propose d'« expliquer », les rémunérations des hauts dirigeants d'entreprise ? Lucien Sève, lui, à leur propos, écrit (LS, p.9) :

> « Ils osent appeler ça un salaire... (...) Naguère encore, en France, avaient lieu d'âpres négociations entre patronat, syndicats et pouvoirs publics sur la liste des 173 articles jugés indispensables à cet effet, et sur son montant. De quel ordre est l'éventail ainsi justifié des salaires ? 1 à 4, selon le rapport estimé juste par Platon ? 10 à 1, comme vont jusqu'à l'admettre des économistes ? (...) Or, rappelle l'économiste Jean Gadrey, les rémunérations des PDG des grands groupes sont passées de 20 fois le salaire ouvrier moyen en 1990, à 500 fois en 2000, voire maintenant plus de 1000. Il tombe sous le sens qu'alors nous n'avons plus affaire à quoi que ce soit de l'ordre du salaire... »

Selon MarxPst (KM, I, VI, p.132), la valeur des salaires est celle des « *forces de travail* », c'est-à-dire la valeur des « *moyens de subsistance* » que les salariés doivent consommer pour s'entretenir en tant que travailleurs ainsi que ceux nécessaires pour élever leurs « *enfants* » destinés à remplacer ceux « *que l'usure et la mort viennent enlever au marché* »

Ainsi, selon Marx et sa postérité (dont les syndicats dont se réclame Lucien Sève), la théorie de la « *force de travail* » impose-t-elle que la hiérarchie des salaires soit fondée sur une hiérarchie des besoins.

Au contraire, JCh (p. 44) écrit :

> « Poser une valeur d'entretien qui ne dépend pas de la qualification, c'est prendre à contre-pied les théories qui prétendent expliquer la hiérarchie des salaires par une hiérarchie des besoins. N'est-ce pas à juste titre ? Lorsqu'on examine les dépenses d'un cadre supérieur, nourriture, habillement et logements raffinés, voiture de luxe, vacances à l'hôtel, résidences secondaires, bijoux, sorties à l'opéra (...) etc., on ne voit rien là qui ne serait pas bon pour un manœuvre ; les frais professionnels de ces cadres (...) sont le plus souvent pris en charge par l'entreprise qui les emploie. »

Contrairement à MarxPst, donc, et donc à Lucien Sève après lui, c'est à juste titre que J. Chaillou refuse d'expliquer des écarts salariaux allant de 1 à 10 par des écarts de valeur de la «*force de travail*» seulement basés sur une hiérarchie des besoins. De plus, il considère que de tels écarts représentent :

« …l'une des plus grandes injustices sociales. »

Mais, il n'en reste pas moins que, de même que Lucien Sève, il exclut arbitrairement de la catégorie « salarié » tous les travailleurs pourtant salariés dont la rémunération porte à l'évidence les écarts constatés de salaires à plus qu'un facteur 10. Pourquoi, en remontant dans l'échelle des salaires, s'arrête-t-il arbitrairement à un tel facteur 10 ?
La réponse à cette question est sans doute que, refusant d'attribuer la hiérarchie des salaires à une hiérarchie des besoins, JCh l'attribue à une hiérarchie des niveaux de qualification.
Ce qui, d'une certaine façon, revient à faire de la hiérarchie salariale une sorte de « hiérarchie des mérites » : ce serait la valeur plus grande, non de leurs besoins, mais de leurs «*forces de travail*» qui expliquerait, et en même temps justifierait, la croissance des rémunérations des salariés qualifiés au cours de leur carrière et pour certains bien au-delà de la valeur de la «*force de travail élémentaire*»
On comprend alors pourquoi, par crainte de voir la théorie de la «*force de travail*» discréditée parce que pouvant servir à justifier les rémunérations exorbitantes des hauts dirigeants d'entreprises, JCh., comme Lucien Sève fait purement et simplement comme s'il avait décrété (mais alors, sur quels critères ?) qu'au-delà d'un certain niveau de rémunération arbitrairement choisi (le facteur 10), il ne s'agirait plus ni de salariés ni de salaires !
Selon MarxPst, rappelons-le, c'est la valeur des marchandises biens matériels, (les « moyens de subsistance ») que le travailleur doit acheter pour assurer l'entretien personnel ainsi que le renouvellement intergénérationnel de sa «*force de travail*» qui fait la valeur de celle-ci.
Dans ce cadre, la hiérarchie des salaires ne peut correspondre qu'à une hiérarchie des besoins. JCh commence donc par démontrer que, dans ce cadre, les différences de niveau de qualification ne peuvent pas expliquer, dans la société capitaliste moderne, l'existence constatée d'échelles salariales pouvant aller jusqu'à un pareil facteur 10. (…et, a fortiori, aurait-il fallu ajouter, jusqu'à un facteur 500 !)
Dans ce but, JCh tente tout d'abord de calculer, dans le cadre strict de la théorie de la «*force de travail*» de MarxPst, la valeur correspondant à…

« …l'entretien et reproduction annuelle » de la «*force de travail simple ou élémentaire*»…

…valeur que nous noterons (Vft-simple-1an) et qui est censée selon MarxPst être celle du salaire annuel du travailleur non-qualifié.
Soit alors (e) la valeur consommée des « *subsistances* », c'est-à-dire des biens matériels nécessaires à l'entretien annuel individuel de la « *force de travail* » A cette valeur, il faudra ajouter la valeur annuelle correspondant à l'amortissement du coût de la production sociale de la « *force de travail* » avant l'âge du premier emploi et pendant la retraite.
Considérant à titre d'exemple une biographie-type de salarié non-qualifié en France à la fin du 20ème siècle, JCh distingue :

-les 16 premières années de vie à la charge de la famille et pendant lesquelles les besoins en « *subsistances* » du futur travailleur sont, postule JCh, égaux à la moitié des besoins du travailleur adulte, soit 16(e)/2 = 8(e) ;

-les 44 années d'activité (de 16 à 60 ans) pendant lesquelles les besoins en subsistances du travailleur représentent une valeur égale à 44(e) ;

-les 10 années de retraite pendant lesquelles les besoins de l'ex-travailleur représentent une valeur de 10(e).

Au total, le travailleur aura consommé en 44 années d'activité une valeur

(V44) = (8e + 44e + 10e) = 62e.

La valeur annuelle de la « *force de travail simple* » sera alors donnée par la relation :

(a) : (Vft-simple-1-an) = (62/44)e.

Ceci acquis, JCh calcule de la même manière la valeur (Vft-qualifiée-1an). Celle-ci comprend la valeur des « *subsistances* » consommées pendant :

-les 16 premières années de vie à la charge de la famille, soit 8e ;

-les n années d'études au-delà de l'âge de 16 ans pendant lesquelles les besoins en subsistances de l'étudiant sont postulés les mêmes que ceux du travailleur en activité, soit ne ;

-les (44-n) années d'activité (de (16+n) à 60 ans) pendant lesquelles les besoins en subsistances du travailleur représentent une valeur égale à (44-n)e (On suppose que l'âge du départ en retraite du travailleur qualifié est le même que celui du travailleur simple) ;

-les 10 années de retraite pendant lesquelles les besoins de l'ex-travailleur représentent une valeur de 10e.

(On suppose que le travailleur qualifié ne vit pas plus longtemps que le travailleur « simple »).

Au total, la valeur annuelle de la « *force de travail* » qualifiée, ou « *force de travail complexe* » sera donnée par la relation :

(b) : (Vft-qualifiée-1an) = [8+n+(44-n)+10] e = (62/34)e.

Ainsi, calculé conformément à la théorie de MarxPst, le rapport des valeurs entre la « *force de travail complexe* » et la « *force de travail simple* » est donné par la relation

(c) : (Vft-qualifiée-1an) / (Vft-simple-1-an) = 44/34.

Ainsi JCh a-t-il démontré que, dans le cadre de la théorie de la « *force de travail* » proposée par MarxPst, théorie qui attribue la hiérarchie des salaires à une hiérarchie des besoins (les « *subsistances* » nécessaires), les différences de niveau de qualification ne peuvent rendre compte que d'une faible part des écarts et évolutions de salaire constatés ordinairement sur le marché de la main-d'œuvre.

JCh (p.42) tente donc de compléter et corriger la théorie de la « *force de travail* » proposée par MarxPst en faisant intervenir les effets de la distinction entre deux aspects du travail : l'aspect « travail usant » et l'aspect « travail qualifiant »

Le premier aspect concernerait en particulier les travaux les plus répétitifs et le second les travaux les moins répétitifs :

> « …le temps de qualification peut s'acquérir au cours du travail salarié dans les métiers que je nomme qualifiants, les métiers où, dans l'exercice même de l'activité professionnelle, une partie du temps de travail se fixe dans la force de travail et augmente sa valeur globale »

Autrement dit, selon JCh., tout se passerait comme si une partie de la plus-value produite par le travailleur lui revenait sous la forme d'une augmentation de sa qualification, autrement dit encore, sous la forme d'une augmentation de la valeur de sa « *force de travail* »

Rappelons que Marx définit le taux de plus-value (noté ici Taux-pv) par le rapport de valeur de la plus-value (Vpv) produite par le salarié à la valeur (Vft) de la « *force de travail* » qu'il a dépensée à la produire :

(d) : (Taux-pv) = (Vpv) / (Vft)

Jacques Chaillou (JCh, p.47) fait alors appel à une citation de Marx (KM, I, VIII, p.149) dont il pense pouvoir se réclamer, (même si Marx aurait à son sujet marqué quelques hésitations), pour postuler « …l'uniformité du taux de valeur en plus » (Il s'agit du taux de la plus-value revenant à l'employeur – (plus-value-employeur) selon nos notations -) quel que soit le degré de la qualification :

« *Si le travail d'un orfèvre, par exemple, est payé plus cher que le travail d'un journalier, il est certain que le surtravail de l'orfèvre représente aussi, dans le même rapport, une plus grande plus-value que celui du journalier* »

Rappelons aussi que selon Marx, la valeur (Vw) du travail fourni par le salarié est donnée par la relation :

(e) : (Vw) = (Vft) + (Vpv-employeur),

…relation qui peut s'écrire :

(Vw) = (Vft) [(Vft) / (Vft) + (Vpv-employeur) / (Vft)], soit :

(Vw) = (Vft) (1 + Taux-pv), soit encore :

(ebis) : (Vft) = (Vw) / (1 + Taux-pv)

Autrement dit, selon cette indication de Marx, la valeur de la « *force de travail* » augmenterait à chaque instant au cours du travail, d'une fraction égale à [1 / (1 + Taux-pv) de la valeur (Vw) du travail fourni :

JCh, p. 50 : « Considérons un travailleur qui consacre son activité à accroître sa qualification »

Pendant un petit intervalle de temps, (delta-t), fraction d'une année moyenne de travail, la valeur produite, qui se fixerait dans les marchandises propriété de son employeur s'il était le producteur salarié serait :

(f) : (delta-Vft) = (1 + Taux-pv) (Vft-entretien-annuel) (delta-t).

Ainsi, dans l'exercice d'un travail qualifiant, à chaque instant la plus-value totale produite par le salarié se partagerait entre la (plus-value-employeur) dont une part sert à augmenter le capital, et une (plus-value-salariale) dont une certaine proportion s'accumulerait sous la forme d'une qualification de la « *force de travail* » La valeur de la « *force de travail* » qualifiée, la « *force de travail complexe* » tendrait donc à croître d'une façon exponentielle.
C'est ainsi que Jacques Chaillou (JCh, p.53) pense avoir réussi à expliquer, par la croissance exponentielle de la qualification s'accumulant dans l'exercice d'un travail qualifiant, la croissance observée de la rémunération du salarié au cours de sa carrière, une croissance pouvant aller jusqu'à 10 fois la valeur de la rémunération du travailleur non qualifié du bas de l'échelle :

« …je semble pouvoir expliquer des hiérarchies des salaires de l'ordre de 1 à 10, sous réserve, essentiellement, que le taux d'exploitation (le taux de plus-value – PR) soit aux alentour de 2. »

Objectif atteint, donc ? Mais quel était, au reste, cet objectif ?
-S'agissait-il seulement d'expliquer les évolutions et hiérarchies salariales constatées dans la société capitaliste développée ? Mais alors, pourquoi rechercher systématiquement dans les œuvres de Marx et Engels les citations adéquates comme si celles-ci étaient nécessaires, voire devaient suffire à la validation des axiomes retenus pour atteindre cet objectif ?
-Ou s'agissait-il, avant tout, de venir au secours du marxisme en comblant cette lacune fondamentale que constitue son incapacité à mesurer les valeurs relatives des « *forces de travail simples et complexes* » ?

Mais alors, était-ce à son insu, voire malgré lui, que JCh a fourni au public des marxistes salariés aisés auquel il s'adressait une bonne conscience prolétarienne en leur démontrant que leurs confortables revenus (mais dans les limites d'une échelle salariale allant de 1 à 10 pour ne pas sombrer dans le ridicule !) ne sont que ceux dus à la valeur de leur propre force de travail ?

Mieux encore, sous la protection de l'autorité d'une brève citation de Marx, J. Chaillou (JCh., p. 26) élève au rang d'un « axiome » (appelé « à jouer un rôle central » dans sa théorie) la thèse de « l'uniformité du taux de la plus-value », c'est-à-dire du « taux d'exploitation », thèse selon laquelle :

> (JCh, p. 27) : « …le taux moyen de valeur en plus (taux de plus-value, ou taux d'exploitation –PR) est le même pour toutes les forces de travail, quel que soit leur temps de qualification. »

Ainsi se trouveraient rangés indistinctement dans la catégorie des victimes de l'exploitation capitaliste les salariés situés au bas de l'échelle salariale et ne disposant que du strict nécessaire pour survivre dans leur condition de prolétaire, et les salariés aisés disposant de revenus jusqu'à dix fois plus élevés !

N'y a-t-il pas là, de la part de Jacques Chaillou une contradiction insurmontable avec son constat de la « grande injustice » que constituent selon lui les hiérarchies salariales :

> (JCh., p.40) : « Ces hiérarchies engendrent entre les salariés des conflits parfois aigus, et font de la répartition de l'énorme masse salariale l'une des plus grandes injustices sociales. » ;
> …ou encore (JCh., p. 32) : « …pour une même augmentation de la masse salariale, l'O.S. a intérêt à une augmentation uniforme (du salaire –PR), l'outilleur à une augmentation en pourcentage ; ils n'appartiennent pas à la même couche sociale. »

De cette contradiction entre l'affirmation d'une « uniformité du taux d'exploitation » et le caractère profondément injuste des rémunérations, JCh. paraît avoir été parfaitement conscient :

(JCh., p.86) : « On a vu que si l'inconnue T (le taux de plus-value ou d'exploitation –PR) vaut 3, cette proposition (d'une uniformité du taux d'exploitation –PR) permet d'expliquer une importante hiérarchie des valeurs d'entretien et de reproduction de la force de travail qui, avec un marché libre de la force de travail, expliquerait la hiérarchie des salaires existante »

PR : mais, restons plausibles : surtout, n'allons pas au-delà d'un facteur 10 !

> JCh : « Insistons sur le fait que cette explication obtenue par déduction logique à partir de nos axiomes, et pour une valeur de l'inconnue T, n'a rien à voir avec des considérations de justice sociale. En effet, selon les axiomes (...) de cette théorie, les uns se qualifiant, accumulent de la valeur dans leur force de travail, valeur qu'ils récupèrent par la suite, pendant que les autres sont exploités dans la production. Cette accumulation de valeur se fait même au cours d'une activité salariée dans les métiers qualifiants de recherche ou de direction, par exemple. Le « juste salaire » correspondant à la valeur d'entretien et de reproduction de la force de travail qualifiée va donc de pair avec une grande injustice sociale. »

Il n'en reste pas moins que la relation que JCh. a pensé avoir établie entre le niveau de salaire, le niveau de qualification et la valeur produite par le travailleur, n'est qu'une variante corrigée de la relation postulée par MarxPst, sur la base d'une hiérarchie des qualifications et non d'une hiérarchie des besoins, entre la valeur de la « *force de travail* » du salarié et la valeur décrétée nécessairement plus grande du produit de son travail accaparé par son employeur.
Ce n'est pas donc pas au remplacement par JCh. d'une hiérarchie des besoins par une hiérarchie des niveaux de qualification dans l'énoncé de la théorie de la « *force de travail* », mais à la théorie de MarxPst elle-même que revient son succès auprès des marxistes salariés aisés dans la mesure où cette théorie place tous les salariés « dans la même couche sociale » uniformément victime du même « taux d'exploitation »

Cependant, force est de constater que l'édifice théorique ainsi proposé par JCh. repose sur un certain nombre de présupposés, « axiomes » et contradictions dont certaines déjà exprimées par Marx lui-même, postulats qui ne résistent pas à leur confrontation avec la réalité.

> JCh : « L'existence d'une valeur en plus (plus-value –PR) positive va être pour nous un axiome écrit JCh., p. 26, l'un des points de départ de notre développement théorique et non une conclusion scientifiquement établie, à l'instar de Karl Marx. »

Or, la plus-value ou « valeur en plus » dont il s'agit ici est définie, selon MarxPst par la relation déjà écrite plus haut :

(e) : (Vw) = (Vft) + (Vpv-employeur)

Dans cette relation (Vw) désigne la valeur du travail fourni par le salarié, (Vft) la valeur de sa « *force de travail* », et (Vpv-employeur) l'excédent de valeur fournie accaparé par l'employeur.
Mais, toujours selon MarxPst, la valeur (Vw) fournie dans la production d'un produit P du travail dépend de sa productivité qui elle-même dépend, par exemple, des moyens de production mis à la disposition du travailleur.

Ainsi, lorsque ces moyens sont peu efficaces, la valeur de la « *force de travail* » mise en œuvre peut se révéler supérieure à celle du travail fourni, auquel cas, contrairement à MarxPst et JCh. après lui, la plus-value prendra une valeur négative.
Mais, cette valeur négative peut aussi résulter d'un rapport de force économico-politique défavorable à l'employeur, par exemple lorsque le salarié se trouve dans une position de monopole qualitatif de sa « *force de travail* », une situation que JCh. lui-même décrit à propos de…

> « …l'ouvrier hautement qualifié (…) qui sait qu'il est difficile à remplacer… »

Or, c'est tout l'ensemble théorique de la théorie de la « *force de travail* » de MarxPst (et JCh. après lui) qui repose sur l'hypothèse encore plus générale parce qu'applicable à toutes les marchandises, hypothèse suivant laquelle les marchandises (dont la « *force de travail* ») se vendent à leur valeur :
(KM, III, VIII, p.159) « *…la validité de ce qui précède repose sur l'hypothèse de base de nos développements antérieurs : à savoir que les marchandises sont vendues à leur valeur* » !
Par conséquent, la théorie de MarxPst (et de JCh. après lui) ne peut s'accommoder de l'existence d'un monopole. Et de cette incompatibilité JCh. se déclare pourtant parfaitement conscient, comme le montre sa référence à « un marché libre de la force de travail » dans son texte déjà cité plus haut :

> (JCh., p.86) : « On a vu que si l'inconnue T (le taux de plus-value ou d'exploitation –PR) vaut 3, cette proposition (d'une uniformité du taux d'exploitation –PR) permet d'expliquer une importante hiérarchie des valeurs d'entretien et de reproduction de la force de travail qui, avec un marché libre de la force de travail, expliquerait la hiérarchie des salaires existante. »

On ne peut donc que s'étonner de voir juxtaposées par JCh. (p.47) dans le même paragraphe, voire pour certaines dans la même phrase, des propositions manifestement aussi contradictoires que celles ci :

- « A temps de qualification égal les salaires sont de même ordre de grandeur… »
- « …avec cependant des différences selon le caractère plus ou moins stratégique des emplois et les possibilités de passer dans la production ou les services marchands. »
- « C'est ainsi qu'un professeur de médecine ayant choisi le plein temps dans un Centre Hospitalier Universitaire bénéficie d'un double salaire ; il gagne ainsi deux fois plus qu'un professeur de philosophie dans une université ; en fin de carrière, il gagne dix fois plus qu'un simple agent hospitalier. » !

En conclusion, il apparaît que l'explication proposée par JCh pour sauver la théorie marxiste de la « *force de travail* » repose sur un ensemble de propositions parfois contradictoires et souvent contredites par leur confrontation avec la réalité. Celle-ci impose de considérer notamment que :

-Les citations de Marx ou Engels ne sont pas des preuves ;

-Les marchandises ne se vendent pas toujours à leur valeur sociale ;

-Le salarié ne vend pas une « *force de travail* », mais un travail fourni comme prestation de service.

-La différence entre la quantité de travail social fourni par le salarié à l'employeur et la quantité de travail social qu'il consomme représente la plus-value qu'il produit : celle-ci peut être positive ou négative et se partage entre une (plus-ou-moins-value-employeur) et (une plus-ou-moins-value salariale), en fonction de leur rapport de force économico-politique, voire militaire ; de ce fait, le taux d'exploitation capitaliste, rapport entre la (plus-ou-moins-value-employeur) et la valeur du salaire n'est pas le même pour tous les salariés.

Chapitre XII
Correspondance à propos de la notion de travail productif

Avertissement : le texte de cette lettre témoigne de l'évolution des conceptions de son auteur depuis sa rédaction en 2012 (Cf. : AB-LdS et al, lettre 29, p.64, extraits)

(**KM, III**, XVII, p.289) :
« *Pour le capital industriel, les frais de circulation semblent être et sont des frais.* »
PR : De même sont des frais pour lui l'achat des moyens de production et de la « *force de travail* » de ses salariés.

KM : « *Pour le commerçant, ils* (les frais de circulation –PR) *apparaissent comme la source de son profit qui est proportionnel à leur grandeur à condition qu'on se base sur le taux général de profit. Les dépenses à faire pour les frais de circulation* (qui ne sont plus appelées faux-frais-PR) *sont donc, pour le capital commercial, un investissement productif. De même le travail commercial qu'il achète est pour ce capital directement productif.* »

Cher Monsieur Bihr, je pense pouvoir affirmer que la présence d'une telle conclusion venant après une longue répétition de l'affirmation du caractère improductif du commerce, est révélatrice du véritable statut qu'il faut accorder au Capital de Marx. C'est à juste titre que vous avez écrit :

> (AB, p.11) « Le reproche le plus grave que l'on puisse adresser à Engels est de s'être permis de procéder (...) à des découpages et montages du texte marxien, en cherchant et en parvenant ainsi à accréditer l'idée que Le Capital constituait un tout achevé alors qu'il n'était encore qu'une œuvre en chantier... »

Effectivement, et ce malgré les efforts d'Engels, on y voit, et en particulier dans le Chapitre XVII du Livre I, Marx se débattre avec ce qu'il appelle lui-même « des difficultés » qui, à la lecture m'apparaissent comme directement liées à cette affirmation (sans cesse répétée comme si elle risquait sans cesse d'être remise en question), du caractère totalement improductif du commerce.
Et l'on voit pourtant cette thèse si opiniâtrement défendue et mise à l'épreuve jusque dans le détail, finir par être relativisée sinon abandonnée !
Dans notre correspondance précédente, je vous avais fait part de ma découverte de contradictions dans le texte du Capital au sujet de cette notion de travail productif. Vous-même, et vous me reprocherez sans doute de me répéter, avez noté chez Marx au minimum une hésitation à ce sujet : à propos

des frais de garde, en effet, vous écriviez dans votre lettre de janvier 2012 (AB-LdS et al, lettre 24, p.31) :

> « Toute la difficulté tient à ce que Marx fait ici usage du concept de travail productif (ou improductif) dans un sens différent de celui dans lequel il l'entend d'habitude : non pas au sens d'un travail valorisant le capital (formant valeur et plus-value) mais au sens d'un travail utile, producteur de valeurs d'usage. »

Vous aviez aussi noté dans la même lettre (excusez moi encore de me répéter) la faiblesse de l'argumentation de Marx en faveur de la thèse l'improductivité du travail commercial : cependant, je dois vous avouer que je ne m'attendais pas à trouver noir sur blanc affirmé par Marx tout à la fin de sa longue plaidoirie une thèse au moins partiellement contraire.
Suis-je encore quelque part dans l'erreur en écrivant ces lignes ?
Ce n'est pas sans inquiétude que je me trouve ainsi, soit confirmé dans un désaccord avec un auteur aussi scrupuleux que Marx, un penseur aussi méticuleux dans la vérification de ses thèses, soit mis en face de contradictions logiques dans ses écrits.
Aussi suis-je conscient qu'il me faudra continuer mon étude critique du Capital au-delà du chapitre XVII du Livre III, au moins pour m'assurer que je n'ai pas mal interprété son auteur.
Mais, dans cette controverse, le recours à Marx, fut-il critique, ne saurait suffire. C'est à la réalité des faits qu'il faut s'adresser en dernière instance. On pourrait par exemple, comme je l'ai imaginé plus haut, tenter de vérifier si, dans cette réalité, les marchandises industrielles sont, comme le soutient Marx, vendues aux commerçants à des prix inférieurs à leurs réelles valeurs et des prix suffisamment inférieurs pour financer le service direct de leur vente et au-delà de toute la circulation du capital ?

Cher Monsieur Bihr, c'est à vous et notamment à votre livre « La Logique Méconnue du Capital » que je dois d'avoir entrepris cette étude critique de l'œuvre inachevée de Marx qui, selon ma compréhension actuelle de ces choses, pose la question à tous les marxistes d'une réhabilitation dans leur qualité de travailleurs productifs de tous les salariés du commerce capitaliste, et au-delà, de tous (?) ceux qui assurent sous ses différents aspects (publicité, comptabilité, crédit, etc.) la circulation de la valeur, non seulement au sein de la société capitaliste, mais aussi au cours de la transition socialiste vers une société communiste.
Mais est-ce le travail de circulation de la valeur en tant que tel où son instrumentation au service de la concurrence et l'accumulation capitaliste qui est ici en cause ?
Plus j'avance dans ce travail (à moins que je ne m'y fourvoie !) plus je vois grandir le volume de ses exigences.
(…)

Dans la première de vos lettres (AB-LdS et al, lettre 22, p.19), celle de mai 2011, m'ayant fait constater l'intrication en pratique des fonctions productives et improductives (selon Marx) des employés du commerce, vous minimisiez fortement l'importance pratique que peut avoir la question de la nature productive ou improductive du travail de circulation de la valeur :

> « ... Si elle possède son importance du point de vue de la théorie économique, la différence entre travail productif et travail improductif est sans doute de peu d'intérêt du point de vue de la classification des agents et de la perception qu'ils peuvent avoir de leurs fonctions et positions dans la division du travail. En un mot, qu'on ne saurait fonder sur eux des différences entre classes sociales. »

Je vous redis, en l'argumentant plus avant, mon désaccord avec cette position.

I

Tout d'abord, il m'apparaît que cette question en débat occupe une place très importante dans l'œuvre de Marx lui-même et notamment dans les préoccupations dont témoigne Le Capital : par exemple, j'ai souligné plus haut les passages du chapitre XVII du Livre III qui affirment le caractère improductif du capital et du travail commercial : si j'ai bien compté, ils sont au nombre de 27 !
Vous même, d'ailleurs, concluiez cette même lettre de 2011 par ces mots :

> « ... qu'est-ce qui se trouverait modifié à la manière dont Marx raisonne et aux résultats qu'il obtient si l'on supposait que le « pur » travail de circulation est productif tout comme le travail mis en œuvre par le procès de production ? La réponse est : on détruirait tout simplement les bases mêmes de son analyse, la catégorie fondamentale de valeur qui constitue son point de départ et la base de toute son analyse »

Je me suis trop longtemps en vain battu, au sein du PCF, contre la sous-estimation du rôle de la connaissance dans les luttes révolutionnaires ; j'ai trop médité sur l'énorme temps de travail prélevé par un Marx ou un Lénine sur leur temps consacré à l'organisation de ces luttes, pour croire qu'une question théorique non marginale puisse n'avoir qu'une importance pratique secondaire.

II

Dans votre lettre de janvier 2012 (AB-LdS et al, lettre 24), vous écriviez contre mon avis qu'il « n'est pas nécessaire de commettre des entorses à l'analyse marxienne » sur la question qui nous occupe, pour favoriser, l'unification politique du salariat :

> « ...les rapports de classes (...) ne se réduisent pas à leur seule dimension d'exploitation. Ils comprennent également des dimensions de domination et

> d'aliénation qui sont, subjectivement et objectivement, tout aussi importantes que la dimension d'exploitation. » (...) ...le caractère productif ou improductif du travail (...) ne préjuge en rien de la possibilité d'être exploité. (...) Bref, agents salariés productifs du procès de production du capital et agents salariés improductifs du procès de circulation sont également bien que différemment exploités par le capital, ... »

Je vous suis donc gré d'avoir insisté auprès de moi sur l'importance des rapports de domination et aliénation, trop longtemps négligés au sein du PCF, même si aujourd'hui, dans le cadre de ses choix de collaboration de classes, ce parti a plutôt tendance à les privilégier pour faire diversion et masquer sa complaisance avec les rapports d'exploitation capitaliste.
Par contre, je n'arrive pas à admettre que le caractère productif ou non du travail, donc le fait d'être exploité « différemment » soit sans importance pour le combat économique et politique révolutionnaire.
Si, comme Marx le prétend, la relation avec ce que je pourrais appeler le noyau dur de l'exploitation capitaliste, la production de la valeur, est réservée aux salariés de la production industrielle, si les salariés de la circulation de la valeur ne sont que les mercenaires d'un « *intermédiaire parasite* » dans le cycle de reproduction du capital, si la production des services est considérée comme secondaire dans l'établissement du pouvoir économique et donc politique du grand capital, c'est en direction des salariés de la production des biens dits « matériels », marchandises « *objets* », possédant un « *corps* », que les révolutionnaires doivent diriger en priorité leurs actions.
Et c'est bien ainsi qu'ont raisonné et raisonnent encore aujourd'hui les partis politiques qui se réclament de la lutte anticapitaliste.
Pire, si les salariés des services de la circulation de la valeur sont payés sur la plus-value extorquée aux salariés de l'industrie, et non sur une part de la valeur qu'ils ont eux-mêmes créée, les luttes économiques de ces ouvriers industriels pour se réapproprier la part maximale de cette plus-value ne pourront que venir objectivement en concurrence avec les intérêts des salariés commerciaux. Ceux-ci, bien qu'exploités par le capital commercial, seront objectivement dans la même position que lui vis-à-vis du travail industriel dont, avec le capitaliste commercial, ils se disputeront les parts de plus-value.
Non seulement, ce rapport à la classe ouvrière industrielle les rapprochera de la classe capitaliste dans leurs revendications économiques, mais il les détournera de la perspective révolutionnaire d'une société dans laquelle chacun reçoit selon son travail, et où, donc, en tant que travailleurs improductifs, ils n'ont aucun avenir.

Mais la société socialiste de transition au communisme peut-elle, elle-même, se passer sous tous leurs aspects des fonctions réalisant dans la société capitaliste la circulation de la valeur ? Je ne le pense pas.
J'ai par exemple entendu, lors de nos dernières campagnes électorales, le porte-parole du Front de Gauche tonner contre la finance en tant que telle, comme les porte-paroles écologistes tonnent contre le nucléaire ou les OGM en tant que tels. Mais est-ce à ces activités sociales à l'œuvre dans le capitalisme qu'il faut s'en prendre, ou, au contraire, à leur dévoiement dans le sens exclusif de l'accumulation du capital, aux dépens de la satisfaction des besoins humains ?
Si donc Marx a raison dans ses arguments pour refuser aux salariés de la circulation de la valeur le label de travailleurs productifs, c'est objectivement que l'unification des luttes du salariat rencontrera des difficultés.
Mais, à ces difficultés objectives s'ajouteront des difficultés subjectives. En témoigne la vivacité de votre réaction personnelle contre un passage de ma précédente lettre :

> « … je m'inscris radicalement en faux contre l'assertion suivante : « si la notion même de service s'applique à des produits de l'activité humaine qui sont consommés en même temps que produits, il est évident que la production d'un service ne saurait par elle-même augmenter la richesse sociale » Chaque fois que l'enseignant que j'ai été a été capable de transmettre une bribe de son savoir (en fait du savoir général de l'humanité) à un élève (…), j'ai augmenté non seulement la richesse personnelle de ce dernier, mais encore la richesse sociale en rendant la société actuelle potentiellement plus productive tout en évitant que ne se perde le savoir accumulé. »

Je dois avouer que ce passage de votre lettre m'a donné à réfléchir.
L'un des fruits de cette réflexion est le suivant : comme vous l'avez noté, Marx fait appel à deux sens différents de la notion de travail productif :
-tantôt il s'agit d'un « *travail utile pour autrui* », « *socialement utile* » donc, produisant « *des valeurs d'usage* », donc « *augmentant la richesse sociale* »,
-tantôt il s'agit seulement, dans la société capitaliste, d'un travail « *fournissant de la plus-value au capital* », indépendamment de « *son utilité particulière ou de la valeur d'usage particulière dans laquelle il se matérialise.* »
Dans un développement des « *Matériaux pour l'Economie* », (KM, Pl. II, p.394) consacré justement aux « *services et fonctions* », Marx montre comment les deux acceptions précédentes se rejoignent dans son esprit : se plaçant tout d'abord dans la deuxième de ces acceptions, il écrit :

« *Le même travail peut être exécuté par le même travailleur au service d'un* <u>*capitaliste industriel*</u> *ou d'un* <u>*consommateur direct*</u>. *Dans les deux cas, il s'agit d'un salarié ou d'un journalier, mais dans le premier, c'est un travailleur productif, dans le second, un travailleur improductif.* »

Puis, réunissant la première et la deuxième de ces acceptions, Marx ajoute :

« *Une grande partie du produit annuel est consommé comme revenu et ne retourne plus à la production comme moyen de production ; il s'agit de produits (valeurs d'usage) extrêmement nuisibles, qui ne font qu'assouvir les passions, lubies, etc., les plus misérables. Ce contenu ne touche en rien le concept de travail productif. Cette sorte de travail crée des valeurs d'usage, se matérialise dans des produits qui sont destinés uniquement à la consommation improductive, et qui, (...), en tant qu'articles, n'ont pas de valeur d'usage pour le processus de la reproduction* »

Ainsi, pour Marx, le caractère productif ou improductif du travail est lié au destin ultérieur de la marchandise qu'il produit : productif si elle sert à une consommation productive, improductif dans le cas contraire.
Et, pour préciser que le destin productif de la marchandise ne concerne pas seulement la production des moyens de production, mais aussi celle de la « *force de travail* », Marx ajoute :

« *Toutefois, le développement de la richesse se trouverait forcément entravé si une partie disproportionnée du produit se reproduisait de la sorte, au lieu d'être de nouveau transformée en moyens de production ou en subsistances et employée à la reproduction soit des marchandises, soit des forces de travail elles-mêmes, bref, au lieu d'être consommée productivement.* »

Autrement dit, si j'ai bien compris ce texte de Marx (????), un travail qui produit une marchandise ayant une valeur d'usage mais destinée à une consommation improductive pour le capital ne peut être considéré comme un travail productif. Par conséquent, si nous nous en fions à ce que je crois avoir compris de Marx sur ce point (???), je ne peux que me donner conditionnellement tort lorsque j'affirmais péremptoirement que « la production d'un service ne saurait par elle-même augmenter la richesse sociale »
Symétriquement, je ne peux que vous donner conditionnellement raison lorsque vous affirmez que le travail de l'enseignant augmente la « richesse sociale », une affirmation dont vous contredisez d'ailleurs le caractère inconditionnel lorsque vous utilisez le mot «potentiellement » en ajoutant que ce travail augmente la richesse sociale « en rendant la société actuelle potentiellement plus productive »
Ce n'est en effet que dans la mesure où l'élève intégrera les connaissances qu'il a acquises dans l'exercice et le renouvellement d'une « *force de travail* » engagée elle-même dans un travail productif que le service que lui

rend l'enseignant résultera en une consommation productive et méritera lui-même le qualificatif de productif.
Un travailleur qui consommerait lui-même les produits de son travail ne créerait aucune valeur et n'augmenterait nullement la richesse sociale.
Un travail qui consommerait plus ou autant de valeur qu'il en produirait n'augmenterait pas non plus la richesse sociale.
Un travail dont le produit serait aussitôt consommé n'augmentera donc la richesse sociale que si la valeur de ce produit est transférée par une consommation productive à des moyens ou à de la «*force de travail*» utilisés productivement. Sinon, sa valeur est tout simplement détruite par la consommation. Ceci nous rappelle que l'enseignant, s'il ne se désintéresse pas de l'utilité sociale de son travail ne saurait se désintéresser du devenir social de ses élèves.

Marx écrit (KM, Pl. II, p. 397) : « *Lorsque j'achète – ou que d'autres achètent pour moi – les services d'un professeur, non pour développer des aptitudes, mais pour acquérir des capacités susceptibles de me faire gagner de l'argent, lorsque j'apprends des choses qui n'ont en soi rien à voir avec le paiement d'un service, ces frais d'instruction font partie, de même que mes autres dépenses d'entretien, du coût de production de ma force de travail. Mais l'utilité (...) de ce service ne modifie en rien le rapport économique : ce n'est pas un rapport dans lequel je transforme de l'argent en capital ou par lequel l'auteur du service, le professeur, me transforme en son capitaliste, ...* »

Ainsi, je ne doute pas que vous ayez raison à titre personnel, lorsque vous m'écrivez votre certitude que votre travail d'enseignant augmente la richesse sociale, même si ce n'est que « potentiellement » Mais pouvez-vous étendre cette conclusion au travail de tous les enseignants du secteur public, indépendamment du contenu de leurs enseignements et de la société dans laquelle leurs élèves exerceront leur métier, si leur vie n'est pas, par exemple, purement et simplement frappée par la maladie ou le chômage ?
Les professeurs d'économie, d'histoire et de philosophie qui inculquent à leurs élèves les mensonges élaborés de l'idéologie capitaliste rendent-ils « la société potentiellement plus productive, tout en évitant que se perde le savoir accumulé » ?

Cependant, la vivacité de votre réaction à ce propos confirme à mes yeux qu'on ne peut, sans créer des obstacles subjectifs devant l'union des prolétaires, en traiter certains de parasites, même si cela peut, dans certains cas être vrai. Lorsque cela est vrai, il faut affronter cet obstacle, notamment comme vous le faites en montrant l'appartenance commune des prolétaires à la catégorie d'exploité. Et je pense, écrivant cela, au sort des soldats mercenaires engagés en ce moment même dans les guerres impérialistes.

Je me souviens de l'amertume d'un ancien camarade de classe rencontré par hasard dans la rue et qui m'avouait gagner très bien sa vie (« gagner sa vie » : l'expression vaut tout un programme !) en travaillant dans l'immobilier, mais qui ajoutait aussitôt :

« *Toi, au moins, tu peux avoir le sentiment de consacrer ta vie à quelque chose d'utile.* »

Dans la société capitaliste, écrit Marx, reprenant une phrase de Malthus : « *est productif le travailleur qui augmente directement la richesse de son maître* »

III

A propos des services publics

Cher Monsieur Bihr, comme vous le voyez, en ma situation d'autodidacte tardif, j'ai le sentiment de ne point tourner en rond, sous l'effet stimulant de vos remarques critiques, dans ma compréhension de la théorie marxiste. Cependant, ma progression sur ce chemin est si peu assurée, que je crains de me retrouver à chaque instant dans une fondrière, cumulant à moi seul toutes les erreurs d'interprétation que l'on rencontre au total dans une classe de mauvais élèves.

Il me reste cependant encore à prolonger cette sans doute déjà trop longue lettre par un commentaire de l'une de vos remarques à propos de la notion de service. Vous adressant à moi, vous écrivez :

> « Vous définissez « les services marchands comme des marchandises consommées en même temps que produites, en opposition aux « biens matériels », ou « biens manufacturés » (quelle serait l'expression la meilleure ?) pour lesquels la production et la consommation peuvent être séparées dans le temps et l'espace » D'accord à une nuance d'importance près : cette définition est valable pour tout type de service et pas seulement pour les services marchands. Mais c'est bien là notre seul point d'accord. »

Si je me suis limité au cas des services marchands, c'est d'abord pour rester dans le cadre des recherches de Marx qui concernent essentiellement la production industrielle et n'attribuent aux services en général et aux services non marchands en particulier que la place secondaire que selon lui, ils occupaient à son époque.

Cependant, dans un chapitre intitulé « *Travail Productif* » des « *Matériaux pour l'Economie* » (KM.Pl. II, p.393), Marx consacre quelques pages aux « *services et fonctions* » et à la « *production immatérielle* » :

« *Certains travaux susceptibles d'être consommés uniquement comme services ne peuvent constituer des produits à part, transformables en marchandises autonomes ; toutefois, ils peuvent être exploités directement de manière capitaliste. Mais, comparés à la masse de la production capitaliste, ces travaux sont quantitativement peu importants. Aussi convient-il de les écarter, pour en remettre l'examen au chapitre sur le travail salarié...* »...

...un chapitre qui, selon M. Rubel, traducteur de Marx, n'a jamais vu le jour. On sait que, de nos jours, notamment en France avec la « privatisation marchandisation des services publics », la production de tels services « *exploités directement de manière capitaliste* » a pris une importance telle qu'elle pourrait dépasser bientôt celle de la production industrielle au sens strict.
Or, à propos des services marchands Marx écrit :

(KM.Pl. II, p.389) « *Toutes les fois que l'on achète le travail non pour le substituer comme facteur vivant au processus de la production capitaliste, mais pour le consommer comme valeur d'usage, comme service, le travail n'est pas du travail productif et le salarié n'est pas un travailleur productif. Son travail est alors consommé de manière improductive pour sa valeur d'usage, et non productivement, comme source de plus-value.* (...). *Pas plus que les marchandises achetées par le capitaliste pour sa consommation privée, les services qu'il achète volontairement ou involontairement (à l'Etat, etc.) pour sa consommation à cause de leur valeur d'usage ne deviennent des facteurs du capital. Par conséquent, ce ne sont pas des travaux productifs et leurs agents ne sont pas des travailleurs productifs.* »

Si j'ai bien compris ce dernier texte, Marx traite ici du travail salarié en général comme d'un service marchand, et distingue entre l'achat d'un travail comme service pour une consommation improductive et l'achat d'un travail comme service pour une consommation productive, c'est-à-dire dont on retire une plus-value s'intégrant au capital. En particulier, il range les agents de l'Etat, agents des services publics parmi les travailleurs improductifs.
Marx insiste sur la nécessité de bien distinguer entre les services producteurs de plus-value capitaliste et ceux qui sont seulement producteurs de valeur d'usage pour une consommation non productive :

(KM.Pl. II, p.390) « *...le développement de la production capitaliste transforme tous les services en travail rémunéré, et tous ceux qui les accomplissent en salariés, si bien qu'ils ont ce caractère commun avec les travailleurs productifs...,*
PR : ...productifs » au sens de productifs de plus-value.
...ce phénomène qui est le propre et la conséquence du capital, entraîne la confusion entre ces deux catégories. Les apologistes du système y trouvent l'occasion de transformer le travailleur productif, du fait qu'il est un salarié,

en un travailleur qui ne fait qu'échanger ses services (c'est-à-dire son travail en tant que valeur d'usage) contre de l'argent. »

(KM.Pl. II, (p.396) : « « *Service* » *n'est qu'une autre expression pour la valeur d'usage particulière du travail, dans la mesure où celui-ci est utile comme activité et non comme objet* (…) *L'achat de services ne renferme aucunement le rapport spécifique du travail et du capital* » »…
…et, (p. 397) : « *Ce que je paie, c'est le service comme tel, dont le résultat ne peut naturellement pas être garanti par son auteur.* »

Si j'ai bien compris ces textes, pour Marx, acheter un travail, c'est acheter un service et non acheter le résultat du travail, du service.
Dès lors, pour Marx, la minimisation ou la négation de la différence entre travailleurs salariés productifs et improductifs sert à cacher le principe même de l'exploitation capitaliste, en assimilant en quelque sorte les salariés du capital à de simples petits producteurs vendant leur marchandise service au prix du marché, ce qui escamote du même coup l'origine de la plus-value dont se nourrit le capital.

Marx confirme plus loin (p.391) qu'il range « *les impôts, le prix des services publics, etc.* » parmi les « *faux-frais de la production, …* »
Autrement dit, selon Marx, sous cet aspect, les salariés des services publics seraient vis-à-vis du capitalisme industriel dans un rapport de classes analogue à celui des salariés du commerce et plus généralement des salariés de la circulation de la valeur : comme eux, selon Marx, ils ne produiraient eux-mêmes aucune valeur, leur fonction représentant un coût nécessaire et non une source de plus-value pour le capital industriel seul producteur de plus-value, donc pour le capital en général.

Pourtant, les salariés du commerce capitaliste affrontent directement leur employeur capitaliste pour lequel ils produisent un travail dont le résultat est la circulation de la valeur, une marchandise dite immatérielle (un travail que rien ne distingue de ce que j'appelle « un service de l'échange »).
Au contraire, les salariés des services publics non marchands affrontent l'Etat comme un employeur non capitaliste. Leur rapport à la classe capitaliste, mais aussi aux autres classes sociales, est donc médiatisé par un rapport politique à l'Etat, et, comme nous l'avons vu plus haut dans le cas de l'enseignant, leur travail n'est créateur de valeur marchande que conditionnellement dans la mesure où son résultat débouche sur une consommation productive.
Par ailleurs, si Marx affirme, ce que je conteste, que les salariés du commerce capitaliste ne créent aucune valeur, peut-il le dire encore des salariés des services publics le jour où la privatisation en fait des entreprises capitalistes de services ?

Peut-il le dire encore alors qu'il finit par reconnaître qu'ils sont productifs de plus-value pour leur employeur capitaliste ?

Parlant de la « *production non matérielle* » (KM.Pl. II, p. 397) même dans le cas où « *elle s'effectue en vue du seul échange, pour créer des marchandises...* », Marx distingue deux cas :

1- « *Son résultat, c'est des marchandises, des valeurs d'usage qui, possédant une forme indépendante des producteurs et des consommateurs, peuvent demeurer et circuler comme marchandises vendables dans l'intervalle entre la production et la consommation.* »

Donc, après avoir cité comme exemple la production « *des livres, des tableaux, bref, de tous les produits d'art détachés du travail spécifique de l'artiste créateur* », Marx ajoute :

« *Ici, la production capitaliste ne s'applique que dans une mesure très limitée* »

Il est clair que, depuis Marx, la production des « *marchandises immatérielles* » a pris une extension considérable : c'est ainsi le cas de la production de l'information, des connaissances, des contenus privatisés et vendus par exemple sous forme de brevets, ou licences d'utilisation, droits d'auteur, copyright, etc.

2- « *La production est inséparable de l'acte producteur comme chez tous les artistes créateurs, chez les orateurs, acteurs, professeurs, médecins, prêtres, etc. Là aussi, la production capitaliste n'a forcément lieu que dans quelques rares sphères.* » Et Marx cite en exemple « *des institutions capitalistes d'enseignement* »

Là aussi, dirons-nous, les choses ont bien changé depuis Marx : considérons, par exemple, les dépenses de « *communication* » dont on dit qu'en France en ces débuts du 21ème siècle, les ménages auraient fait le deuxième poste de leur budget, juste après celui du logement et avant celui de l'alimentation !

Il se confirme ainsi que Marx n'a pas plus exclu la production « immatérielle » que celle des « fonctions et services » de la possibilité d'une exploitation de type capitaliste. C'est seulement par leur transformation en marchandise, on dirait aujourd'hui leur « marchandisation », que leur production peut permettre la formation de la plus-value qui fait la substance du capital.

« *Le concept de travail productif (partant de son contraire, le travail improductif) repose sur le fait que la production du capital est production de plus-value, et que le travail qu'elle emploie est du travail producteur de plus-value.* » (KM.Pl. II, p. 399).

Ainsi, alors que Marx finit par se résoudre à incorporer à la fin du chapitre XVII du Livre III du Capital le travail commercial dans la catégorie du travail productif, c'est à juste titre qu'il en exclut le travail des services publics non marchands.
Or, comme on peut le lire dans « La Logique Méconnue du Capital » (AB, p. 118) :

> « ...c'est un des points où la plupart des marxistes lui (il s'agit de Marx) ont été infidèles, en tendant à fonder cette différence (travail productif-travail improductif –PR)) sur le contenu des travaux, là où Marx, très logiquement, montre que seuls importent les rapports sociaux dans le cadre desquels ces travaux sont effectués. »

C'est pourquoi, encore une fois, je ne peux me résoudre à vous donner raison lorsque vous écrivez (lettre du 15 mai 2011 : AB-LdS et al, lettre 22, p.19) :

> « ... si elle possède son importance du point de vue de la théorie économique, la différence entre travail productif et travail improductif est sans doute de peu d'intérêt du point de vue de la classification des agents et de la perception qu'ils peuvent avoir de leurs fonctions et positions dans la division du travail. En un mot, qu'on ne saurait fonder sur eux des différences entre classes sociales. »

Au contraire l'opposition travail productif-improductif m'apparaît fondamentale dans la société capitaliste, et en particulier lorsque l'on s'intéresse à la situation des salariés des services publics non marchands : leurs rapports à la classe capitaliste sont indirects, contrairement à ceux de la classe ouvrière entendue au sens moderne du terme, c'est-à-dire, non en se fondant sur le contenu des travaux qu'ils effectuent, mais sur leur qualité de producteurs de plus-value nourrissant le capital.

A ce point de ma recherche, il convient de terminer ma lettre en constatant encore une fois que chaque problème que l'on croit avoir résolu en soulève une foule d'autres qu'il faudra (faudrait) résoudre. D'où, en vrac une liste de questions parmi lesquelles il me faudra choisir :

1- Le capitaliste industriel vend-il sa marchandise en dessous de sa valeur au commerçant capitaliste ?

2- Chez Marx et selon mon hypothèse du caractère productif du travail de circulation de la valeur, quelles sont les relations entre la notion de travail productif-improductif et rente foncière, rente pétrolière, matières « premières », dividendes, production de luxe, consommation productive-improductive, spéculation, crédit, publicité, capital financier, baisse tendancielle du taux de profit, facteurs de croissance de la productivité du travail, définition des classes sociales ?

3- Que deviennent les fonctions assurant la circulation de la valeur dans les sociétés socialiste et communiste ?

Et c'est donc sur cette liste non exhaustive et fourre-tout que je prendrai congé de vous, en vous adressant, en plus du vœu habituel de bonne santé, celui de la paix et celui du succès dans vos entreprises théoriques qui prolongent celles dont, parmi vos nombreux lecteurs, j'ai pu déjà bénéficier.
PR, le 26 janvier 2013.

Chapitre XIII
En guise de conclusion générale provisoire, nombreuses questions et programme de travail

KM, « Le Chapitre VI », éd. sociales GEME, 2010, p.133 : « *Le rapport originel dans lequel le capitaliste en puissance achète du travail (depuis le chapitre IV nous pouvons nous exprimer ainsi, au lieu de dire capacité de travail) au travailleur pour capitaliser une valeur monétaire, et le travailleur vend la disposition de sa capacité de travail, son travail pour gagner sa vie…* »

Comme le rappelle encore une fois cette citation, Marx a contredit lui-même explicitement au moins une fois sa théorie de « *la force de travail* »

Questions-programmes

-Pourquoi cette contradiction est-elle apparemment passée inaperçue de tous (? –appel à réfutation) les commentateurs et continuateurs de Marx (dont l'auteur de la présente étude, durant 60 années de sa vie militante au sein d'une organisation communiste !) ?

-Pourquoi la plupart d'entre ces commentateurs-continuateurs ont-ils fait leur, sans confrontation avec les faits, le refus arbitraire de Marx d'accorder aux travailleurs des services la capacité de produire de la valeur-travail ? Pourquoi leur refus a-t-il persisté, alors même qu'était devenu évident, à la fin du 20ème siècle, le recul de la production matérielle relativement à celle des services, tout d'abord dans l'activité sociale des pays développés, puis à l'échelle mondiale ? (appel à réfutation)

-Pourquoi, en conséquence, ont-ils accepté de diviser le prolétariat en distinguant, en son sein, les ouvriers considérés comme seuls producteurs de valeur-travail, et les « employés » producteurs des services et censé n'être rémunérés que par un prélèvement « *parasitaire* » sur la valeur produite par la « classe ouvrière » (Appel à réfutation)

-Pourquoi ont-ils ainsi accepté de définir la classe ouvrière par la nature matérielle des produits de son travail et non, en bon marxistes, strictement, et quelle que soit la nature de ces produits, par le rapport social qui la lie à l'exploitation capitaliste ? (appel à réfutation)

-Pourquoi, en conséquence ont-ils, après Marx, considéré les ouvriers (et non le prolétariat dans sa totalité, donc, y compris le prolétariat des services), comme seuls représentants de la seule classe qui soit potentiellement révolutionnaire jusqu'au bout ? (appel à réfutation)

-Pourquoi ont-ils suivi, sans esprit critique, Karl Marx lorsqu'il a écrit, à l'appui de cette thèse qui privilégie les potentialités révolutionnaires des ouvriers :

(**KM-FE, p.40**) « *Mais la bourgeoisie n'a pas seulement forgé les armes qui la mettront à mort ; elle a produit aussi les hommes qui manieront ces armes, les ouvriers modernes, les prolétaires. A mesure que grandit la bourgeoisie, c'est-à-dire le capital, se développe aussi le prolétariat, la classe des ouvriers modernes qui ne vivent qu'à la condition de trouver du travail et qui n'en trouvent que si leur travail accroît le capital. Ces ouvriers, contraints de se vendre au jour le jour, sont (...) un article de commerce comme un autre ; ils sont exposés, par conséquent, à toutes les vicissitudes de la concurrence, à toutes les fluctuations du marché. Or, le développement de l'industrie, non seulement accroît le nombre des prolétaires, mais les concentre en masses plus considérables...* » ?

Ou lorsque Marx a écrit :

(KM, I, XXXII, p. 557**)** « *A mesure que diminue le nombre des potentats du capital (...) s'accroissent la misère, l'oppression, l'esclavage, la dégradation, l'exploitation, mais aussi la résistance de la classe ouvrière sans cesse grossissante et de plus en plus disciplinée, unie et organisée par le mécanisme même de la production capitaliste* » (Appel à réfutation).

-Pourquoi ne se sont-ils pas demandé s'il était vrai que, comme l'avance ici Marx, les « *ouvriers modernes* » étaient, du 19ème siècle à aujourd'hui, les seuls prolétaires existants, et « *l'industrie* » la seule activité sociale susceptible d'accroître le « *nombre des prolétaires* » et, « *par le mécanisme même de la production capitaliste* », de « *les concentrer en masses considérables* » ?

Programme

La postérité de Marx devra :

-vérifier si, contrairement à ce qui se passait du temps de Marx, aujourd'hui, la fraction ouvrière du prolétariat n'a pas commencé à se réduire comme peau de chagrin, ainsi que l'a fait, depuis Marx, en valeur relative et absolue, la petite paysannerie laborieuse dans les pays développés ?

Vérifier donc si le prolétariat ouvrier n'est pas entré dans une phase de déclin inéluctable, d'abord dans les pays développés, puis à l'échelle mondiale, au profit non seulement du prolétariat des services, mais aussi des diverses et nombreuses couches moyennes salariées (appel à réfutation) ;

-vérifier dans quelle mesure la « *concentration des prolétaires en masses considérables* » constatée par Marx, autrement dit le mouvement de concentration dans l'espace des populations de travailleurs des grandes entreprises capitalistes (lieu de travail et domicile) n'est pas contrebalancée par le mouvement inverse d'une dispersion géographique profitant de la baisse du coût des transports de biens matériels et informations et poussée par la spéculation immobilière ;

-vérifier dans quelle mesure « *le mécanisme même de la production capitaliste* » s'oppose à « l'union et l'organisation » du prolétariat en favorisant au sein du salariat le développement de couches moyennes qui, disposant d'un surplus salarial au-delà du strict nécessaire à leur entretien et à celui de leur famille, nourrissent nécessairement, à défaut de l'action d'une avant-garde révolutionnaire organisée, l'illusion de n'avoir pas, dans la transformation révolutionnaire de la société jusqu'à l'abolition du salariat, à n'y perdre que leurs chaînes ;

-vérifier dans quelle mesure, avec l'intégration mondiale de la production, « *le mécanisme même de la production capitaliste* » s'oppose à « *l'union et l'organisation* » du prolétariat en concentrant en face de lui les moyens de domination impérialiste sous l'égide du plus puissant d'entre eux tentant d'accéder à l'hégémonie mondiale ;

-tester l'hypothèse selon laquelle le développement des activités de services à partir du 20ème siècle est lié à une accélération de la rotation du capital ;

-étudier quelles modifications de l'édifice théorique présenté par Marx dans Le Capital impose l'abandon de la théorie de la « *force de travail* » et de l'improductivité en valeur du travail dans les services. En particulier, que devient le calcul du taux de profit et, par voie de conséquence, comment se manifestent, dans la société capitaliste, les tendances contradictoires à la baisse et à la hausse du taux de profit » ?

-étudier l'évolution de la disposition des classes sociales de tous les pays (cf., en particulier, pour la France (en préparation), P. Roubaud : « La structure de classe de la société française, étude qualitative ») ;

-étudier comment une lecture non critique des œuvres de Marx a influencé l'histoire des partis communistes, et, en particulier, dans les Etats socialistes du 20ème siècle, comment la subordination de toute l'activité sociale à la croissance prioritaire de la production matérielle a pu contredire sinon rendre impossible la planification rationnelle de l'économie, et contribuer à aiguiser les contradictions d'intérêts politiques et économiques au sein du salariat et entre les diverses nationalités et nations socialistes.

(Cf., en préparation : P. Roubaud : « A travail égal, salaire égal ? De chacun selon ses capacités à chacun selon son travail ? Notes sur « Les problèmes économiques du socialisme en URSS » de Joseph Staline » Réponse à une remarque de Denis Lemercier »).

Dans un travail en préparation, Pierre Roubaud aidé de Denis Lemercier espère pouvoir présenter prochainement dans cette perspective de « *nouvelles notes de lectures éparses* » sur des textes ou citations notamment de :
S. Amin, Charles Bettelheim, A. Bihr, P. Boccara, F. Clavaud et G. Marchais, J. Chaillou, « Communistes » (le Parti politique), G. Duménil et al, F. Engels, J-M Goux et P. Roubaud, L'Humanité (le journal), « Intelligence » (Dossier « Pour la Science »), J. Jouet, R. Keeran et T. Kenny,V-I Lénine, D. Lemercier, D. Losurdo, M. Löwy et E. Renault, K. Marx, P. Nikitine, C. Paoutovski, T. Piketty, M. Pinçon Charlot et al, Y. Quiniou, M. Razafindrakoto et al, G. Sapienza, L. Sève, J. Staline, les TEF, J. Verne, M. Vadée.

Références

-Samir Amin : « La loi de la valeur mondialisée », éd. « Le Temps des Cerises » et « Delga », 2013 (noté SA I).

-Banque Mondiale :

-« Service, etc. valeur ajoutée (% du PIB 1995-2014) » (noté BM1) : http://donnees.banquemondiale.org/indicateur/NV.SRV.TETC.ZS ;

-« Agriculture et valeur ajoutée (% du PIB) » (noté BM2) : http://donnees.banquemondiale.org/indicator/NV.AGR.TOTL.ZS ;

-« Industrie, valeur ajoutée (% du PIB) » (noté BM3) : http://donnees.banquemondiale.org/indicator/NV.IND.TOTL.ZS ;

-« Dépenses publiques en éducation (% du PIB) 1990-2014 » (BM4) : https://donnees.banquemondiale.org/indicateur/SE.XPD.TOTL.GD.ZS;

-Espérance de vie à la naissance : https://donnees.banquemondiale.org/indicateur/SP.DYN.LE00.IN (noté BM5).

-Robert Bibeau : « La « guerre au terrorisme dont l'objectif est d'enclencher une troisième guerre mondiale », 2015, in http://www.les7duquebec.com/7-au-front/une-guerre-au-terrorisme-dont-lobjectif-est-la-guerre-mondiale/.

-Alain Bihr : « La logique méconnue du « Capital », éd. « Page deux », 2010 (noté AB) et « Les rapports sociaux de classe », éd. « Page deux », 2012 (noté AB2).

-Alain Bihr, Loteur de Sélignes et al : « Une correspondance au sujet de la notion de travail productif, Karl Marx et sa doctrine », 2012 : in ..\Karl Marx\Marx materiau\Marx erreur correspondance\Marx erreurs correspondance 2011-2014.doc (noté AB-LdS et al).

-Danièle Bleitrach et Mustapha El Miri : « Défaite ouvrière et exclusion », éd. L'Harmattan, 2.000 (noté DB-MEL).

-Paul Boccara : « Le Capital de Marx, son apport, son dépassement. Au-delà de l'économie », éd. « Le Temps des Cerises », 2012 (noté PB).

-Paul Boccara : « Sur la mise en mouvement du capital », éd. Sociales », 1978 (noté PB 2).

-F. Clavaud et G. Marchais : « Les communistes et les paysans », « Editions Sociales », 1972, (noté FC et GM).

-Jacques Chaillou : « Travail simple, travail qualifié. Valeur et salaires. Approche mathématique », éd. « L'Harmattan », 2012 (noté JCh).

-« Communistes » : http://www.sitecommunistes.org/cours1.htm, « Notions fondamentales de marxisme », cours n°1 (noté Com 2).

-Antonella Corsani : « Le capitalisme cognitif : les impasses de l'économie politique. I. Science et capital chez Marx », in « Sommes-nous sortis du capitalisme industriel ? » éd. La Dispute, 2003 (noté AC).

-Jean-Claude Delaunay et Jean Gadrey : « Les enjeux de la société de service », in : éd. Presses de la Fondation Nationale des Sciences Politiques1987, (noté D et G).

-Gérard Duménil : « La position de classe des cadres et employés », éd. « Presses Universitaires de Grenoble », 1975 (noté GD).
-Gérard Duménil, Michael. Löwy, Emmanuel Renault : « Les 100 mots du marxisme », Que sais-je, éd. PUF, 2010 (noté DLR).
-Georges Gastaud : « Marxisme et universalisme », éd. Delga, 2015 (noté GG).
-Jean-Marie Harribey, « La richesse, la valeur, l'inestimable », éd.LLL, 2013 (noté JMH).
-Journal L'Humanité du 23/12/2014.
-V.I. Lénine :
-« L'impérialisme, stade suprême du capitalisme », Œuvres Choisie, I, « Editions en langues étrangères », Moscou, 1946 (noté V.I.L. I).
-V.I. Lénine : « Karl Marx », Œuvres, 21, Ed. Sociales et éd. en langues étrangères, Moscou, 1960 (noté V.I.L. 2).
-V.I. Lénine : « Les trois sources et les trois parties constitutives du marxisme », éd. en langues étrangères, Moscou, 1954 (noté V.I.L. III).
-Loteur de Sélignes : http://un.ane.communiste.free.fr/selignes/selignes.html. « Les fragments des pensées éclatées de Loteur de Sélignes » (noté LdS)
-Georges Marchais : « Le Socialisme pour la France », in « Cahiers du Communisme », « 22ème congrès du parti communiste français », 1976, p. 12-72 (noté GM).
-Henri Martin : « Quelques souvenirs du siècle passé », éd. « Le temps des cerises », 2009 (noté HM).
-Karl Marx : « *Le Capital* », Tomes I, II, III. « Editions Sociales », 1976 (notés KM, I, II, III).
-Karl Marx :
-« *Critique de l'Economie Politique* », Œuvres, Economie I, « La Pléiade », éd. « Gallimard », 1963 (noté KM, Pl. I).
- « Le Chapitre VI », éd. sociales GEME, 2010, (noté KM VI).
-« *Matériaux pour l'Economie* », Œuvres, Economie II, « La Pléiade », éd. « Gallimard », 1968 (noté KM, Pl. II).
-Karl Marx et Friedrich Engels : « *Manifeste du Parti Communiste* », « Editions Sociales », 1954 (noté KM-FE Manifeste).
-Karl Marx, Jenny Marx et Friedrich Engels : « Lettres à Kugelmann », « Editions Sociales, 1971 (noté KM-JM-FE).
-Aymeric Monville : « Les jolis grands hommes de gauche », éd. Delga, 2017 (noté AyM).
-Jeannine Morandat-Gruselle : « Le retour des classes sociales », http://www.cuem.info/?page_id=506 , Résumé de la conférence n°6, cycle 2015-2016, CUEM, (noté J MG).
-P. Nikitine : « Principe d'économie politique » : « Editions en langues étrangères Moscou » (noté NK).

-Monique Pinçon-Charlot, Michel Pinçon, Etienne Lécroart : « Pourquoi les riches sont-ils de plus en plus riches et les pauvres de plus en plus pauvres ? », éd. « La ville brûle », 2014 (noté M. P-Ch. et al).
-Yvon. Quiniou : « Retour à Marx. Pour une société post capitaliste », éd. « Buchet et Chastel », 2013 (noté YQ).
-Michael. Parenti « Le mythe des jumeaux totalitaires », éd. Delga, 2013 (noté MP).
-Thomas Piketty : « Le capital au XXIème siècle », éd. « du Seuil », 2013 (noté T Pk).
-Pierre. Roubaud : « Une théorie générale du changement » présentée par Jacques Roubaud et « L'objet qui change. Propriété de l'objet qui change, systèmes multiplicatifs, métabolismes et mémoires exploratoires. », in « Change de forme. Biologies et prosodies. » Colloque de Cerisy, 1, collection. 10-18, 976, Union Générale d'Editions, 1975, p. 16-59 (noté PR).
-Lucien Sève : « Rédacteur en Chef d'un jour », in L'Humanité, 09/12/2014, p. 9, (noté LS).
-J. Staline : « Les problèmes économiques du socialisme en URSS », éd. du PCF, 1952 (noté JSt).
-Michel Taubes : « Né en 1930, rue des Ecouffes », 178 p. en autoédition, http://un.ane.communiste.free.fr/heberge/Michel%20Taubes/Rue%20des%20Ecouffes.pdf (noté MT).
-Michel Taubes : « La Vérification », 178 p. éd. « le Temps des Cerises », 2011 (noté MT2).
-TEF : « Tableaux de l'économie française 2012 », « Editions de l'INSEE », 2013 (notés TEF).
-Michel Vadée : « Marx penseur du possible », Chapitre 6, éd. « L'Harmattan », 1998 (noté MV).
-Jean Ziegler : « Le capitalisme expliqué à ma petite fille », éd. Seuil, 2018 (noté JZ).

Table des Matières

Notes

[1] **Alain Bihr**, « La logique méconnue du « Capital », 2010, Editions Page deux, p.10.
[2] Pour caractériser cette démarche, **Michel Taubes** (MT 2) a utilisé le terme approprié de « vérification »
De même, **Antonella Corsani** (AC, p.62) se réclame :
AC : « ...d'une démarche qui vise essentiellement à apprécier les possibilités de lire le présent historique à la lumière et à l'aide des catégories marxiennes. »
De même encore, pour **Paul Boccara** (PB, p.2) :
PB : « Il ne s'agit donc pas de relire pour les répéter les analyses de Marx, de façon dogmatique, voire de les résumer en les amputant, face aux phénomènes nouveaux de la crise contemporaine du système capitaliste mondialisé. (...) ...si l'on ne veut pas faire injure à Marx, au lieu de pouvoir utiliser son travail de façon efficace, il convient de ne pas traiter son œuvre comme une doctrine religieuse, mais au contraire de la considérer comme un moment, lui-même évolutif, dans la progression d'une analyse scientifique, par définition inachevée et à poursuivre. »
De son côté, **Samir Amin** écrit (SA I, p.5) :
SA : « Etre marxiste » c'est, pour moi, poursuivre l'œuvre amorcée seulement par Marx, quand bien même cette amorce ait-elle été d'une puissance inégalée. Ce n'est pas s'arrêter à Marx, mais partir de lui. »
PR : Etc. Mais combien d'auteurs appartenant à la postérité de Marx ont appliqué de telles bonnes résolutions à propos de sa théorie de la « *force de travail* » ?
[3] **Paul Boccara** (PB, p.24) :
PB : « La marchandise est, d'une part, valeur d'usage, car ses propriétés physiques, résultant d'un travail sur des matériaux naturels, ... » On voit mal quelles pourraient être les propriétés physiques d'un service.
[4] S'adressant à de « jeunes lectrices » et « jeunes lecteurs » pour leur expliquer l'origine des inégalités sociales, **Monique Pinçon-Charlot et al** (MP-C et al, p. 16) écrivent, sous le sous-titre « Pourquoi parle-t-on de lutte des classes et même de guerre des classes ? » :
MP-C : « Le travail humain est source de toutes les richesses : par exemple, les agriculteurs récoltent le blé. (...) Les mineurs extraient le fer et les autres métaux avec lesquels les ouvriers, dans les usines, fabriquent des voitures qui seront ensuite vendues. Et c'est la différence entre le prix que cela a coûté pour fabriquer quelque chose et le prix auquel cette chose est revendue qui est source de richesse »
PR : On notera qu'ici, comme pour Marx, du moins dans Le Capital, la marchandise semble ne pouvoir n'être qu'une « chose », un bien matériel, et non un service. Comme source de travail humain productif de richesses seuls les travaux de l'agriculteur et de l'ouvrier sont mentionnés.
On notera aussi qu'ici, la source de richesse semble se trouver dans le commerce : la richesse proviendrait de la différence entre le prix de vente et le prix de revient d'une marchandise. Mais, ainsi que Marx l'a justement fait remarquer, si l'échange marchand est inégal, ce que l'un a perdu dans l'échange, l'autre l'a gagné : ce n'est donc pas l'échange en lui même qui crée la valeur, la richesse !
[5] Il est possible que le privilège quasi-exclusif accordé par **Marx** à la « *marchandise objet matériel* » aux dépens de la « *marchandise service* », ait été lié au niveau de développement des connaissances scientifiques de la nature à son époque.
En effet ; c'est surtout au 20ème siècle que sont introduits dans les sciences de la nature divers modes de transformation réciproque de l'objet en tant que chose, corps, corpuscule, et l'objet en tant que relation, interaction, fonction, onde, probabilité, information.
C'est à tort que **Marx et Engels** ont qualifié de « *mécaniste* » le matérialisme pré-dialectique.
[6] Dans l'une des citations de **Marx** reproduite ci-dessus se trouve cependant une affirmation qui demande éclaircissements : les enseignants salariés pour un patron capitaliste ne seraient

pas productifs par rapport à leurs élèves. Ceux-ci ne sortent-ils pas enrichis des cours de leur professeur ?
En réalité, les enseignants en question produisent des marchandises, les cours qu'ils dispensent, marchandises qui sont aussitôt consommées par les élèves. Les élèves achètent les enseignements de leur professeur pour les « consommer » et non pour en tirer une plus-value incorporable à un capital.
La différence entre le travail d'un enseignant et celui d'un ouvrier agricole ou d'industrie est que, dans une entreprise capitaliste d'enseignement, les produits du travail de l'enseignant sont consommés en même temps qu'ils sont produits. Mais, dans les deux cas, il y a un capitaliste qui grossit son capital d'une plus-value extorquée à ses salariés dont le travail est alors pour lui, « *productif* »
Au sens de la production d'une plus-value, le travail d'un salarié peut donc, selon **Marx** être à la fois productif pour l'employeur capitaliste et improductif pour l'acheteur de la marchandise produite, que cet acheteur soit ou non l'employeur lui-même. Le capitaliste de l'enseignement achète le travail vivant de l'enseignant et en fait une consommation productive de plus-value, contrairement à l'élève.
[7] Cette réduction relative de la place de la production des biens matériels conduit **G. Duménil** (GD, p.114) à imaginer :
GD : « une société ou l'accaparement du surtravail du producteur direct (i.e. le producteur de biens matériels –PR) prendrait une importance décroissante, les tâches productives n'occupant plus qu'une fraction minime de la population… »
[8] **Samir Amin** (SA I, p.135) prend en compte ce recul de l'industrie par rapport aux services dans les pays développés (« les centres »), refusant cependant pour eux l'appellation de « société de services » en raison du besoin qu'ont toujours les dits-services des produits des industries manufacturières :
SA : « Dire par exemple que la société contemporaine est une société de services et non plus de production matérielle parce que le tourisme et la restauration occupent une proportion croissante du PIB, n'a pas beaucoup de sens (…) car les services en question exigent une production considérable de choses… »
PR : L'argument est discutable, car l'existence de liens d'ailleurs réciproques entre industrie et services ne contredit nullement la réalité de la prépondérance conquise par les services dans l'activité économique des pays développés.
Contrairement donc aux thèses relatives à une prétendue « disparition du prolétariat » **Samir Amin** soutient (SA I, p.135-136) l'existence d'un « procès de généralisation de la prolétarisation qui s'accélère » et « prend la forme de la généralisation du salariat » Il oppose alors les « centres » aux « formations dominées » :
SA : « Dans les centres une proportion croissante des travailleurs (…) se retrouvent dans les secteurs d'activité qui assurent la domination globale du capital mondialisé des monopoles généralisés : la recherche-développement qui fabrique des besoins nouveaux, l'information et la déformation de l'information, la finance, le développement des capacités militaires. Dans les périphéries, coexistent côte à côte le prolétariat manufacturier en croissance forte, la paysannerie appauvrie et soumise, des masses en croissance vertigineuse de travailleurs dits informels»
PR : En réalité, cette opposition entre centres et sociétés dominées pourrait ne pas résulter de leur relation inégale, mais seulement d'une évolution identique mais décalée dans le temps, la croissance de l'industrie manufacturière aux dépens de la paysannerie se télescopant avec la croissance des services aux dépens de l'industrie.
Par ailleurs, la catégorie de travail informel est transversale, englobant à la fois des travaux relevant du travail manufacturier et des travaux relevant des services.
Enfin, la généralisation du salariat ne peut être assimilée à celle du prolétariat. En effet, certaines couches de salariés disposent de statuts sociaux les distinguant du prolétariat au sens strict.

C'est le cas notamment des salariés des services publics dont les relations avec les employeurs capitalistes sont médiatisées par les structures étatiques.
C'est aussi le cas des couches de salariés disposant d'un monopole ou quasi-monopole de leur qualification : difficilement remplaçables sur le marché du travail, ils peuvent obtenir des revenus allant dans certains cas (dirigeants d'entreprise, haut cadres des administrations…) bien au-delà du strict nécessaire au renouvellement personnel et familial de leur « *force de travail* », voire leur permettant de transformer ces surplus de revenus en capitaux ou en rentes (portefeuilles d'actions, logements locatifs par exemple).

[9] Cf. pour la France ce tableau pris dans « **Le Courrier du retraité** », n°199, avril 2015, p.4.

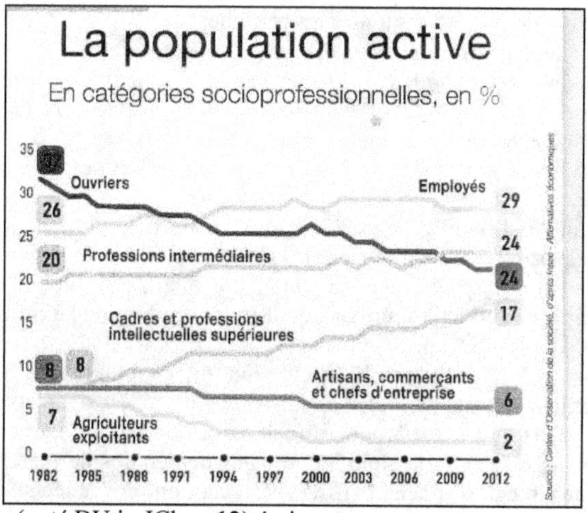

[10] **Dimitri Uzundis** (noté DU in JCh, p.12) écrit :

DU : « Comme Marx l'a montré, la concurrence accroît l'espace du capital, jusqu'à ce que toute activité soit marchande »

Pierre Roubaud de même écrit (AB-LdS et al, lettre 21, p.16) :

« Pour un capital donné sont non-productives de plus-value toutes les activités sociales qui lui échappent, aussi bien celles qui sont déjà dominées par les capitaux concurrents, que celles qui échappent encore à la production marchande. C'est pourquoi il tendra aussi bien à absorber les activités productrices de plus-value de ses concurrents, qu'elles relèvent de la grande production capitaliste ou de la petite production marchande non capitaliste, qu'à rendre marchandes à son profit les activités qui ne le sont pas.
C'est ainsi que l'on voit dans l'actualité le pouvoir d'Etat prendre les mesures les plus brutales pour placer sous la coupe de la grande production capitaliste aussi bien la petite et moyenne production agricole, les laboratoires d'analyse médicale, les syndics de propriété, etc. (c'est la concentration du capital), que les associations sportives ou d'aide à la personne, et toutes les activités de service public (santé, éducation, productions humaines biologiques, recherche, eaux et forêts, routes, arsenaux d'état, etc.). »

[11] **Marx** écrit (KM, I, p. 44) :

KM : « *C'est donc seulement le quantum de travail, ou le temps de travail nécessaire, dans une société donnée, à la production d'un article qui en détermine la quantité de valeur.* »

Paul Boccara écrit (PB, p.24) :

PB : « La marchandise est, d'une part, valeur d'usage, car ses propriétés physiques, résultant d'un travail sur des matériaux naturels, ont une utilité… (…) La marchandise est d'autre part, valeur, elle résulte d'une dépense de travail humain moyen et la quantité de ce travail socialement nécessaire à sa production, mesure sa valeur »

[12] Cf. **Alain Bhir** (AB, p.20) :

AB : « Dans la production marchande simple, c'est bien la répétition de l'échange qui ajuste le prix à la valeur : lorsque le troc d'occasionnel ou d'intermittent devient régulier, apparaît une seconde forme que Marx nomme développée ou totale. »

Cependant **Delaunay et al** écrivent (DLR, p. 116) :

DLR : « La théorie de la concurrence entre capitaux engagés dans différentes branches de la production conduit Marx à substituer à la loi des échanges du livre I, selon laquelle les prix des marchandises tendent à graviter autour de prix proportionnels à leurs valeurs, une loi de l'échange des marchandises capitalistes, selon laquelle les prix tendent à graviter autour des prix de production, c'est-à-dire des prix rapportant à la moyenne des entreprises de chaque branche un même taux de profit dans toutes les branches. »

[13] A propos de cette découverte, **Marx** écrit (KM, I, I, p.70) :

KM : « *La découverte scientifique (...) que les produits du travail, en tant que valeurs, sont l'expression pure et simple du travail humain dépensé dans leur production marque une époque du développement de l'humanité, mais ne dissipe pas la fantasmagorie qui fait apparaître le caractère social du travail comme un caractère des choses, des produits du travail eux-mêmes...* »

[14] Cf., **Alain. Bihr** in AB-LdS et al, lettre 22, p.18 :

AB : « Une autre partie des opérations par lesquelles s'accomplit le procès de circulation du capital tiennent au contraire spécifiquement au mode capitaliste de production en tant qu'il est un monde marchand de production, en tant qu'il implique la circulation de marchandises et d'argent (monnaie).

Ce sont les opérations qui assurent la circulation du capital proprement dite, soit : les conversions du capital-marchandise en capital-argent (…) et la reconversion du capital-argent dans les éléments du capital productif (achat et paiement des moyens de production et des force de travail) ; (…) par exemple aujourd'hui des études de marché, des campagnes publicitaires, le lancement d'appels d'offre, la réception des clients et fournisseurs, le recrutement et le licenciement de la main-d'œuvre, etc., toutes les opérations techniques liées à la circulation de l'argent en tant qu'il fait fonction de capital, telles que encaissement et décaissement, thésaurisation et gestion du capital-argent latent, comptabilité, etc.

Ces opérations-là, qui se contentent de faire circuler la valeur (…) sont purement improductives selon Marx : elles ne forment ni valeur ni plus-value. »

[15] Cf. **Marx** (KM, I, VIII, p.157) :

KM : « *Moyens de production aussi bien que force de travail ne sont que les diverses formes d'existence qu'a revêtues la valeur-capital lorsqu'elle s'est transformée d'argent en facteurs du procès de travail. (...) Dans le cours du travail la partie du capital qui se transforme en moyens de production (...) ne modifie pas la grandeur de sa valeur. C'est pourquoi nous la nommons (...) capital constant. La partie du capital transformée en force de travail change, au contraire, de valeur dans le cours de la production.* (….) *C'est pourquoi nous la nommons capital variable.* »

[16] Le « *capital constant* C » pourrait donc être nommé de façon plus explicite « capital moyens de production, noté C(MP) », et le « *capital variable* », « capital « *force de travail* », noté C(FT) »

Mais, comme cela sera montré plus loin, le « capital *force de travail* » est en fait un « capital salaires – noté C(S) », la valeur des salaires étant pour une large part déterminée par un rapport de force politique entre capital et travail, et non comme le postule **Marx**, pour l'essentiel et au-delà des fluctuations contingentes, par la seule valeur de ce qu'il appelle la « *force de travail* »

[17] Cf. **Marx** (KM, III, XVI, p.263) :

KM : « *Ce ne sont pas ici les mêmes pièces de monnaie qui changent deux fois de place, mais la même marchandise ; de la main du vendeur, elle parvient dans celle de l'acheteur ; puis, l'acheteur étant devenu vendeur, elle va à un autre acheteur.* »

[18] Cf. **Marx** (KM, III, XVI, p. 260) :

KM : « *Nous avons expliqué (Livre II, chap. VI : les frais de circulation) dans quelle mesure il faut considérer comme procès de production, prolongé à l'intérieur du procès de circulation, l'industrie des transports, la garde des marchandises et leur distribution sous une forme consommable.* »

[19] Cf. **Alain Bihr** (AB, p. 118) :

AB : « ...c'est un des points sur lesquels la plupart des marxistes lui auront été infidèles (à Marx), en tendant à fonder cette différence (entre travail productif et improductif -PR) sur le contenu des travaux là où Marx, très logiquement montre que seuls importent les rapports sociaux dans le cadre desquels ces travaux sont effectués. »

[20] Cf. **Alain Bihr** in AB-LdS et al, lettre 27, p.46) :

AB : « Je relève tout d'abord un paralogisme dans le passage suivant (de la lettre de PR) : « Une activité sera productrice si la valeur des marchandises qu'elle produit dépasse celle des marchandises qu'elle consomme en moyens de travail, matières de travail et force de travail, autrement dit si elle produit de la plus-value. Dans cette acception, les employés de la distribution, du commerce et de la banque, y compris ceux qui se consacrent exclusivement aux services de la gestion et de l'échange des marchandises contre argent et argent contre marchandise sont productifs. »

Je ne comprends pas comment vous pouvez passer (...) de la première proposition à la seconde si ce n'est en présupposant que « les employés de la distribution, du commerce et de la banque... » déploient une activité qui produit des marchandises dont la valeur « dépasse celle des marchandises qu'elle consomme en moyens de travail, matières de travail et force de travail » Question : quelles sont ces marchandises qu'ils sont censés produire ? »

PR : ces marchandises sont les services de la distribution, du commerce et de la banque...

[21] Dans le cours du chapitre XVI du Livre III du Capital consacré au capital commercial (KM, III, XVI p.270) se trouve (note 3, p. 805-806) une note éclairante à plus d'un titre.

Tout d'abord, **Marx** y réfute un auteur nommé **Ramsay** qui, écrit Marx :

KM : « *...pour pouvoir classer le capital marchand comme capital de production,* (...) *le confond avec l'industrie des transports et appelle le commerce « the transport of commodities from one place to another » (Le transport des marchandises d'un lieu à un autre.* »

(...)

Et Marx ajoute :

KM : « *Nous trouvons cette même confusion chez **Verri*** (...) *et **Say*** »

PR : S'il s'agit chez ces trois auteurs de confondre la circulation de la valeur de la marchandise avec la circulation de la marchandise elle-même, on ne peut qu'être d'accord avec la critique que leur adresse Marx. Mais on ne peut qu'être en accord avec ces auteurs s'il s'agit pour eux d'affirmer que la vente de la marchandise est un acte qui, dans la société marchande prolonge la production jusque dans les mains de l'usager et donc, ajoute de la valeur à la marchandise.

C'est d'ailleurs un point de controverse qui se retrouve plus loin explicité dans la même note du livre III du Capital (p.806) dans laquelle Marx cite un auteur nommé **Newman** : «Dans les conditions économiques actuelles de la société, la fonction propre du commerçant est de constituer le trait d'union entre le producteur et le consommateur, d'avancer du capital au premier et de recevoir en contrepartie des produits qu'il transmettra au second et pour lesquels il récupérera en échange du capital, transaction qui non seulement facilite les échanges économiques de la communauté, mais encore ajoute de la valeur aux produits qui font l'objet de ces échanges «

(...)

KM : « *Ainsi producteurs et consommateurs économisent du temps et de l'argent grâce à l'intervention du commerçant. Ce service exige une avance de capital et de travail, il faut donc le rémunérer* « puisqu'il ajoute de la valeur aux produits, étant donné que ces produits

ont plus de valeur d'usage (worth) entre les mains des consommateurs qu'entre celles des producteurs. *» Le commerce lui apparaît donc, tout comme à M. Say, comme étant «* strictly an act of production *», strictement un acte de production.*
(…)

Cette opinion de Newman est complètement erronée. La valeur d'usage d'une marchandise est plus grande pour le consommateur que pour le producteur parce qu'elle se réalise seulement entre les mains du consommateur. Ce n'est qu'en passant dans la sphère de consommation que la marchandise voit sa valeur d'usage entrer en fonction et se réaliser. Dans la main du producteur, cette valeur n'existe que potentiellement. Mais on ne paie pas deux fois une marchandise, pour sa valeur d'échange d'abord, pour sa valeur d'usage par-dessus le marché.
(…)

La valeur d'échange ne se trouve pas du tout accrue par le fait que la marchandise passe du producteur ou de l'intermédiaire au consommateur. »

PR : Ainsi Marx reconnaît que « *dans la main du producteur, la valeur d'usage n'existe que potentiellement* »

De même, peut-on paraphraser, entre les mains du céréalier, la valeur d'usage de la farine n'existe qu'en puissance. De même, l'industrie des transports prolonge-t-elle la production à l'intérieur de la circulation, c'est-à-dire en agissant sur la valeur d'usage de la marchandise, de même le fait dans une société marchande la circulation de la valeur.

Marx reconnaît donc que la valeur d'usage des marchandises est changée par l'acte de la vente (je dirai même que l'acte de la vente est, dans une société marchande, une condition sine qua non de l'usage).

Mais, quand il s'agit de passer de la valeur d'usage à la valeur d'échange, c'est-à-dire, de comptabiliser tous les travaux qui conduisent la marchandise entre les mains de l'usager, Marx fait brutalement machine arrière, car, a-t-il décrété dès le Livre I du Capital (cf. ci-dessus), et sans tenir compte du caractère historique des valeurs d'usage, et donc des valeurs d'échange, que « *la valeur d'échange ne se trouve pas du tout accrue par le fait que la marchandise passe du producteur ou de l'intermédiaire au consommateur.* »

[22] **Paul Boccara** écrit (PB 2, p.150-151) :

PB : « Le prolétariat industriel, la classe révolutionnaire par excellence, voit son importance s'accroître et sa condition devenir plus représentative (bien qu'avec des différences importantes)... »

PR : On notera qu'ici P Boccara avance, du moins si l'on considère les pays développés, une pure et simple contre-vérité. En effet, de la deuxième moitié du 20ème siècle jusqu'à aujourd'hui, dans tous ces pays, l'importance numérique des ouvriers d'industrie ne cesse de décroître relativement à celle de l'ensemble des salariés des services (cf. plus haut en note n°9), l'évolution de la population active par catégories socioprofessionnelles en % de 1982 à 2012).

Et peut-on en outre affirmer avec Boccara que leur condition d'ouvriers est plus représentative (de quoi ?) que celle des employés ?

Quant au statut du *prolétariat industriel* comme *classe révolutionnaire par excellence*, il serait bon de vérifier s'il n'est pas, justement, affecté par cette évolution régressive de la production des biens matériels au profit de celle des services.

Or P. Boccara note :

PB : « ... la tendance à la prolétarisation et à la salarisation de toutes les activités. A côté des ouvriers d'industrie proprement dits *(*il y en aurait d'autres ? -PR*)*, et du prolétariat agricole, se développe la masse croissante largement prolétarisée des travailleurs en cols blancs (employés). Les salariés en général (y compris les salariés intellectuels) forment une majorité de plus en plus grande de la nation. »

PR : Mais P.B. ne se demande pas si cet accroissement de la couche des employés ne se produit pas aux dépens de la place occupée par les ouvriers industriels et agricoles. Il poursuit donc :

PB : « Avec les nouvelles couches salariées, il ne s'agit pas, semble-t-il (P. Boccara n'en est pas sûr –PR) de nouvelles couches de la classe moyenne petite bourgeoise (semi-bourgeoise) mais de couches proches de la classe ouvrière. Ces couches entrent dans la bataille aux côtés de la classe ouvrière. »

PR : On notera qu'ici, P. Boccara, lorsqu'il parle de « *couches proches* », montre qu'il a quelques difficultés à assumer l'exclusion a priori des employés en général, c'est-à-dire des salariés producteurs de services, hors de ce qu'il appelle la classe ouvrière. Cependant, il tente très vite de nous rassurer quant à son orthodoxie marxiste :

PB : « Il est très important de souligner que le prolétariat industriel proprement dit reste la classe fondamentale, la plus disciplinée et la plus combative, la plus directement liée à l'évolution des forces productives matérielles, celle dont l'aliénation et donc l'exigence révolutionnaire sont les plus grandes. »

On notera qu'ainsi P. Boccara lie la grandeur de *l'exigence révolutionnaire* à la grandeur de *l'aliénation*, affirmant sans preuve que celle-ci serait par nature liée à sa relation privilégiée avec *l'évolution des forces productives matérielles*, autrement dit, encore une fois, plus à la production des biens matériels qu'à celle des services, ce qui serait difficile à prouver !

Quant à la discipline et la combativité, P.B. en fait des caractéristiques a-historiques de la classe ouvrière telle qu'il la définit, ce qui contredit les principes mêmes de la démarche scientifique du marxisme. C'est ainsi qu'il en vient à écrire, sans souci, et pour cause, d'une quelconque vérification dans les faits de l'exactitude de ce qu'il affirme :

PB : « On assiste à un développement matériel (par les organisations notamment) et moral (politique et idéologique) inouï de la classe ouvrière... (P.B. veut-il dire que la richesse inouïe de la classe ouvrière est prouvée par celle de ses organisations ? -PR) ...dont la capacité de lutte s'accroît énormément, y compris avec l'entrée de nouvelles couches dans son sein. »

PR : Et pour appuyer ses dires, PB utilise en note l'argument suprême de la référence biblique à Marx (PB 2, note 179, p.189) :

PB : « Confirmant la prévision marxiste : « *A mesure que diminue le nombre des potentats du capital* (...) *s'accroissent la misère, l'oppression, l'esclavage, la dégradation, l'exploitation,* (quid de la « richesse inouïe » constatée par P. Boccara) *mais aussi la résistance de la classe ouvrière sans cesse grossissante et de plus en plus disciplinée, unie et organisée par le mécanisme même de la production capitaliste* » (KM, I, XXXII, p. 557) »

PR : Or, s'il est une prévision de Marx qui a été infirmée, au moins depuis la deuxième moitié du 20ème siècle dans les pays développés comme la France, c'est bien celle d'une classe ouvrière qui serait « *sans cesse grossissante* », tout en restant limitée, à la suite de Marx, au prolétariat producteur de biens matériels (cf. plus haut, une nouvelle fois, la note n°9).

Et ce n'est pas seulement dans les pays développés, mais aussi dans tous les pays en développement que se déroule aujourd'hui le processus de la réduction du salariat occupé à la production des biens matériels, au profit de ceux occupés à la production des services, même si cette réduction est encore balancée et masquée dans ces pays par la croissance de la production industrielle aux dépens de la petite production agricole.

Et que dire, de plus, (non confrontée aux données cycliques du développement de la société capitaliste) de l'affirmation d'une aggravation générale de la misère dans les pays développés et en développement, alors que l'on sait pourtant, par exemple, que l'espérance de vie y a augmenté, depuis la fin de la deuxième guerre mondiale, à un rythme sans précédent dans l'Histoire ?

Or, prenant ses rêves pour des réalités, P. Boccara attribue au prétendu développement « inouï » de la classe ouvrière, dont, prétend-il « la capacité de lutte s'accroît énormément », les résultats des efforts largement couronnés de succès que déploient les dirigeants du grand capitalisme pour corrompre et intégrer à leur système de domination les directions et militants des partis communistes, syndicats et autres organisations démocratiques :

PB : « La classe ouvrière oblige la classe dirigeante à reconnaître au moins formellement son aptitude à la direction sociale, en faisant pénétrer ses organisations dans les directions de nouvelles institutions économiques et sociales qu'elle réussit à imposer (planification, Sécurité sociale, etc.). »

Pourtant, **Lénine** déjà citait **Marx et Engels** à ce sujet (V.I.L. I p. 863) :

V.I.L : « ...dans une lettre du 11 août 1881, Marx parle des pires trade-unions anglaises « *qui se laissent diriger par des hommes que la bourgeoisie a achetés ou tout au moins payés* » ...

...et Lénine poursuivait :

V.I.L « Dans une lettre à Kautsky (12 septembre 1882), **Engels** écrivait : « *Vous me demandez ce que pensent les ouvriers anglais de la politique coloniale ? La même chose que ce qu'ils pensent de la politique en général... Ici point de parti ouvrier ; il n'y a que des radicaux conservateurs et libéraux ; quant aux ouvriers, ils jouissent en toute tranquillité avec eux du monopole colonial de l'Angleterre et de son monopole sur le marché mondial.* »

PR : Mais, cette réalité des efforts de la grande bourgeoisie pour corrompre les organisations prolétariennes n'empêche nullement P. Boccara de faire de leur participation à la gestion de la société capitaliste, le contenu d'un passage révolutionnaire au socialisme et au communisme :

PB : « ...la bataille pour le développement de l'organisation matérielle, de la capacité politique et idéologique de la classe ouvrière (réduite aux salariés de la production matérielle –PR) et pour son poids croissant sur les destinées nationales, en union avec tous les travailleurs pour l'élargissement de la démocratie bourgeoise et son dépassement dans des formes nouvelles (??? –PR) avec un contenu nouveau prolétarien, se développe (ce serait un fait ! –PR) à partir du capitalisme monopoliste d'Etat. Elle débouche non seulement sur la perspective du <u>passage révolutionnaire</u> au socialisme, mais encore sur celle au communisme, (...) Ainsi se prépareront, dans les pays capitalistes trop mûrs, les bases qui permettront, une fois atteint le stade socialiste, de passer plus rapidement au communisme. »

PR : En résumé, en avant vers le communisme par la participation à la gestion « *démocratique bourgeoise* » de la société capitaliste !

Et mieux encore, emporté par ses rêves réformistes, Paul Boccara en vient à flatter le sentiment de supériorité colonialiste des peuples des pays développés :

PB : « Dans la marche universelle au communisme, si les uns (les Etats socialistes autour de l'URSS –PR) apporteront l'expérience et la stimulation du socialisme le plus anciennement réalisé, les autres, la souplesse et l'énergie incomparable de leur retard (il s'agit sans doute de la Chine –PR), les vieux pays capitalistes apporteront le progrès nécessaire à l'émancipation de l'aliénation la plus avancée de l'histoire, aidée des moyens les plus modernes, ceux-là mêmes qui doivent permettre la société sans classe. »

[23] Un exemple récent de cette tendance manifestée par la postérité de Marx jusqu'à aujourd'hui à subordonner sinon à réduire le rôle historique de l'ensemble du prolétariat (donc, y compris le prolétariat des services) à celui de sa fraction « ouvrière industrielle » nous est donné par **Georges Gastaud** (GG, p. 22) :

GG : « Bien qu'il doive prendre appui centralement sur ce <u>cœur</u> prolétarien du prolétariat qu'est la <u>classe ouvrière industrielle</u> – y compris sur les qualités propres aux <u>ouvriers d'usine</u> de la grande production : lien avec l'industrie moderne, sens de l'organisation, expérience politique et syndicale sans égal, histoire riche et glorieuse, sens de la discipline de fabrique..., le parti communiste doit se garder d'être un parti ouvriériste : c'est en étant vraiment le parti du prolétariat (...) qu'il peut du même coup porter l'intérêt universel du peuple, en mettant <u>la classe ouvrière au cœur</u> des luttes pour la libération des nations et pour l'émancipation générale de la société. (...) ...prendre prioritairement appui sur le prolétariat en général (et sur le <u>prolétariat ouvrier</u> en particulier)... »

Et GG ajoute :

GG : « …la classe ouvrière (…) est appelée, dans la phase socialiste qui conduit du capitalisme au communisme achevé, à devenir la classe sociale politiquement dirigeante… »
PR : Or, qui peut, instruit par l'histoire récente des organisations ouvrières syndicales et politiques en France comme dans le monde, faire sien le panégyrique a-historique présenté par GG des « qualités propres aux ouvriers d'usine de la grande production »
Qui peut ne pas aussi s'interroger sur les effets véritablement destructeurs qu'a eu, dans les sociétés socialistes du 20ème siècle, l'application dogmatique de la thèse selon laquelle, dans la phase du passage au communisme, la classe ouvrière, et non l'ensemble du prolétariat (donc travailleurs des services compris) « est appelée (…) à devenir la classe sociale politiquement dirigeante »

[24] Regrettons que **Marx** n'ait pas eu le temps de remonter à partir de cette conclusion à la source des difficultés enchevêtrées qu'il a rencontrées tout au long de la rédaction de ce chapitre, une source qui se trouve là où, dès le premier chapitre du Livre I du Capital, il a cru devoir glisser de l'affirmation d'une origine exclusive de la valeur dans le travail, au caractère non productif du travail assurant l'échange des marchandises et la circulation de la valeur.

[25] La présence d'une telle contradiction, est révélatrice du véritable statut qu'il faut accorder au Capital de Marx. C'est à juste titre qu'Alain **Bihr** a écrit (AB, p.11) :

AB : « Le reproche le plus grave que l'on puisse adresser à Engels est de s'être permis de procéder (…) à des découpages et montages du texte marxien, en cherchant et en parvenant ainsi à accréditer l'idée que Le Capital constituait un tout achevé alors qu'il n'était encore qu'une œuvre en chantier… »
PR : Effectivement, et ce malgré les efforts de **Engels**, on voit, dans le Capital et en particulier dans le Chapitre XVII du Livre III, Marx se débattre avec ce qu'il appelle lui-même « *des difficultés* » qui, à la lecture apparaissent comme directement liées à cette affirmation (sans cesse répétée comme si elle risquait sans cesse d'être remise en question), du caractère totalement improductif non seulement des travaux du commerce mais plus encore de tous ceux qui assurent la circulation du capital.

[26] Notons qu'ici, selon **Marx**, le capitaliste commercial achète le travail de ses salariés, et non leur « *force de travail* » S'il en est ainsi, il lui faut, pour obtenir une plus-value, payer ce travail acheté comme un service, non à sa valeur, mais à celle de la « *force de travail* » de ses salariés. Nous reviendrons sur cette rédaction à propos de la détermination de la valeur de la « *force de travail* » qualifiée.

[27] Cf. **Marx** (KM, III, p.260) :

KM : « *Le capital marchand ou capital de négoce se scinde en deux formes ou catégories, le capital commercial et le capital financier.* »

[28] Cette impossibilité a déjà été pressentie par **Gérard Duménil** (G.D., p.105) lorsqu'il imagine une société où :

G.D. : « …les tâches productives (c'est-à-dire, pour G.D. après Marx, la production de biens matériels –PR) n'occuperaient plus qu'une fraction minime de la population, selon un taux d'exploitation qui, de sa valeur exorbitante même, tirerait son inanité. »
PR : En réalité, comme nous pensons l'avoir démontré, ce n'est pas d'un taux d'exploitation exorbitant qu'il s'agirait alors, mais d'un taux impossible, car la plus-value accaparée sur le seul travail dit seul productif de valeur par G. Duménil après Marx, ne saurait à elle seule fournir la totalité de la valeur consommée par les autres activités de la société.

[29] Cf. **Marx** (KM, I, 130) :

KM : « *Si les produits sont des marchandises, il faut qu'ils soient vendus pour satisfaire les besoins du producteur. Au temps nécessaire à la production, s'ajoute le temps nécessaire à la vente.* » (Pour Marx, donc, le travail de la vente ne fait pas partie de la production –PR)
Alain Bihr écrit (AB, p.79) :

AB : « Le taux de profit est donc une forme du rapport capitaliste encore plus irrationnelle que le profit lui-même. Ici on assimile non seulement capital constant (en moyens de production -PR-) et capital variable (en « force de travail », ou plus justement en travail –PR),

mais encore capital consommé productivement (dans le procès de production) et capital consommé improductivement (dans le procès de circulation) (…), toutes les fractions du capital étant censées générer de la plus-value au même titre »
PR : Ici Alain Bihr reprend donc à son compte la thèse de Marx selon laquelle le procès de circulation de la valeur ne produit ni valeur ni plus-value. A contrario, si le travail de circulation de la valeur produit de la valeur, cela signifie que le calcul du taux de profit selon Marx et sa postérité doit être entièrement revu !

[30] C'est pour démontrer que ce n'est pas l'échange marchand par lui-même, mais le travail dépensé à les produire qui crée la valeur des marchandises, que **Marx** postule que le travail de l'échange ne crée pas du tout de valeur (KM, I, p.127) :

KM : « *…comme il est impossible d'expliquer par la circulation elle-même la transformation de l'argent en capital, la formation d'une plus-value, le capital commercial paraît impossible dès que l'échange se fait entre équivalents* »

PR : De « *l'échange marchand ne crée pas toute la valeur* », Marx glisse à « *l'échange marchand ne crée pas du tout de valeur* » Puis, il découvre un échange marchand particulier, un échange qui, tout en s'effectuant, selon lui, *équivalent contre équivalent*, produit cependant de la valeur : c'est l'échange « « *force de travail* » » contre salaire. Pour Marx, donc, c'est la marchandise « *force de travail* » qui, lorsqu'on la consomme, crée de la valeur :

KM : « *…une marchandise dont la valeur usuelle (possède) la vertu particulière d'être source de valeur échangeable, de sorte que la consommer serait réaliser du travail, …* »

PR : Cependant, Marx n'avait pas besoin de postuler que l'échange marchand s'effectue équivalent contre équivalent, un postulat que la suite du Capital devait d'ailleurs mettre à mal, puisque ce qui lui importait était de montrer que c'est le travail et non l'échange en tant que tel qui crée la valeur. Ainsi, explique-t-il d'ailleurs (KM, II, p.115) :

KM : « *Si les marchandises se vendent à leur valeur, la grandeur de valeur reste entre les mains de l'acheteur la même qu'entre celles du vendeur…* (…) *Si les marchandises ne se vendent pas à leur valeur, la somme des valeurs converties reste la même…* »,

PR : …à condition, ajouterons-nous, contrairement à Marx, que l'échange se réalise sans le recours à aucun travail !

[31] **Gérard Duménil** (GD, p.95) écrit, à propos du statut du « groupe social » des cadres et employés :

GD : « …que ses membres tirent leur revenus de la plus-value précédemment accaparée (…) « Prolétaire ou capitaliste ? Si l'on veut situer le débat sur ce terrain, il faut convenir que le cadre ou l'employé n'est ni l'un ni l'autre et tous les deux à la fois :

-Il vit d'une partie de la plus-value, ce qui ne suffit pas à en faire un capitaliste, mais le différencie du prolétaire. Il est salarié, licenciable, chômeur potentiel – à ce titre, il semble (est-ce seulement une apparence ? –PR) vivre la condition prolétarienne.

-Il est un élément d'un personnage collectif, substitut du capitaliste actif dont il assume les fonctions. »

[32] Paradoxalement, Marx et ses continuateurs ou commentateurs, parce qu'ils font des salariés des services des consommateurs de la valeur produite ailleurs par les producteurs de biens matériels, rejoignent les idéologues du capitalisme qui font des salariés en général et ceux des services publics en particulier des travailleurs vivant aux crochets de « l'entreprise » et de « la société » Ainsi le célèbre acteur de cinéma **Gérard Depardieu** écrivait récemment sur internet :

« Quand on vit de la naissance à la mort avec l'argent public, comme MM Hollande, Ayrault, Sapin et quelques millions d'autres (sous-ligné par PR), (…) et qu'on n'a jamais investi un euro dans une entreprise, (…) on doit avoir l'honnêteté de ne jamais prononcer le mot Egalité, ni d'exiger des autres, fussent-ils devenus riches, plus de solidarité qu'on ne s'en impose à soi-même. »

PR : De même, la création d'un hôtel de grand luxe dans les Alpes était ainsi récemment commentée sur une chaîne de télévision :

« L'installation de cet hôtel a permis la création de cent soixante dix emplois qui font vivre des salariés de cette région touchée par le chômage »
PR : Pour le commentateur, c'est ainsi l'hôtel qui fait vivre les salariés et non leur travail qui fait vivre l'hôtel !
Cependant, bien évidemment, alors que Marx fait du travail de la *production matérielle* la seule source de la valeur, c'est à « l'entreprise » pour ne pas dire « l'actionnaire » capitaliste que l'idéologie bourgeoise attribue ce « mérite » (KM, I, p. 433) :
KM : « *...le concours de plus en plus puissant que, sous forme d'outillage, le travail passé apporte au travail vivant est attribué par ces sages non à l'ouvrier qui a fait l'œuvre, mais au capitaliste qui se l'est approprié.* »
PR : Pour le capitaliste, cependant, comme pour Marx, le travail des salariés des services est exclu de toute fonction créatrice de valeur.
[33] **Jacques Chaillou**, présentant la théorie de Marx, écrit :
-(JCh, p.18) « …la juste valeur de la marchandise puissance de travail ou force de travail (…) qui est censée être inférieure à la juste valeur des choses utiles qu'elle produit »
PR : On notera qu'ici c'est la marchandise « *force de travail* » et non le travail qui produit les marchandises qui ne sont que des « choses », ce que ne sont pas les services. »
-(JCh, p. 19) : « En économie et sociologie, le cœur des oppositions se situe schématiquement :
-d'une part, entre ceux qui posent a priori que les profits, rentes et salaires sont le fruit et la juste récompense de la productivité de trois facteurs de production : la terre et autres éléments naturels, le capital et le travail ;
-et d'autre part, ceux qui posent a priori que les capacités de travail humaines sont la seule source de valeur, qu'elles produisent plus de valeurs (valeurs d'usage, marchandises, services et valeur travail) qu'elles n'en consomment et que l'écart, la plus-value, explique les profits, rentes, investissements, etc. »
PR : On note donc encore une fois ici que J. Chaillou, après Marx, distingue « marchandises » et « services » et qu'il fait, contrairement à Marx des « capacités de travail humaines » et non des « *travaux humains* » la seule source de valeur. En effet ici, l'expression « capacités de travail » est utilisée par J. Chaillou comme synonyme des expressions « *puissance de travail* » ou « *force de travail* » choisies par Marx.
-Un peu plus loin (JCh, p.24), J. Chaillou reprend, à propos de la « *force de travail* » qualifiée, sa distinction (qui comme toute distinction comprend un aspect d'opposition) entre marchandise et service et attribue à nouveau la formation de la plus-value à la « *force de travail* » et non au service du travail :
JCh : « La valeur plus grande produite par la force de travail qualifiée (…) concerne tous les producteurs, au sens large, de marchandises et de services marchands. »
PR : Au contraire, selon Marx (KM, I, p.53), c'est bien le travail, et non la « *force de travail* », qui produit la valeur :
KM : « *La force de travail à l'état fluide, ou le travail humain, forme bien de la valeur, mais, n'est pas la valeur. Il ne devient la valeur qu'à l'état coagulé, sous la forme d'un objet.* »
PR : Ainsi, le travail ne devient valeur qu'après avoir été exécuté ; le travail présent, vivant, ne devient valeur qu'après être devenu travail mort, travail passé. Cependant, encore une fois, Marx n'envisage cette métamorphose du travail que sous la forme d'un « *objet* » et non d'un service, une exclusion que l'on retrouve dans sa définition de la « *force de travail* » comme (KM, I, p. 129) :
KM : « *…l'ensemble des facultés physiques et intellectuelles qui existent dans le corps d'un homme, dans sa personnalité vivante, et qu'il doit mettre en mouvement pour produire des choses utiles.* »

PR : Donc Marx n'envisage ici le travail que dans la production des biens matériels, et qui plus est, « *utiles* », ce qui pose la question de savoir, à qui et en quelles circonstances ces choses sont censées être utiles.

Quoiqu'il en soit, ce ne sont pas les « capacités de travail » qui produisent la valeur, mais leur usage, leur consommation, c'est-à-dire le service du travail.

[34] Cf. **Marx** (KM, I, p. 130) :

KM : « *Pour que ce rapport* (entre acheteur et vendeur de « *force de travail* » -PR) *persiste, il faut que le propriétaire de la force de travail ne la vende jamais que pour un temps déterminé, car, s'il la vend en bloc, une fois pour toutes, il se vend lui-même, et de libre qu'il était, il se fait esclave, de marchand, marchandise.* »

PR : Il existe cependant toute une gradation allant de cette « liberté » du salarié à son total esclavage, suivant qu'il se vend pour une heure, un jour, un an, voire même dix ans comme le font les fonctionnaires qui signent « un engagement décennal »

Cette obligation dans laquelle se trouve le capitaliste dans certaines circonstances d'acheter le travailleur et non sa seule « *force de travail* », apparaît à propos de la production et du commerce des connaissances. Une connaissance nouvelle est en effet une marchandise toute particulière telle que si son possesseur la livre à autrui, il ne s'en dessaisît pas nécessairement lui-même. La transformation de la connaissance en marchandise suppose son appropriation privée, et, pour se défendre contre sa diffusion spontanée, le capitaliste se voit contraint d'imposer des clauses de confidentialité dont le plus sûr moyen de les voir respectées peut être d'acheter, non la connaissance, mais le porteur lui-même de la connaissance.

[35] Cf. **Marx** :

-(KM, I, p 133-134) « *Qui dit puissance de travail ne dit pas encore travail...* » ;

« *Cette puissance, si elle n'est pas vendue, n'est rien. Une fois le contrat passé entre acheteur et vendeur* (de « *force de travail* » -PR), *il résulte de la nature de l'article aliéné que sa valeur d'usage n'est pas encore passée réellement entre les mains de l'acheteur.* » ;

-(KM, I, p. 156) : « *L'aliénation de la force de travail et sa manifestation réelle ou son service comme valeur utile, en d'autres termes sa vente et son emploi, ne sont pas simultanés.* » ;

« *La force de travail en activité, le travail vivant, a donc la propriété de conserver la valeur* (il s'agit de la valeur des moyens de production – PR) *tout en ajoutant de la valeur...* » : autant de constats qui montrent que l'employeur capitaliste n'achète pas la « *force de travail* », mais le travail de son salarié.

[36] Se permettant de faire dire à Marx ce qu'il n'a pas dit, la rédaction des **Editions Sociales** écrit en note à propos de l'expression « *prix du travail* » :

« Ou plus exactement, comme Marx le précisera ultérieurement, le prix de la force de travail. »

Ainsi, la rédaction de la revue présente comme une simple inexactitude rédactionnelle ce qui est en fait une contradiction, car, le concept de « *force de travail* » introduit dans le Capital longtemps après le Manifeste du Parti Communiste présuppose que l'échange capitaliste-salarié (Ca-Sa) est un échange égal (« *force de travail* ») contre (salaire), ce qui n'est pas le cas de l'échange (travail) contre (salaire).

[37] C'est comme si, par exemple, lorsque le voyageur (le capitaliste) s'offre un voyage en taxi (un travail), il ne payait pas le service du transport (le travail en tant que service), mais seulement l'entretien de la voiture (la « force de travail »), une voiture (une « force de travail ») que, de plus, le chauffeur du taxi (le salarié) aurait fabriquée de ses propres mains (notamment, lors de ses années d'étude.)

Le voyageur (le capitaliste), donc, n'achèterait que l'usage de la voiture du chauffeur (l'usage de la « force de travail » du salarié), un usage qui aurait la propriété extraordinaire de le transporter (de travailler à sa place) sans donc qu'il ait à mettre lui-même un seul instant la main sur le volant (à payer de sa personne) !

[38] Dans les limites de notre connaissance de « …la littérature (…) consacrée à la théorie de la valeur de Marx » et qualifiée « d'inépuisable » par **J-M. Harribey** (JMH, p. 54), à une exception près, la référence à la première interprétation domine dans toute la littérature relative à l'œuvre de Marx (c'est là un appel à réfutation).

Soit, par exemple :

-Samir Amin, :

-(SA I p. 12) « Ma contribution majeure concerne le passage de la loi de la valeur à la loi de la valeur mondialisée, fondée sur la hiérarchisation (elle-même mondialisée) des prix de la force de travail autour de sa valeur. » ;

-(SA I, p. 136) : « Dans les centres une proportion croissante des travailleurs, qui sont des vendeurs de leur force de travail et donc des prolétaires… » ;

-(SA I, p. 148) : « …le prolétaire vend sa force de travail, et non pas son travail. »

PR : Ici, au passage, S. Amin montre le lien théorique qui existe pour la postérité de Marx entre la théorie de la « *force de travail* » et la notion de « *prolétaire* »

Pour cette postérité, le prolétaire est défini par sa seule qualité de salarié, sans tenir compte de la hiérarchie des salaires, autrement dit, de la différence qui existe pour nombre de salariés entre la valeur de leur salaire, et celle d'une « *force de travail* » définie à la manière de Marx. En effet, pour Marx, la valeur de la « *force de travail* » est celle des « *moyens de subsistance* » dont le salarié a strictement besoin pour assurer son entretien et celui de sa famille.

La notion de « prolétaire » exclut donc le salarié qui dispose dans la valeur de son salaire d'un surplus par rapport à la valeur de ses « *moyens de subsistance strictement nécessaires* »

Or, l'existence de ce surplus détermine la formation de couches moyennes salariées, et par voie de conséquence, de contradictions de classe au sein du salariat, contradictions dont la théorie marxiste de la « *force de travail* » est incapable de rendre compte parce qu'elle fonde la hiérarchie des revenus salariaux sur une hiérarchie des besoins !

-Jeannine Moranda-Gruselle (J MG) écrit, à propos de :

-« l'appropriation privée des moyens SOCIALISÉS de production et d'échange par des individus, des familles…

(…)

-…qu'elle « est à l'origine des deux groupes sociaux fondamentalement antagoniques : les propriétaires des moyens socialisés de produire et les salariés (les uns disposent de la propriété, les autres sont obligés de vendre leur force de travail pour vivre). Il y a donc division structurelle entre les salariés et les propriétaires [les bourgeois]. Bien entendu le salariat est conçu par Marx comme « travailleur collectif »

PR : Or, peut-on admettre que la hiérarchie des salaires est fondée, comme le postule Marx et l'admet sa postérité, sur une hiérarchie des besoins ? Peut-on admettre qu'un salarié recevant un salaire d'une valeur par exemple dix fois supérieure à celle du salaire d'un salarié du bas de l'échelle salariale a des besoins dix fois plus élevés que ce dernier ?

Peut-on considérer qu'un salarié disposant d'un substantiel surplus par rapport au strict nécessaire pour lui assurer le renouvellement de sa « force de travail », n'est pas enclin à se contenter des rapports sociaux existants, voire enclin à s'en faire le vigoureux défenseur alors qu'il peut consacrer ce surplus, suivant son importance, à des dépenses de confort ou de luxe, voire même à l'accumulation de rentes ou de capitaux ?

En réalité toute tentative de mêler, voire de confondre, sans distinction des niveaux de revenus, les sens des termes de « salariat », « prolétariat », « classe ouvrière », « travailleur individuel ou collectif », « producteur direct ou indirect », « ouvrier », revient, tout simplement, à vouloir, sous l'autorité de Marx, habiller du drapeau du prolétariat

révolutionnaire, (d'ailleurs réduit à sa fraction ouvrière), les intérêts de classe étagés de la petite à la moyenne, voire jusqu'à la grande bourgeoisie salariée !
Ce n'est pas d'aujourd'hui que date l'habitude des diverses fractions de la bourgeoisie à manipuler à leur profit les aspirations émancipatrices du « tiers état »

-**A. Bihr**, (AB, p.28) :

AB : « Dans la mesure où le travail (abstrait) est la seule source de toute valeur, c'est donc contre du travail que l'argent doit s'échanger pour pouvoir se métamorphoser en capital. Mais non pas contre du travail passé, matérialisé dans des produits finis, ni même contre du travail présent, livré sous forme d'un service en train d'être rendu : car, dans ces deux cas, on se retrouve une fois de plus à n'échanger qu'équivalent contre équivalent. La seule forme adéquate sous laquelle le travail doit être approprié par l'argent pour transformer celui-ci en capital est celle de travail potentiel (…) La transformation de l'argent en capital présuppose donc en définitive celle de la puissance de travail ou force de travail en marchandise. »
PR : Ici apparaît clairement le lien qui existe dans la théorie de Marx et le postulat théorique constamment contredit par la réalité, que les échanges marchands, et, en particulier les échanges capitalistes-salariés, s'effectuent suivant la « *loi de la valeur* », c'est-à-dire, comme des échanges égaux, équivalent contre équivalent.

-**P. Boccara**, (PB, p. 30) cite d'abord Marx :

KM : « *Notre possesseur d'argent... doit d'abord acheter des marchandises à leur juste valeur, puis les vendre ce qu'elles valent, et cependant, à la fin, retirer plus de valeur qu'il en avait avancé.* »

PB : « Quelle est la solution du problème ? » demande P.B. qui répond : « Le capitaliste achète une marchandise dont la valeur d'usage est d'être « source de valeur échangeable. C'est précisément la « force de travail » de l'ouvrier. En effet, la force de travail salariée est une marchandise (…). Le capitaliste peut l'acheter à sa valeur, mesurée par la quantité de travail moyen exigée, dans des conditions historiques données, par les marchandises consommées pour son entretien et sa reproduction. »
PR : Ici encore apparaît clairement le postulat de la « *loi de la valeur* », c'est-à-dire celui d'un échange marchand égal, équivalent contre équivalent sur le modèle du troc.
Notons en outre combien, pour la « *force de travail* », le principe qui définit la valeur d'une marchandise par la quantité totale de travail social nécessaire pour la produire est violé. En effet, il ne s'agit plus ici que du travail nécessaire à la production des marchandises consommées pour la produire, en excluant les travaux fournis en plus à cette fin, tel le travail des études ou de l'entraînement du sportif. Mais si on accepte d'inclure ces derniers travaux, pourquoi ne pas alors englober dans la valeur de la « *force de travail* », « tout instant de la vie » comme, suivant (JMH, p. 11), certains l'ont proposé à propos du *« travail vivant »*
Tout se passe donc comme si, pour Marx et sa postérité, on avait affaire avec la « *force de travail* » à une marchandise que le salarié vendrait ou revendrait sans l'avoir jamais achetée ni produite !

-« **Communistes** », (« Notions fondamentales de marxisme », 2004, p.5 –Noté Com 2) :

Communistes : « Tout s'achète et tout se vend, y compris les salariés sur le marché du travail. Sur ce marché particulier, les salariés ne vendent pas leur travail, mais leur force de travail. »

-**Gérard Duménil et al** (DLR, p. 118-119) :

DLR : « Travail » : « Marx définit la valeur comme le temps de travail nécessaire à la production d'une marchandise. Seule une catégorie particulière de travail est, pourtant, créatrice de valeur. (…) Marx l'appelle « travail productif » (…) travail de production (…) de biens destinés aux marchés (ou de prestation de services également vendus). »

PR : Au contraire, Marx réserve le travail productif de valeur (à distinguer de la notion de travail productif de plus-value) à la production des biens matériels.

DLR : « La production d'un objet ou service par un individu pour son propre usage ou celui de sa famille n'est pas un travail productif, quelle que soit son utilité. (...) Un tel travail peut contribuer à diminuer la valeur de la force de travail (...), mais il n'en est pas pour autant créateur de valeur car son utilité n'est pas destinée à être reconnue sur le marché. »

PR : En toute logique, cette restriction ne devrait pas s'appliquer au travail des études, puisqu'il s'agit d'un travail destiné à produire la « *force de travail* », marchandise « reconnue sur le marché » (cf. par exemple, les curriculum vitae). Marx, pourtant, réduit la valeur de la « *force de travail* » à celle des marchandises consommées par le travailleur pour la produire.

DLR : « Plus-value et survaleur » (p. 91) : « Sa valeur (de la « *force de travail* » -PR) est le temps de travail nécessaire (...) à la production des marchandises que peut acheter le travailleur (...) biens que Marx appelle « subsistances » (...).Comme toute marchandise, la force de travail a un prix : le salaire. »

PR : Mais Marx ne se contente pas de faire du salaire le « prix » de la « *force de travail* », il en fait aussi sa « valeur »

DLR : « Salaire » (p. 108) : « Le salaire est le prix d'une marchandise particulière, la force de travail »

-Jean-Marie Harribey (JMH, p.372) :

JMH : « La critique concernant notre éventuel abandon du concept de force de travail est importante. (...) Précisons que n'est pas en question l'échange de la force de travail contre salaire au sein de la sphère capitaliste. Il s'agit de savoir si l'emploi du concept de force de travail est compatible avec l'idée que les salariés de la sphère non marchande produisent la valeur qui les rémunèrera. (...) Y a-t-il un risque d'abandon du concept de force de travail ? Pas du tout. Il y a simplement la prise en compte du caractère particulier du rapport non marchand qui présente deux aspects originaux : le paiement du service est détaché de sa consommation individuelle et la force de travail n'y produit pas de plus-value appropriable. »

PR : Notons tout d'abord qu'ici JMH reprend à son compte la description par Marx de l'échange capitaliste-salarié comme l'échange d'une « *force de travail* » contre un « *salaire* » Or, le concept de « *force de travail* » n'a été inventé et utilisé par Marx que pour pouvoir décrire l'échange capitaliste-salarié comme un échange d'équivalents entre échangistes égaux dans une société de libre concurrence. Dans de telles conditions, la marchandise échangée ne pouvait pas être le travail, car, pour éviter de voir disparaître la plus-value à l'origine du capital, Marx aurait dû admettre que l'échange en question travail contre salaire n'est pas un échange de marchandises de valeurs égales, et, par conséquent, que le rapport capitaliste-salarié n'est pas un simple rapport économique, mais qu'il est aussi un rapport de pouvoir, donc aussi de nature politique.

Or, tout travail est consommé en même temps que produit : un travail n'est par conséquent rien d'autre qu'un service. Autrement dit, lorsque Marx refusait que le travail soit la marchandise échangée entre le capitaliste et le salarié, il refusait par là-même qu'un service puisse être cette marchandise et posséder par lui-même une valeur : si le travail est cette marchandise, alors l'échange capitaliste salarié est un échange inégal et doit être imposé par la contrainte, et c'est un rapport de force à déterminisme multifactoriel, économico-politique, idéologique, voire militaire, etc., qui détermine le montant du salaire.

Or ce que Marx a dû admettre, mais sans avoir le temps d'en tirer les conséquences, c'est que l'usage de la « *force de travail* » n'étant rien d'autre que le travail lui-même, le travail fourni par le salarié est bien la marchandise que celui-ci échange contre son salaire.

Dans l'exposé de sa théorie du rapport capitaliste-salarié, Marx utilise l'opposition « *travail payé-travail non-payé* », le travail payé correspondant selon lui au salaire, c'est-à-dire, toujours selon lui à la valeur de la « *force de travail* » et le travail non payé correspondant à la « plus-value » accaparée par l'employeur capitaliste. Dans ce schéma, Marx ne tient pas compte du fait que l'échange capitaliste-salarié étant déterminé par des rapports de pouvoir, la part « *travail payé* » revenant au salarié n'est pas nécessairement égale à la valeur de sa « force de travail » Autrement dit, le salaire peut aussi bien, selon les rapports de force économico-politiques, être insuffisant pour assurer au salarié le renouvellement de sa « *force de travail* » ou, au contraire, lui assurer un surplus disponible pour les mêmes usages que la plus-value accaparée par les rentiers ou les capitalistes (consommations de confort ou de luxe ou investissements sous forme de rentes ou de capitaux).

-**Lénine** (V.I.L. III, p .8) :

V.I.L. : « Le salarié vend sa force de travail au propriétaire de la terre, des usines, des instruments de production. »

-**P. Nikitine**, (NK, p. 61) :

NK : « Comment le capitaliste obtient-il la plus-value s'il achète et vend toutes les marchandises à leur valeur ? (…) Pour que l'argent se transforme en capital, le capitaliste doit trouver sur le marché une marchandise qui, étant consommée, crée une valeur supérieure à celle qu'elle possède effectivement. Cette marchandise, le capitaliste la trouve : c'est la force de travail. »

PR : Ici aussi apparaît le lien entre la théorie marxiste de la « *force de travail* » et le postulat d'une « *loi de la valeur* » imposant un échange égal en valeur des marchandises.

-**Y. Quiniou**, (YQ, p. 50) :

YQ : « …est prolétaire (et donc appartient au prolétariat) le travailleur qui ne possède que sa force de travail et qui, en échange d'un salaire, produit de la richesse ou de la valeur, mais n'en reçoit qu'une faible part (le salaire précisément). »

PR : Mais Y. Quiniou n'envisage pas le cas où la valeur du salaire ménage au salarié un surplus, une sorte de plus-value salariale, par rapport au strict nécessaire à l'entretien-reproduction sociale de sa « *force de travail* »

-**M. Taubes** (MT, p. 144-145) :

MT : « Il y avait au préventorium une cellule du PCF composée de pensionnaires. Un ami me prêta deux brochures : la première reproduisait le « Manifeste du Parti communiste » de Marx et Engels, la seconde qui s'intitulait « Salaires, Prix et Profits » compilait quelques extraits fondamentaux du « Capital » de Marx.

J'avais vaguement entendu parler du marxisme, mais sans plus. Ce fut pour moi comme une illumination, aussi éclatante que celle dont saint Paul fut l'objet sur le chemin de Damas, bien que de nature différente. En 1948, c'était justement le premier centenaire du « Manifeste », et le texte me parut tout à fait de circonstance et nullement dépassé. »

PR : Ici, M. Taubes oublie que, dans le « Manifeste » (KM-FE, Manifeste, p.35 et 43), c'est « *le travail* » et non « *la force de travail* » qui est la marchandise vendue par le salarié à son employeur capitaliste.

MT : « C'est encore le cas en 2006 lorsque j'écris ces lignes et Karl Marx revient peu à peu au programme des universités, à la place qu'il mérite.

Aussitôt, j'essayai d'appliquer ces nouvelles notions à ma petite expérience professionnelle : et je fus satisfait de constater qu'elles collaient à la réalité. J'avais pensé l'année précédente que Jules s'enrichissait « en vendant le plus cher possible ce qu'il achetait le moins cher possible « En fait, c'était absurde, car, sauf exception, les clientes n'avaient aucune raison de payer un manteau plus cher que sa valeur. De même, Jules achetait les peaux à leur valeur puisque les ventes se faisaient « aux enchères « Cette phrase signifiait tout simplement que Jules savait gérer son activité, mais n'expliquait pas son enrichissement. D'où venait donc son profit ? Sans le faire exprès, j'avais approché la vérité en pensant, par plaisanterie : « Jules savait tout faire, sauf un manteau de fourrure ! « En effet, Jules possédait le magasin, l'atelier,

les stocks, les machines, etc. Et il avait Monsieur Jean et les mécaniciennes pour faire les manteaux. Or, seule la fabrication des manteaux créait de la valeur.
Sans y mettre de connotation morale, Jules était le « capitaliste » et si un salaire correspondait à 6 heures de travail par jour permettant à ses salariés de « reconstituer leur force de travail », Jules les faisait travailler pour lui deux heures de plus. Il accaparaît ainsi une partie de la valeur créée par le travail de ses salariés. C'était cela, la fameuse « plus-value » et donc l'origine du profit.
Pourquoi les salariés acceptaient-ils de faire deux heures de plus ? Tout simplement, parce que le rapport de force entre le patron et les salariés était tel qu'il obligeait ceux-ci à s'incliner, non sans rechigner.
C'était donc ce conflit qui constituait l'exploitation capitaliste et la lutte des classes. La simplicité et la rationalité de ces explications convenaient bien à mon caractère.
On me prêta aussi le « Précis de philosophie » de Georges Politzer, et je fus autant séduit par le matérialisme dialectique que je l'étais par les considérations économiques : tout naît, se développe et meurt ; dans chaque chose, tout existe et son contraire ; le changement quantitatif aboutit à un changement qualitatif, etc.
En définitive, j'adhérai au parti communiste en juillet 1948. Le lecteur pensera sans doute, à la lecture des pages précédentes, que le pas à faire n'était pas considérable. J'ai sous les yeux la carte du PCF de 1948 qui me fut remise en réunion, avec force paroles pleines d'enthousiasme et d'émotion. Elle fut suivie par cinquante-quatre autres pieusement classées. »
PR : Dans cette longue et significative citation apparaît clairement comment la « pieuse » conception marxiste de la relation Capitaliste-Salarié (Ca-Sa) a été schématisée (sans vérification de la validité de cette schématisation de l'œuvre de Marx, ni confrontation avec les connaissances de la réalité sociale actuelle) dans un Parti politique se réclamant du marxisme comme l'était encore à l'époque le PCF :

MT : « Les marchandises sont vendues, grosso modo à leur valeur. (...) les clientes n'avaient aucune raison de payer un manteau plus cher que sa valeur »

PR : ce n'est donc pas par un prix de vente supérieur à un prix d'achat que le capitaliste constitue son capital.

MT : « J'avais pensé l'année précédente que Jules s'enrichissait « en vendant le plus cher possible ce qu'il achetait le moins cher possible «

PR :
-Les marchandises sont des objets, des biens matériels (ici « des manteaux de fourrure ») ;
-La valeur des marchandises est déterminée par la quantité de travail social nécessaire à leur « fabrication » et les travaux du commerce, de la gestion ne créent aucune valeur :

MT : « Jules savait tout faire, sauf un manteau de fourrure ! » et «... seule la fabrication des manteaux créait de la valeur. »

PR :
-Le capitaliste possède les moyens d'échange et de production :

MT : « Jules possédait le magasin, l'atelier, les stocks, les machines, etc. » ;

PR :
-Le salarié est, par un rapport de force défavorable, contraint à vendre en un échange égal, donc à sa valeur (le salaire) la marchandise que constitue sa « *force de travail* »

MT : « Pourquoi les salariés acceptaient-ils de faire deux heures de plus ? Tout simplement, parce que le rapport de force entre le patron et les salariés était tel qu'il obligeait ceux-ci à s'incliner, non sans rechigner »

PR : -La « *force de travail* » produit plus de travail que n'en représente le salaire qui vaut juste le nécessaire à la reconstitution de la « *force de travail* » Dans l'échange Ca-Sa, le salaire représente le prix payé pour le travail fourni et la plus-value le prix non-payé pour ce travail.

MT : « si un salaire correspondait à 6 heures de travail par jour permettant à ses salariés de «reconstituer leur force de travail », Jules les faisait travailler pour lui deux heures de plus. Il accaparaît ainsi une partie de la valeur créée par le travail de ses salariés. C'était cela, la fameuse « plus-value » et donc l'origine du profit »

PR : En présentant « pieusement » ce schéma théorique, Michel Taubes ne voit aucune contradiction entre l'affirmation par Marx de l'existence d'un échange égal « *force de travail* » contre *salaire*, et l'affirmation que cet échange est en fait l'échange inégal d'un *travail* contre un *salaire* de valeur moindre que le travail fourni : notions de « *travail payé* » et « *travail non-payé* » Michel Taubes ne cherche pas non plus à vérifier s'il était vrai que le travail commercial et de gestion accompli par son patron Jules ne créait aucune valeur.

-**Jean Ziegler** (JZ, p. 25) :

JZ : « Le propriétaire des moyens de production – capitaux, machines, locaux, matières premières, etc. – verse aux travailleurs le salaire le plus bas possible, le minimum dont ceux-ci ont besoin pour reconstituer leur force de travail – manger, dormir, avoir un toit. »

[39] **Jean-Claude Delaunay et Jean Gadrey** (D et G) montrent que Marx introduit sans aucune « justification théorique » dans sa théorie de la valeur conçue comme un « *rapport social* », une exigence de « matérialité » des marchandises. Remarquant que :

D et G : « Le salarié productif de la production matérielle typique, au sens le plus classique du terme, est lui aussi (…) un prestataire de service. »…,

PR : …ils en concluent que :

D et G : « le travail de service est productif de valeur et de plus-value, dès lors qu'il est mis en œuvre par du capital, sans référence à la matérialité de son résultat. »

PR : Cependant, en conditionnant ainsi la production de valeur par les services à « leur mise en œuvre par du capital » D et G en viennent à exclure de la production de la valeur tous les travaux dont les produits seraient selon eux « hors commerce » ou « hors marché »

Caractérisant la société capitaliste par :

D et G : « …la propriété privée que les individus ont de leur personne (…) réputée inaliénable et sacrée »,

PR : D et G en concluent :

D et G : « …le produit marchand du travail de service personnel ne peut être une personne. La marchandise produite par ce travail est donc la prestation de service elle-même, c'est-à-dire la mise en œuvre (…) de la capacité de travail du producteur de service. »

PR : Autrement dit, cette marchandise n'est pas la « capacité de travail » (expression synonyme de « *force de travail* » chez Marx –PR), mais « sa mise en œuvre », c'est-à-dire, le « travail » Pourtant, un peu plus loin, D et G, à propos des « salariés des ménages », parlent toujours de « l'achat de leur force de travail »

Au total, D et G suivent ou corrigent Marx en déclarant productifs de valeur et plus-value :

-les « services personnels » à condition qu'ils soient réalisés « pour le compte du capital » ;

-les « activités de transport » des personnes aussi bien que celui des marchandises,

-les « activités de réparation et d'entretien des objets » ;

-les « activités de gestion, circulation marchande et financière, et d'assurance »

Par contre, D et G, en accord avec Marx, persistent à considérer que les travaux dont les produits restent « hors commerce » ou « hors marché » ne produisent ni valeur ni plus-value. Ce serait ainsi le cas :

-des travaux des « salariés de l'Etat »,

-des travaux des « salariés des ménages »,

-des travaux effectués dans le cadre des « rapports de parenté » ou des « rapports communautaires »

Dans une note de lecture critique séparée, nous montrerons que rien ne justifie que soit dénié à ces activités la capacité de production de valeur-travail et surtravail.

[40] Cf. Karl Marx (KM, I, p. 135) :
KM : « *Liberté ! Car ni l'acheteur ni le vendeur d'une marchandise, n'agissent par contrainte.* (...). *Egalité ! Car ils n'entrent en rapport l'un avec l'autre qu'à titre de possesseurs de marchandise, et ils échangent équivalent contre équivalent. Propriété ! Car chacun ne dispose que de ce qui lui appartient...* »
PR : Il est clair que pour Marx, il n'y a ni liberté, ni égalité dans le contrat qui lie le salarié à son employeur capitaliste, lequel ne l'impose au salarié que par la contrainte, car a écrit Marx plus haut (p. 130) :
KM : « *Quiconque veut vendre des marchandises distinctes de sa propre force de travail, doit naturellement posséder les moyens de production tels que matières premières, outils, etc.*, (et nous ajouterons posséder aussi les moyens d'échange). (...) *...l'homme est obligé de consommer pour produire et pendant qu'il produit* »...
PR : ...et nous ajouterons, consommer dans tous les segments de sa vie pendant lesquels il ne produit pas.
Cependant, ces considérations ne suppriment pas la critique qui doit être adressée à Marx lorsqu'il caractérise le contrat passé entre l'employeur capitaliste et son salarié comme un échange entre équivalents salaire contre « *force de travail* » et non comme un échange inégal salaire contre travail vivant.
[41] Cf., par exemple **Assedic Alsace et ANPE Alsace** :
http://www.energivie.info/sites/default/files/documents/gisements-de-main-d-oeuvreanpe13102008.pdf
[42] **Gérard Duménil** écrit (GD, p. 12) :
GD : « La solution (pour Marx –note de PR) du problème de la valorisation est bien connue. Il existe une marchandise, la seule que possède le prolétaire : sa force de travail dont la valeur d'échange est déterminée par le temps de travail socialement nécessaire à la production des subsistances des travailleurs, et la valeur d'usage est le travail lui-même. Le capitaliste achète la force de travail à sa valeur, en pleine conformité avec les lois « marchandes »... »
PR : Cette citation montre bien que, selon G. Duménil, chez Marx, c'est une propriété particulière de la marchandise « *force de travail* » qui est dite à l'origine de la valorisation du capital, et non l'inégalité de l'échange « travail contre « *force de travail* » », ou plus précisément « travail présent, travail vivant contre travail passé, travail mort », valeur de la récolte contre valeur de la semence, un échange qui, lui, se déroule en infraction totale avec « les lois marchandes »

La réduction de la valeur de la marchandise « *force de travail* » à un travail passé est aussi admise par **J. Chaillou** (JCh, p. 24-25) qui calcule cette valeur comme la somme des frais d'entretien du travailleur avant, pendant et après la période d'activité professionnelle : nulle part n'intervient dans son calcul le « travail » que pourrait représenter l'activité consacrée aux études au cours de sa vie par le travailleur lui-même. Autrement dit, n'intervient dans la valeur de la « *force de travail* » que la valeur cumulée des marchandises consommées pour la produire : la valeur de la « *force de travail* » n'est alors faite que de la valeur d'autres marchandises.
A cette originalité de la « *force de travail* » parmi toutes les marchandises, J. Chaillou ajoute (p. 30) celle qui résulte du caractère « qualifiant » de certaines tâches en distinguant :
JCh : « Le travail qui se traduit par une usure pure et simple de la force de travail et le travail au cours duquel s'effectue une croissance de la qualification dans l'exercice même de l'activité rémunérée. (...) Une partie du temps de travail se fixe alors dans la capacité de travail et augmente sa valeur globale. En ce qui concerne les activités salariées qualifiantes tout se passe comme si le salarié travaillait partiellement « à son compte » » :
PR : La « *force de travail* » produirait donc un travail qui produirait de la « *force de travail* », comme la semence de blé peut produire de la semence.

[43] Dans les pays capitalistes développés, la recherche du taux de profit maximum alimente une contradiction permanente entre d'un côté, la recherche d'un coût du travail (ou de la « *force de travail* ») aussi bas que possible, donc le non paiement de sa reproduction intergénérationnelle et la déqualification parcellisation des tâches de production et, de l'autre côté, la recherche de travailleurs capables de s'adapter grâce à un niveau d'instruction élevé aux changements permanents des méthodes de production et aux changements des conditions de vie.
Ainsi s'expliquerait, d'un côté, dans les pays développés la libéralisation des mœurs autorisant ou contraignant les femmes à chercher à s'élever dans les hiérarchies professionnelles au prix d'un renoncement plus ou moins partiel à la maternité, tandis que, de l'autre côté, dans les pays dépendants, sont encouragées voire imposées par la force les dictatures religieuses réduisant les femmes à leur rôle de reproductrices de réservoirs de main-d'œuvre sous-qualifiée exploitable sur place ou après émigration.
[44] Ne définir les besoins que relativement à l'exécution d'un travail déterminé, c'est oublier que le renouvellement de la « *force de travail* » s'effectue en dehors des périodes et lieux de travail, dans la vie extra-professionnelle.
[45] Si la part (Vs consommée) que consomme le salarié de la valeur (Vs) de son salaire est inférieure à la valeur (Vw) du travail qu'il a incorporée aux marchandises qu'il a produites (valeurs mesurées en temps de travail social moyen actuel), autrement dit si le salarié consomme moins en valeur qu'il ne produit, alors il y a formation d'une plus-value. Dans le cas contraire, il y a formation d'une moins-value.
J. Chaillou pourtant écrit (p.26) :
JCh : « L'existence d'une valeur en plus positive (valeur en plus : autre terme pour plus-value PR) va être pour nous un axiome, (…) et non une conclusion scientifiquement établie, à l'instar de Karl Marx. »
[46] **Samir Amin**, par exemple écrit :
-(SA I, p.136) « Dans les centres une proportion croissante des travailleurs, qui sont des vendeurs de leur force de travail et donc des prolétaires… » ;
-(SA I, p.148) « Dans le capitalisme l'exploitation est opacifiée par la forme marchande généralisée des rapports sociaux : le prolétaire vend sa force de travail, et non pas son travail » ;
-(SA I, p. 151) « L'inégalité fondamentale dans la répartition des revenus qui caractérise le capitalisme repose en premier lieu sur le contraste qui oppose le pouvoir des propriétaires de capitaux à la soumission des vendeurs de force de travail. »
[47] Cf. **Karl Marx**
-(KM, I, p.71) : « *…les travaux privés, exécutés indépendamment les uns des autres, (…) sont constamment ramenés à leur valeur sociale proportionnelle. Et comment ? Parce que dans les rapports d'échange accidentels et toujours variables de leurs produits, le temps de travail social nécessaire à leur production l'emporte de haute lutte comme loi sociale régulatrice, …* »
PR : Sauf si, comme c'est le cas dans la société capitaliste, la loi de l'échange inégal travail contre « *force de travail* » ne finit par s'imposer aux dépens de cette loi régulatrice.
-(KM, I, p. 88) : « *Il est donc possible qu'il y ait un écart, une différence quantitative entre le prix d'une marchandise et sa grandeur de valeur, et cette possibilité git dans la forme prix elle-même. C'est une ambiguïté qui, au lieu de constituer un défaut, est au contraire une des beautés de cette forme, parce qu'elle l'adapte à un système où la règle ne fait loi que par le jeu aveugle des irrégularités qui, en moyenne, se compensent, se paralysent et se détruisent mutuellement* »
PR : Sauf si, comme c'est le cas dans la société capitaliste, l'irrégularité que constitue l'échange inégal travail contre « force de travail » devient elle-même la règle qui fait loi.
[48] Cf., par exemple, **Jean-Noël Laurenti** : « Quel enseignement pour l'école républicaine ? »
http://www.aplettres.org/quel_enseignement_pour_l.htm

[49] A propos de la définition du prolétariat,
-**Alain Bihr** écrit (AB2, p.48) :
AB : « …du fait de la division du travail que le capital impose, ce sont (les prolétaires –PR) des travailleurs salariés qui sont cantonnés à des tâches d'exécution, (…) …il s'agit d'opérations (…) dans lesquelles (…) leur autonomie et leur initiative tendent à se réduire au fur et à mesure que progresse cette division du travail, en limitant d'autant le niveau de formation générale et professionnelle, initiale ou continue, qu'elles requièrent de la part des exécutants. Une tendance cependant inégalement développée suivant les secteurs et branches d'activité ainsi que les différentes couches du prolétariat lui-même et qui se heurte aux exigences contraires résultant de l'investissement des sciences et des techniques dans le procès de production… »
-**Thomas Piketty** écrit (T Pk, p. 48) :
T Pk : « Le processus de diffusion des connaissances et des compétences est le mécanisme central qui permet à la fois la croissance générale de la productivité ... »
[50] Note de lecture : « **La Recherche** (notée LR), janvier 2015, n° 495 »
LR : « Les profits de la découverte. En 2001, deux ans après son départ pour les États-Unis, Shuji Nakamura attaque en justice son ancien employeur, Nichia. (…) …la somme reversée par l'entreprise japonaise à la suite de sa découverte - 20 000 yens (environ 140 euros) - est dérisoire au vu des profits qu'elle lui a permis d'engranger - ceux-ci sont estimés à l'époque à 6o milliards de yens (près de 420 millions d'euros). Il considère aussi que les brevets, déposés par Nichia mais où il apparaît comme (seul) inventeur, devraient lui appartenir. Le procès est suivi avec attention au Japon. (…) : traditionnellement, dans ce pays, une entreprise et son chercheur ne signent pas de contrat de répartition des bénéfices liés à une invention, et c'est donc la première qui récupère tout l'argent. Après quatre ans de procédure, un accord est finalement trouvé entre les deux parties : Nichia accepte de verser 843 millions de yens (à peu près 5,9 millions d'euros) à Shuji Nakamura. »
PR : La théorie marxiste de la valeur marchande ne peut s'appliquer à la production de l'objet rare ou unique ce qui est le cas de la production d'une découverte.
Selon Marx, en effet, la valeur d'une marchandise (ici une découverte technique) est égale à la quantité de travail social moyen actuel (mesurée en temps de travail) dépensée pour produire une marchandise de même nature, et non, comme le suggère l'article cité plus haut, en proportion des profits réalisés à l'aide de cette marchandise ! Par exemple, on ne mesure pas la valeur d'une machine par un pourcentage des profits qu'elle a contribué à fournir à l'entreprise capitaliste qui s'en sert.
On remarquera que dans le cas de l'objet rare ou unique particulièrement, la valeur de la découverte en question est définie par un rapport de force juridique entre l'employeur et le salarié et non par un équilibre entre l'offre et la demande, c'est-à-dire, comme le suppose la théorie de Marx, un équilibre atteint sous l'effet d'une libre concurrence s'exerçant à travers la répétition de l'échange de marchandises de même nature. De telles conditions ne sont évidemment pas satisfaites lorsqu'il s'agit d'une découverte particulière.
On remarquera que l'article ici commenté ne fait nulle-part mention du travail réalisé par les salariés de l'entreprise Nichia à l'origine de ses fabuleux profits !
Le producteur individuel ou collectif d'une connaissance nouvelle se trouve, pendant le temps difficile à protéger où celle-ci n'a pas été divulguée, en situation de monopole : le prix qu'il peut en tirer est alors déterminé par un rapport de force économico-politique et n'a pas grand-chose à voir avec une valeur-travail individuelle de sa découverte.
Si l'on veut, cependant, pour se replacer dans le cadre de la théorie de la valeur de Marx, rapporter une découverte particulière à une production répétitive, on pourra, par exemple considérer cette découverte comme une découverte parmi toutes les autres. Sa valeur sera alors déterminée par la quantité sociale moyenne de travail fourni pour une découverte quelconque dans la société considérée, et au moment considéré. Un tel calcul aura pour mérite d'associer à la découverte singulière le travail de l'ensemble des chercheurs et au-delà, de

tous ceux qui leur ont assuré moyens de travail et subsistance. De la même manière que le gagnant au Loto accapare une part des montants versés par les perdants, de la même façon, le prix payé pour la performance des dirigeants d'entreprise, des sportifs, artistes ou chercheurs exceptionnels accapare une partie du prix non payé pour la performance des travailleurs anonymes qui ont rendu possible leur performance. La découverte est une œuvre sociale collective dont le capitalisme fait une œuvre privée. Le mythe du savant devenu commerçant entretient le mythe du capitaliste récompensé pour ses mérites.
La privatisation marchande des connaissances relève du pillage. Le chercheur, et plus encore que lui, l'entreprise capitaliste qui privative une connaissance à travers la pratique du secret ou du brevet, est comparable à l'actionnaire d'une compagnie pétrolière qui privatise à son profit un gisement lucratif. Le chercheur qui se croit propriétaire de sa découverte pour en faire du profit se comporte comme le salarié qualifié de RDA qui franchissait le Mur de Berlin (un mur explicitement construit dans l'intention d'empêcher un pareil hold-up) pour monnayer à l'Ouest, sous le drapeau bafoué de la liberté, la qualification qu'il avait reçue gratuitement de la société socialiste qui avait assuré son instruction.

51 Plus que jamais, la production des connaissances revêt un aspect social. Ainsi la revue La Recherche (notée LR : n°499, 2015, p.68) présente la carrière de l'ingénieur **P. Védrine** sous le titre :

LR : « Le prix Nobel de physique 2013 est un peu le mien »…, (…) Ce que **Guy Aubert**, professeur émérite à l'université de Poitiers, comprend sans peine : «Avant, les expérimentateurs créaient leurs propres instruments, mais quand ceux-ci sont devenus trop complexes ou onéreux, une cohorte de physiciens-ingénieurs spécialisés a émergé. » Ainsi, 2.000 à 3.000 ingénieurs et techniciens ont travaillé sur la conception des détecteurs du LHC. (…) «Et pourtant, sans nous, les physiciens sont aveugles. Galilée aurait-il découvert ses lunes sans lunette ?» Et Peter Higgs aurait-il confirmé l'existence de sa particule sans les aimants de Pierre Védrine ? La question est ouverte. »

52

Productivité, valeur sociale du travail et plus-value

Le travail constituant la substance de la valeur sociale, et, dans l'ensemble économico-politique spatio-temporel considéré, le temps de travail social moyen mis à produire chaque catégorie de produits du travail, sa mesure, nous compterons la valeur des produits, non en euros ou dollars, mais en temps de travail.
Soient deux entreprises, X et Y, les seules à produire un produit (P) de type déterminé. En un temps de travail Vw, les salariés collectifs à l'œuvre en X ou Y produisent respectivement des quantités Qx et Qy de produit pour une masse salariale Vsx ou Vsy en consommant des moyens de production d'une valeur Vmpx ou Vmpy.
Posons (Qtotale) la quantité de produit obtenue ensemble par les deux entreprises en un temps de travail Wtotal (soit Qx + Qy = Qtotale), et soit (a) et (1-a) les proportions respectives de cette quantité totale produites par les entreprises X et Y : (a) et (1-a) désigneront les indices respectifs de productivité de ces entreprises
Soit donc Qx = aQtotale et Qy = (1-a)Qtotale avec ($0 < a < 1$).
Par exemple si X produit 1/10ème de la quantité totale produite, soit (a) = 1/10, alors Y en produit les 9/10èmes, soit (1-a) = 9/10.
Les valeurs V(x+y)totale, Vxtotale et Vytotale de produits obtenus en un temps Vw respectivement dans l'ensemble (X + Y), en X et en Y sont alors égales aux quantités respectives de travail dépensées à les produire :

(1) : V(x+y)totale = 2Vw + Vmpx + Vmpy

Par exemple, si Vw = 1h de travail pour chacune des entreprises, au total les deux entreprises auront consommé ensemble : (1h+1h = 2Vw heures de travail) + (Vmpx) + (Vmpy).
Dans la relation (1), Vw, Vmpx et Vmpy représentent :

- Vw la quantité de travail, c'est-à-dire la durée du travail fourni par le travailleur collectif de chaque entreprise ;

- Vmpx et Vmpy les quantités de travail nécessaires pour compenser l'usure, voir assurer le remplacement des moyens de travail utilisés respectivement en X ou en Y.

La valeur unitaire sociale moyenne Vunitaire d'un produit (P) est donc :

(2) : Vunitaire = V(x+y)totale/Q, soit :

(3): Vunitaire = (2Vw + Vmpx + Vmpy) / Q.

Les valeurs Vxtotale et Vytotale produites respectivement par X et par Y sont :
Vxtotale = Qx Vunitaire = aQ [2Vw + Vmpx + Vmpy] /Q, soit en simplifiant par Q :

(4x) : Vxtotale = a [2Vw + Vmpx + Vmpy]
Vytotale = Qy Vunitaire = (1-a) Q [2Vw + Vmpx + Vmpy] /Q, soit, en simplifiant par N :

(4y) : Vytotale = (1-a) [2Vw + Vmpx + Vmpy]

Par ailleurs, les valeurs sociales Vxtotale et Vytotale des produits fournis au total respectivement par les entreprises X et Y sont données par les relations :

(5x) : Vxtotale = Vwx + Vmpx
(5y) : Vytotale = Vwy + Vmpy

Dans ces dernières relations Vwx où Vwy désignent les valeurs sociales des travaux fournis respectivement en X ou en Y, c'est-à-dire les valeurs qui tiennent compte des indices (a) et (1-a) de productivité des travailleurs de ces entreprises.
D'où les relations relatives à l'entreprise X :

(6x) : Vwx = Vxtotale – Vmpx, soit :
(7x) : Vwx = a [2Vw + Vmpx + Vmpy] – Vmpx, soit :
(8x) : Vwx = 2aVw - (1-a)Vmpx + aVmpy.

Un calcul semblable montre que la valeur sociale du travail fourni par le travailleur collectif de l'entreprise Y est donnée par la relation :

(8y) : Vwy = 2 (1-a)Vw + (1-a)Vmpx – aVmpy.

Ainsi, la relation (8x) montre que la valeur sociale horaire Vwx produite par le travailleur collectif de l'entreprise X dépend :

-positivement de sa propre productivité (a) relativement à la productivité (1-a) du travail de l'entreprise Y ;

-positivement de la valeur Vmpy consommée en moyens de travail par le travailleur de l'entreprise Y ;

-et négativement de la valeur Vmpx qu'il a consommée lui-même en moyens de production en X.

Si l'on calcule maintenant la différence entre la valeur sociale Vwx des travaux effectués en X en un temps Vw, et la valeur sociale Vwy des travaux effectuée en Y pendant le même temps, on trouve :

(9) : Vwx – Vwy = 2(2a-1)Vw - 2 (1-a) Vmpx + 2a Vmpy

Ainsi, suivant les caractéristiques comparées des entreprises X et Y, la valeur sociale d'une heure de travail fournie par l'entreprise X peut se révéler positive ou négative, ce qui signifie qu'il existe des transferts de valeur entre les travailleurs des entreprises concurrentes.
Dès lors, si l'entreprise X est la plus productive, c'est-à dire si (a) > 1/2), l'expression (2a – 1) prend une valeur positive et le transfert de valeur en faveur de l'entreprise X dépend positivement de Vw. Ce transfert dépend aussi positivement de l'indice (a) de productivité relative des travailleurs de l'entreprise X et de la consommation en moyens de production (Vmpy) de l'entreprise Y, mais il dépend négativement de la valeur (Vmpx) consommée en moyens de production par l'entreprise X.

En conclusion, la valeur-travail sociale fournie par le travailleur collectif d'une entreprise peut-être calculée sans faire entrer en ligne de compte la valeur de sa « *force de travail* » ; elle résulte de transferts de valeur entre les travailleurs des entreprises de l'ensemble économico-politique spatio-temporel considéré.

[53] Matérialisme philosophique et couplage des notions (infrastructure ou base économique) – (superstructure politique) chez Marx et continuateurs.

Robert Bibeau (RB) écrit :
« Les clés pour comprendre les récents évènements économiques et politiques internationaux sont d'une part : admettre que l'économique commande au politique et rarement l'inverse.... »

Aymeric Monville, de même écrit (AyM, p.16) :
« Certes, le marxisme n'est pas un économisme. Pour accoucher d'une nouvelle société, il faut un accoucheur. Mais nul matérialiste ne saurait nier le rôle de l'économie en dernière instance. »

Dans sa biographie de Marx, (V.I.L. II, p. 49) **Lénine écrit** :
V.I.L. : « ... le matérialisme explique la conscience par l'existence, et non l'inverse, il exige, appliqué à la vie sociale de l'humanité, que la conscience sociale trouve son explication dans l'existence sociale. »
Lénine cite alors un passage du Livre III du Capital :
KM : « *La technologie révèle l'activité de l'homme envers la nature, le procès immédiat de production de sa vie, par suite, ses conditions sociales et les concepts intellectuels qui en jaillissent.* »
PR : Ici, donc, selon Marx, *les conditions sociales* et les *concepts intellectuels* sont des produits de *l'activité de l'homme envers la nature* révélée par *la technologie.* »
Lénine cite ensuite un long extrait de la « *Contribution à la critique de l'économie politique* » de **Marx** [ci-dessous dans la traduction de Laura Lafargue, éd. M. Giard, Paris, 1928, p. 4-6, extrait présent dans une autre traduction in notre référence (KM, Pl. I, p. 272-273)], notamment les passages qui suivent :
KM : « *... il importe de distinguer toujours entre le bouleversement matériel des conditions de production économique – qu'on doit constater fidèlement à l'aide des sciences physiques et naturelles - et les formes juridiques, politiques, religieuses, artistiques ou philosophiques, bref, les formes idéologiques sous lesquelles les hommes deviennent conscients de ce conflit* (entre forces productives et rapports de production -PR) *et le mènent à bout.* »
PR : Ici Marx relie encore une fois ce qu'il appelle le « *bouleversement matériel des conditions de production économique* » à « *l'activité de l'homme envers la nature* », celle que les sciences de la nature seules nous permettent de constater.
A ces conditions de production économique Marx oppose ensuite les *formes idéologiques* dont les *formes politiques* par lesquelles ce bouleversement accède à la *conscience* des hommes. Il s'agit donc là de l'énoncé du principe philosophique matérialiste relatif à la

relation [(matière) -(conscience de la matière)]. Selon ce principe « l'existence précède la conscience »
Mais ici, contrairement à ce que le matérialisme philosophique désigne par matière, celle-ci est limitée à celle que l'on peut « *constater à l'aide des sciences de la nature* », autrement dit, Marx glisse de la notion la plus large d'une matière préexistante à la conscience que l'on s'en forme, à la notion restreinte de matière au sens physique du terme et que l'on retrouve dans la notion de « *bien matériel* » ou dans celle de « *bouleversement matériel des conditions de production économique* »
En outre, ici Marx range clairement les « *formes juridiques et politiques* » parmi des « *formes idéologiques* »
Marx en effet poursuit :

KM : « *De même qu'on ne juge pas un individu sur l'idée qu'il se fait de lui-même, de même on ne peut juger une telle époque de bouleversement sur sa conscience de soi, il faut au contraire expliquer cette conscience par les contradictions de la vie matérielle...* »

PR : « *La vie matérielle* », donc, au sens donc limité « *d'activité de l'homme envers la nature* » et non *d'activité de l'homme envers la matière au sens philosophique du terme*, c'est-à-dire la vie matérielle entendue comme *la vie objective qui englobe toutes les réalités individuelles et sociales des hommes aux côtés de celles de la nature.*
Question : les services font-ils partie de la vie matérielle ?
Auparavant, Marx avait écrit :

KM : « *Dans la production sociale de leur existence, les hommes entrent en des rapports déterminés, nécessaires, indépendants de leur volonté ; ces rapports de production correspondent à un degré de développement donné de leurs forces productives matérielles. L'ensemble de ces rapports de production constitue la structure économique* (sous-ligné par PR) *de la société, la base réelle, sur quoi s'élève une superstructure juridique et politique et à laquelle correspondent des formes de conscience sociale déterminées.* »

PR : Or Marx n'a pas écrit que les rapports politiques objectifs constituent l'une des bases des rapports économiques de production, comme ceux-ci constituent une des bases des rapports politiques objectifs.
Cette citation juxtapose et télescope donc deux oppositions :

-d'une part l'opposition (base économique) – (superstructure politique et juridique)
-d'autre part, l'opposition (base économique) – (formes de conscience sociale).

Autrement dit, de même que les rapports économiques d'activité de l'homme envers la nature préexistent à la conscience que les hommes s'en font, de même ces rapports économiques préexisteraient aux rapports juridiques et politiques. Ici donc, Marx exclut les rapports sociaux politiques et juridiques des « *rapports de production* » constitutifs de la « *structure économique de la société* »
Mais rien n'autorise Marx à postuler qu'il en est ainsi. Au contraire, nous avons vu comment, au cœur même du rapport économique fondamental de la société capitaliste, la valeur du salaire, et donc celle de la plus-value, et donc l'accumulation du capital, résulte d'un rapport de forces directement politique entre salariés et capitalistes.
De même, le prix des marchandises produites par les travailleurs des Etats dominés sont directement sous la dépendance de leur degré de subordination politique, voire directement militaire par les Etats dominants.
De même, Marx (KM, I, p. 198) citant un auteur nommé Cairnes montre que le commerce des esclaves fondé sur la traite des noirs en réduisant leur valeur marchande a transformé leur vie en un véritable enfer :

KM : « *Le propriétaire d'esclaves achète son travailleur comme il achète un bœuf. En perdant l'esclave, il perd un capital qu'il ne peut rétablir que par un nouveau déboursé sur le marché. Mais,* (ici, Marx cite Cairnes) « *...Dès lors (...) qu'il peut être remplacé facilement par des nègres étrangers, la durée de sa vie devient moins importante que sa productivité. Aussi est-ce une maxime dans les pays esclavagistes que l'économie la plus efficace consiste* *à pressurer le bétail humain (human cattle), de telle sorte qu'il fournisse le plus grand rendement dans le temps le plus court.* » »

PR : A la notion de *superstructure politique* opposée à celle de *base économique*, il convient donc de substituer celle d'aspect économique et aspect politique ou mieux d'aspect économico-politique ou politico-économique de la réalité des rapports de production, aucun de ces deux aspects ne préexistant à l'autre.

Par ailleurs, il convient aussi de considérer que ces rapports de production ne concernent pas que la production des biens dits « matériels » au sens de la physique du 19ème siècle », mais aussi celle des services, ne concernent pas que les rapports de l'humanité à la nature, mais aussi les rapports des hommes entre eux qui ont, eux aussi, une réalité objective préexistante à la conscience que l'on peut s'en former.

V.I.L. : « La conception matérialiste de l'histoire, poursuit Lénine (V.I.L. II, p.51), ou, plus exactement, l'extension conséquente du matérialisme au domaine des phénomènes sociaux, élimina les deux défauts essentiels des théories historiques antérieures. En premier lieu, ces dernières ne considéraient tout au plus que les mobiles idéologiques de l'activité historique des hommes, sans rechercher ce qui fait naître ces mobiles, sans saisir les lois objectives qui président au développement du système des rapports sociaux et sans chercher les racines de ces rapports dans le degré de développement de la production matérielle. »

PR : Ici, Lénine n'envisage pas l'existence de telles « racines » dans le développement de la production « immatérielle », la production des services. Il ne place pas non plus les rapports politiques parmi les rapports objectifs qui président à ce développement de la production matérielle.

Lénine poursuit donc :

V.I.L. : « En second lieu, les théories antérieures négligeaient complètement l'action des masses de la population, (…) Le marxisme fraya un chemin à l'étude (…) de la naissance, du développement et du déclin des formations sociales et économiques (…) en révélant l'origine de toutes les idées et de toutes les tendances différentes, sans exception, dans l'état des forces productives matérielles. »

PR : Or, les forces productives matérielles dont il s'agit ici sont réduites à la production des biens matériels à l'exclusion de la production des services qui progressivement sont pourtant appelés à occuper une place prépondérante dans la société, y compris dans la production de biens dits matériels eux-mêmes.

V.I.L. : « …quelles sont les conditions objectives de la production de la vie matérielle sur lesquelles toute l'activité historique des hommes est basée ? »…

PR : …demande Lénine, négligeant de poser la question de la place des conditions politiques objectives dans la production de la vie matérielle elle-même. Peut-on affirmer par exemple, que le développement des rapports de pouvoir, des rapports politiques d'exploitation n'ont pas été concomitants du développement des rapports économiques ?

[54] Un exemple actuel de la place des rapports politiques comme déterminants des rapports économiques nous est donné par **F. Clavaud et G. Marchais** (FC et GM, p. 17-20) :

FC et GM : « Plus que jamais (à partir de 1958 -PR*)* la politique agricole aura pour objectifs essentiels :

-de faire pression sur les prix agricoles à la production et, par là même, limiter le coût de la force de travail et fournir un prétexte (…) pour refuser les augmentations de salaire aux travailleurs (on notera que les auteurs s'en tiennent à la thèse de Marx selon laquelle le salaire est le prix de la « *force de travail* » et non le prix du travail. » ;

-d'aggraver délibérément la situation de la petite et moyenne paysannerie en vue d'accélérer l'exode rural et approvisionner l'industrie en main-d'œuvre à bon marché ;

-de favoriser la concentration agraire au profit d'une minorité privilégiée.

(…) …les subventions pour la construction de bâtiments d'élevage ne sont accordées que si le demandeur possède 20 vaches ou 40 bovins à l'engrais. Or (…) 4,5% du nombre total des éleveurs remplissent de telles conditions.

Pour la production porcine la discrimination est encore plus importante. (…) …les prêts du Crédit Agricole (à l'époque banque publique -PR) pour l'achat d'une installation ou l'installation d'un jeune agriculteur, ne peuvent (…) être accordés que si l'exploitation à une superficie au moins égale (…) au double de la « Superficie de Référence ») »…
PR : Et les auteurs, citant de telles surfaces variant suivant le département entre 20 et 48 ha, ajoutent :

FC et GM : « On peut se faire une idée (…) des paysans qui sont ainsi mis hors-jeu lorsqu'on sait que sept exploitations agricoles sur dix mesurent moins de 20 hectares »
[55] **L'Humanité** du 23/12/2014 : extraits et commentaire de Pierre Roubaud

Les citations

IRAN. Les grandes manœuvres arabo-américaines aboutissent à l'état d'urgence
… La levée des sanctions permettrait à Téhéran de retrouver une marge de manœuvre pour échapper aux pressions de son premier rival, l'Arabie saoudite, engagée avec les États-Unis dans une stratégie évidente d'affaiblissement de la Russie, et, par ricochet, de ses principaux alliés dans la région, Damas et Téhéran. L'économie iranienne est ainsi prise en étau entre le régime de sanctions qui pèse sur ses exportations de brut et la baisse du prix du baril. Un contexte à très hauts risques.

ALGERIE. Essentielle à la stabilité du pays, une manne qui s'assèche
Les investissements de prestige entrepris sous les deux premiers mandats de Bouteflika ont fait la fortune d'une poignée de chefs d'entreprises privées et surtout permis une corruption à grande échelle... La chute du baril de pétrole intervient donc dans ce contexte explosif, le pays étant secoué par des émeutes sporadiques.

RUSSIE. En un an, la valeur du rouble a perdu 40 % devant l'euro, 60 % face au dollar. Le budget russe parvient à l'équilibre quand le baril est à 100 dollars...
La Russie est habituée à une croissance autour des 6%, les prévisions pour 2014 seraient de 0,4 % et autour de 1 % pour 2015. L'impact de la crise en Europe (…) explique en partie ce ralentissement. Mais les sanctions européennes et états-uniennes et la chute du prix du baril pèsent aussi sur la croissance. L'économie russe demeure très dépendante de l'exploitation et de l'exportation de ses hydrocarbures : gaz et pétrole. Ces deux ressources représentent 61 % des exportations russes. Cette rente énergétique a assuré l'équilibre de ses comptes publics et les troisièmes réserves de change de la planète (366,7 milliards d'euros). Cette chute accélère la volonté du pouvoir russe de diversifier son économie (…).

Le VENEZUELA est fortement dépendant des revenus pétroliers qui assurent 96 % de ses ressources en devises et servent à la couverture de nombreux produits de consommation. Dans ces conditions, la chute du prix du baril plombe son économie, qui tourne au ralenti. Des pénuries font leur apparition et l'inflation est galopante, de l'ordre de plus de 60 %. Dès lors, au sommet du pouvoir, l'heure est à la mobilisation.
Nicolas Maduro, le président, tente de garder le cap dans la tempête. (…) Maduro dénonce une « guerre économique » destinée à « déstabiliser » la révolution, orchestrée par les États-Unis qui cherchent à « inonder le marché du pétrole pour faire baisser les prix et affaiblir la Russie et le Venezuela. »
Le prix du PETROLE continue de dégringoler. (…) Les États-Unis avec le pétrole de schiste ont joué un rôle évident dans cette chute. L'Arabie saoudite, véritable patron de l'OPEP (Organisation des pays exportateurs de pétrole)… (…) (Les Etats-Unis étant les véritables patrons de l'Arabie saoudite –LdS) et premier exportateur mondial, participe largement à cet effondrement. La monarchie du Golfe maintient la production actuelle pour favoriser la chute mécanique des cours du brut, ce qui déstabilise les producteurs américains de pétrole de

schiste et les autres puissances pétrolières comme l'Iran et la Russie. (…)
À qui profite cette chute ? Pour la directrice du Fonds monétaire international (FMI), Christine Lagarde, « c'est une bonne nouvelle pour l'économie mondiale », qui pourrait connaître une embellie. L'organisation table déjà sur un surplus de 0,8 % de croissance pour les pays développés. Les États-Unis, l'Europe, le Japon, la Chine et l'Inde, dont les économies dépendent fortement des importations de pétrole, seraient les grands gagnants. (…)

Parmi les grands perdants, on retrouve la Russie, l'Iran, le Venezuela, l'Algérie et le Nigeria. Cette évolution représente une catastrophe car cette manne pétrolière leur assurait une part considérable de leur budget. Plusieurs d'entre eux risquent d'être affectés par des situations explosives si le prix continue à baisser (lire p. 72). Mais le choc actuel est aussi monétaire. Le Nigeria, première économie d'Afrique, qui tire environ 70 % de ses revenus du gaz et du pétrole, a vu sa monnaie dégringoler ces derniers mois, et des mouvements de grève menacent le secteur.

Le commentaire

Austérité sur
Commande politique
De l'impérialisme
Yankee : où l'on voit comment
Le politique n'est pas

La superstructure
Sur la base économique.

Russie, Algérie
Venezuela, Iran
Nigeria : nul doute,
Le Yankee soutiendra les
Protestations populaires !

L'impérialisme US
Poursuit sa
Conquête du monde.

[56] **Samir Amin** écrit (SA I, p. 17) :

SA : « Le progrès des forces productives est défini par la capacité pour une même quantité de travail direct (…) de mettre en œuvre une plus grande masse d'équipements et de matières premières et de produire par ces moyens une plus grande masse de biens d'équipement et de consommation. »

PR : On notera qu'ici, Samir Amin ajoute à la définition de Marx la propriété de mettre en œuvre une plus grande masse de moyens de production. En réalité, le progrès des forces productives ne passe pas nécessairement, pour une même quantité de travail « direct », par un accroissement de la masse mise en œuvre des moyens de production. La production accrue de biens d'équipement et consommation, peut aussi passer par une réduction de cette masse.

On notera de plus que Samir Amin fait appel, après Marx, à la notion de « travail direct » dont il est fort difficile, ou même impossible de donner le sens exact, car elle suppose la définition de ce qui serait la limite d'un travail indirect qui ne serait pas la société tout entière.

[57] Pour rendre compte de la différence de valeur transmise aux marchandises par le travail simple (non qualifié), le travail complexe (travail qualifié) et le travail social (travail abstrait), **Samir Amin** procède de la façon suivante (SA, p.190-191) :

SA : « Nous supposons que tous les travailleurs de l'échantillon (un collectif de 100 travailleurs supposé représentatif de la population active totale de la société quant aux proportions de travailleurs non qualifiés et qualifiés –PR) fournissent la même dose annuelle de travail horaire (…) …un travailleur simple apporte une année de travail simple au travail collectif, tandis qu'un travailleur qualifié fournit (…) un an de travail complexe. Nous faisons abstraction du coût de formation des travailleurs simples parce que celui-ci est assuré à tous les citoyens (Est-ce à dire que les travailleurs du secteur public ne produisent aucune valeur sociale ? -PR). Par contre nous prenons en considération le coût des travailleurs qualifiés. Celle-ci s'étendra par exemple sur dix années et coûtera chaque année (à qui ? -PR), pour chacun des travailleurs concernés, l'équivalent de deux années de travail social, destiné à la couverture des coûts des enseignants, des équipements utilisés et de l'entretien de l'élève. (Son travail personnel n'est donc pas pris en compte -PR). Tandis que le travailleur non qualifié travaillera 30 ans, le qualifié ne travaillera que 20 ans, ayant consacré ses dix premières années à sa formation. Les coûts de cette formation (au total 20 ans de travail social) seront récupérés sur les 20 années de son travail par la valorisation du travail complexe. Autrement dit l'unité de travail complexe (heure ou an) vaut deux unités de travail simple.

L'unité composite de travail abstrait est donc constituée à raison de 60% par l'équivalent d'une unité de travail simple et de 40% par celui d'une unité de travail complexe (qui vaut deux unités de travail simple). Autrement dit l'unité de travail abstrait fournie par le collectif vaut 1,4 unité de travail simple. »

PR : Face à ce calcul, une question se pose : évalue-t-il, pour une durée physique donnée de travail (une heure par exemple) et en unités de travail simple, la valeur du travail social moyen fourni pour la production d'un type de marchandise déterminé, ou la valeur de la « *force de travail* » consommée pour cette production ? La référence au coût de formation indique que le calcul porte sur la valeur de la « *force de travail* » consommée. Or, la valeur de la marchandise est déterminée par la quantité de travail fournie qui, selon Marx est égale à la valeur de la « *force de travail* » consommée augmentée de la plus-value.

Avant la présentation de son calcul, Samir Amin avait écrit :

SA : « Le concept de travail abstrait est central dans l'élaboration de la loi de la valeur chez Marx, c'est-à-dire dans la détermination de la valeur d'une marchandise par la quantité de travail que sa production a exigé et dans la répartition de cette valeur entre les salaires et les plus-values. »

PR : Plus loin S.A. montre qu'il se place dans le schéma marxiste…

SA : « …d'un système capitaliste complet et fermé (…) où la seule forme de travail productif de marchandises est celle fournie par des salariés qui vendent leur force de travail »…

PR : …et non le service de leur travail. Il semble donc que SA postule indirectement une proportionnalité entre la productivité (en valeur produite et non en quantité de valeurs d'usage) du travail fourni et la valeur de la « *force de travail* » dépensée. Dans son schéma de calcul, par exemple, plus la dépense sociale consacrée aux études est élevée dans le collectif de production, et plus la valeur des marchandises que ce collectif produit en un temps donné est élevée. Mais rien ne prouve que ce postulat de proportionnalité est fondé en réalité.

J. Chaillou à ce sujet (JCh. p.27) cite Marx (argument d'autorité) (KM, III, Ch. VIII, p. 149) :

KM : « Si le travail d'un orfèvre, par exemple, est payé plus cher que le travail d'un journalier, il est certain que le surtravail de l'orfèvre représente aussi, dans le même rapport, une plus grande plus-value que celui du journalier. »

PR : Mais, un peu plus loin Marx précise que cette relation qu'il établit entre salaire et plus-value est un postulat théorique :

KM : « …nous supposerons toujours, dans cet examen général, que les rapports économiques réels correspondent bien à leur concept ou, ce qui revient au même, les rapports réels ne seront exposés ici que dans la mesure où ils traduisent leur propre type général. »

PR : Autrement dit, Marx ne s'intéresse ici qu'à des rapports logiques, ce qui rend inopérante la confrontation de ses résultats avec la réalité observable.

[58] **Un ingénieur** en télécommunication expliquait récemment à PR, que, dans son entreprise, pour faire face au renouvellement accéléré des techniques, on recrutait de moins en moins de techniciens, même techniciens dits « supérieurs », mais de plus en plus d'ingénieurs.

[59] **TEF** 2015, p.105.

[60] **Lénine** écrit (V.I.L. I, p. 786-587) :

V.I.L. : « La concurrence se transforme en monopole. Il en résulte un progrès immense vers la socialisation de la production. Et notamment dans le domaine du perfectionnement et de l'invention technique. (...) Le capitalisme dans sa phase impérialiste conduit tout droit à la socialisation intégrale de la production. Il entraîne en quelque sorte les capitalistes, en dépit de leur volonté et de leur conscience, vers un nouvel ordre social qui marque une transition de la pleine liberté de concurrence à la pleine socialisation.

La production devient sociale, mais l'appropriation reste privée. Les moyens de production sociaux restent la propriété d'un petit nombre d'individus. (...) ...et le joug exercé par une poignée de monopoleurs sur le reste de la population devient cent fois plus lourd, plus sensible, plus intolérable. »

PR : L'immensité des gaspillages engendrés par la concurrence capitaliste conduit à cette vérité qu'il ne suffit pas de redistribuer les profits capitalistes pour en finir avec les restrictions et la misère imposée à la grande majorité de la population. Les crises sociales du système capitaliste ne résultent pas de ce qu'il est coutume d'appeler aujourd'hui « l'austérité », comme si l'austérité pour le plus grand nombre n'avait pas pour pendant le luxe insensé pour une minorité. Ces crises résultent de la suraccumulation du capital, dont les politiques dites « d'austérité » sont une conséquence, parmi d'autres, la nécessité de détruire les capitaux devenus excédentaires portant les gaspillages de la concurrence capitaliste à leur paroxysme (spéculations, chômage de masse, dépenses de publicité, course aux armements et guerres, etc.). Or, il est saisissant de constater comment nombre d'auteurs actuels de la postérité de Marx omettent purement et simplement de parler du rôle des guerres impérialistes comme facteur de régulation de la suraccumulation du capital !

[61] Sachant que la valeur d'une marchandise est une durée de travail, la question posée par Marx à propos de la marchandise travail est de la forme : « Quelle est la durée d'un congé de un mois ? », ou, question célèbre : « Quelle est la couleur du cheval blanc d'Henri Quatre ? » A question absurde, réponse absurde.

[62] Discutant de la place de la concurrence dans l'établissement du prix des marchandises, **Michel Vadée** (MV, p. 190) reprend dans une traduction modifiée, ce passage du Livre II du capital (KM, I, XIX, p.382) :

KM : « Pour le prix du travail, comme pour celui de n'importe quelle autre marchandise, le changement dans le rapport de l'offre et de la demande n'explique rien d'autre que son changement (celui du prix du travail), c'est-à-dire les oscillations des prix de marché en-dessous ou au-dessus d'une certaine grandeur. »

PR : Un peu plus loin, Michel Vadée cite, « *pour expliquer le salaire* », un passage du Livre III du Capital (KM, III, L, p.778) :

KM : « *...il ne nous servirait à rien de faire intervenir la concurrence. (...) Supposons que l'offre et la demande de travail s'équilibrent. Par quoi serait alors déterminé le salaire ? Par la concurrence. Mais nous venons de supposer qu'elle cesse d'être déterminante et que l'équilibre de ses deux forces contraires (aufhebt) annule ses effets. Ce que nous proposons de trouver est précisément le prix naturel du salaire, c'est-à-dire le prix du travail qui n'est pas réglé par la concurrence, mais au contraire, la régularise.* »

PR : Un peu plus haut, dans la même page du Livre trois du capital, Marx avait écrit :

KM : « *...dans la théorie que nous examinons, le point de départ est toujours le travail. Comment sera donc déterminé le prix régulateur du salaire,* (...). *On dira par l'offre et la demande de force de travail. Mais de quelle demande de force de travail s'agit-il ? De la demande faite par le capital. La demande de travail équivaut donc à l'offre de capital.* »

PR : Il n'a donc pas pu échapper à Michel Vadée, qu'ici Marx se réfère indifféremment à l'achat de « *force de travail* » et l'achat de « *travail* » tout court. C'est d'ailleurs ce qu'avait montré (KM, I, XVIII, p. 379-380) l'extrait cité plus haut dans notre étude par lequel Marx présentait comme acceptables les expressions « *travail payé* », « *travail non payé* »
Or, il n'a pas échappé à Michel Vadée que, dans les deux passages qu'il vient de citer, l'un du Livre II du Capital, l'autre du Livre III, Marx reprend à son compte l'expression « *prix du travail* » qui fait explicitement du « travail » la marchandise vendue au capitaliste par le salarié.
C'est pourquoi Michel Vadée écrit à ce sujet en note (MV, note 92, p. 203) :

MV : « Marx parle encore ici de « prix du travail », alors qu'il faut comprendre « prix de la force de travail » » ! Etonnant résultat d'une étude systématiquement apologétique des œuvres de Marx : faute d'admettre que Marx ait pu se contredire, Michel Vadée en vient à écrire à sa place ce qu'il était censé avoir voulu écrire !

[63] « *matérialise* », « *matériel* » : ici la matière est prise au sens du matérialisme philosophique « vulgaire » : un objet massique, manipulable. Dans cette acception, une leçon, contrairement au saucisson, n'est pas matérielle.

[64] En France, en valeur absolue, c'est-à-dire en volume, du moins de 1975 à 2007, il n'y a pas eu désindustrialisation, mais au contraire, croissance moyenne annuelle de presque 2,2% de la valeur ajoutée par les industries manufacturières. Sur la période 1994-2007, ce pourcentage était de 2,6, ce qui correspond, pour ces deux périodes, respectivement à une croissance totale de 70% et 30% environ (d'après **Hervé Le Bras** : « 40 % des emplois industriels perdus depuis 1975 », La Recherche 82 janvier 2012, 459).

[65] « La diminution de l'emploi qui est liée aux délocalisations concerne 13.500 personnes en France chaque année dont la moitié seulement se produit au bénéfice de pays émergents. Cela équivaut à 0,35% de baisse annuelle, soit près de 5 fois moins que la baisse totale observée. » (**Hervé Le Bras**, id. ci-dessus).

[66] « On accuse souvent les seules délocalisations d'avoir provoqué le déclin de l'emploi industriel en France. C'est oublier que la productivité du travail a triplé de 1975 à 2007, et que la machine a parfois remplacé l'homme. » (**Hervé Le Bras**, id. ci-dessus). Pour une large part, par conséquent, la décroissance de l'emploi n'est pas due à une régression de l'industrie manufacturière mais à une modernisation que le niveau des rémunérations n'a pas suivi.

[67] Le travail est donc, comme tous les êtres vivants, un objet capable de « s'auto-multiplier » : une heure de travail vivant, travail présent, représente plus de travail social qu'elle ne consomme de travail passé, travail mort, et le surplus ainsi produit, s'il est utilisé en investissements productifs, permettra au cours du cycle suivant de la production de produire encore plus de travail, etc. C'est ainsi que la croissance des forces productives s'auto-accélère prenant un caractère exponentiel (cf., à ce sujet : PR, p. 16-59). C'est ainsi aussi que plus le capital s'accumule, plus il a tendance à s'accumuler vite : Marx écrit (KM, I, XXIV, p. 415) :

KM : « *Il s'en suit que plus le capitaliste a accumulé, plus il peut accumuler. En d'autres termes : plus il s'est déjà approprié dans le passé de travail d'autrui non payé, plus il en peut accaparer dans le présent.* »

[68] Dans le journal l'Humanité du 26/10/2015, soit 9 mois seulement après avoir publié l'article commenté ci-dessus, **Lucien Sève** écrit :

LS : « …non, le travail n'est pas un coût, c'est juste le contraire, c'est depuis toujours, avec la nature, l'unique source de toute richesse. Comme aussi de tous les profits capitalistes, lesquels ne sont rien d'autre que du travail non payé. »

PR : « N'est-ce pas là admettre que ce qu'achète le capitaliste à ses salariés, c'est un travail, et non une « *force de travail* » ? » Que le travail soit la source de toutes les richesses sociales, n'exclut pas pour autant qu'un type de travail donné puisse, si sa productivité est trop basse, consommer plus qu'il ne produit. Que le travail soit producteur de toutes les richesses ne signifie donc pas pour autant qu'il n'a pas un coût.

[69] Selon **Jacques Chaillou** (JCh, p. 30), il faut « distinguer le travail qui se traduit par une usure pure et simple de la force de travail et le travail au cours duquel s'effectue une croissance de la qualification dans l'exercice même de l'activité rémunérée. »

[70] Cf., à ce propos, **Lénine** (V.I.L. I p. 863) :

V.I.L. : « Dans une lettre à Kautsky (12 septembre 1882), **Engels** écrivait : « *...quant aux ouvriers, ils jouissent en toute tranquillité* (...) *du monopole colonial de l'Angleterre et de son monopole sur le marché mondial.* » ; ou encore : (V.I.L. I, p.865) « dans une lettre datée de 1858 Engels écrivait : « *En réalité, le prolétariat anglais s'embourgeoise de plus en plus, et il semble bien que cette nation, bourgeoise entre toutes, veuille en arriver à avoir, à côté de sa bourgeoisie, une aristocratie bourgeoise et un prolétariat bourgeois.* » »

[71] C'est pour éviter toute confusion que n'est pas fait appel ici à la notion de «*force ou capacité de travail*» chère à MarxPst. En effet, contrairement à ce que devrait inclure une marchandise «*force de travail*», cette valeur salariale de remplacement social ne comprend pas les durées des activités accomplies par le travailleur pour son propre compte et qu'il a lui-même consommées au cours du développement qui a fait de lui un travailleur (par exemple ses activités d'étudiant). La valeur sociale salariale de remplacement comprend donc uniquement les valeurs des biens matériels et services produits par autrui que le salarié doit consommer pour son entretien personnel et son remplacement social intergénérationnel en tant que travailleur (EP-RI-Tr).

[72] Voulant insister, sur la place du travail à la source de toutes les valeurs économiques, la plus-part des commentateurs de Marx refusent de lui attribuer, en tant que tel, une valeur et donc un coût pour qui l'achète. Par exemple, **Lucien Sève** écrit (LS, p.9) :

LS : « Le prétendu « coût du travail ». A l'obsédante campagne sur le « coût du travail » qui serait cause de nos malheurs, on riposte souvent : ce qui nous écrase est le coût du capital ! On n'en dira jamais trop sur le coût du capital, mais on semble ainsi admettre l'idée de coût du travail. Or, c'est une énormité.
1) Avec la nature, le travail est la source de toute richesse sociale. Étant source de la valeur économique, il n'en a pas lui-même, comme le courant électrique qui fait briller l'ampoule est en lui-même dépourvu de brillance. N'ayant pas de valeur, le travail ne saurait avoir de coût. La formule « coût du travail » est un non-sens. »

PR : Ainsi, la valeur sociale du produit P d'un travail serait faite des quantités de travail social dépensées à le produire, (Vw + Vmp), mais la quantité Vw de travail que représente le travail accompli par le salarié à l'aide des moyens de production MP n'aurait aucune valeur, parce que, selon MarxPst, il faudrait qu'il soit au préalable fixé dans un produit P matériel !
Pourtant, la valeur n'est pas du travail en général, mais du temps de travail : tout travail déterminé a donc une durée qui fait sa valeur.
De même que Lucien Sève, **J. Morandat-Gruselle** (J MG) écrit :

J MG : « L'accumulation du capital provient donc de l'accumulation de la valeur produite par le travail non payé, autrement dit par le travail gratuit. Rappelons que Marx parle de la vente de la force de travail et non du travail ce qui est fondamentalement original par rapport aux économistes de son époque (par exemple Ricardo), mais aussi par rapport aux écoles économiques dominantes actuellement car cela met en cause la notion, très en vogue, de « coût du travail » » ?

PR : Pourtant, refuser avec MarxPst toute valeur-travail au travail en tant que tel revient à refuser toute valeur aux services en tant que tels, car, comme le remarquent justement **J-C Delaunay et Jean Gadrey** (D et G, p. 64) :

D et G : « ...tout travail considéré abstraitement est, d'une certaine façon, un service. »

PR : Or, comme le démontre l'essor relatif de la production des services dans la production sociale totale au cours du 20ème siècle, la production matérielle ne peut à elle seule produire toute la valeur consommée par les services : ceux-ci doivent donc, eux aussi, être sources de valeur, fonction dont MarxPst les a déclarés pourtant exclus pour ne pas sortir de son schéma

théorique arbitraire d'un échange marchand employeur-salarié s'effectuant entre échangistes égaux et donc échangeant des produits d'égales valeurs.
Mais si le travail en tant que prestation de service est bien la marchandise achetée par l'employeur à son salarié en échange d'un salaire, peut-on refuser de faire de ce salaire un « *coût du travail* » ? Or, entend-on parfois répondre à cette question : « Le travail acheté par l'employeur capitaliste ne peut pas lui coûter, puisque c'est au contraire ce travail qui lui rapporte une plus-value. »
C'est ici qu'intervient cet autre postulat attribué à Marx par **J. Chaillou** (J. Ch, p. 26) et affirmant le caractère nécessairement positif de la plus-value-employeur. En réalité, le travail a un coût égal à la valeur versée en salaire et, lorsque cette valeur salariale dépasse la valeur fournie en travail par le salarié, l'employeur ne récolte qu'une moins-value.

[73] Cf. par exemple (in « Val de Marne », le **Magazine du Département** », n° 346, 2017, p.22) : « Tous les élèves de sixième du Val-de-Marne sont dotés, depuis la rentrée 2016, d'un Ordinal qui se transforme en tablette. Les nouvelles potentialités de l'outil numérique ouvrent des perspectives pédagogiques et éducatives que certains professeurs n'hésitent pas à développer. »

[74] Cf. par exemple, la Banque Mondiale, http://donnees.banquemondiale.org/theme/education.

[75] Un instructif exemple des conséquences qu'aurait pu avoir la fixation des prix des marchandises sans référence à leur valeur est donné par **J. Staline** (JSt, p.19) :
JSt : « ...nos spécialistes de l'économie et de la planification apportèrent une proposition qui ne pouvait que surprendre les membres du Comité Central, étant donné qu'on y suggérait de fixer le prix de la tonne de céréales presque au même niveau que celui de la tonne de coton, le prix des céréales étant porté au niveau de celui d'une tonne de pain. Les membres du Comité central ayant fait remarquer que le prix d'une tonne de pain devait être supérieur à celui d'une tonne de céréales, en raison des frais supplémentaires nécessités par la mouture et la cuisson ; que le coton coûtait généralement bien plus cher que les céréales, ainsi qu'en témoignent les prix mondiaux du coton et des céréales, - les auteurs de la proposition ne purent rien dire de probant. Force fut au Comité central de prendre cette affaire en main, de diminuer le prix des céréales et de relever ceux du coton. Que serait-il advenu si la proposition de ces camarades avait reçu force de loi ? Nous aurions ruiné les cultivateurs de coton et serions restés sans coton. »
PR : Et la bisbille aurait été jetée entre les Républiques productrices de céréales et celles productrices de coton !

Structures éditoriales du groupe L'Harmattan

L'Harmattan Italie
Via degli Artisti, 15
10124 Torino
harmattan.italia@gmail.com

L'Harmattan Hongrie
Kossuth l. u. 14-16.
1053 Budapest
harmattan@harmattan.hu

L'Harmattan Sénégal
10 VDN en face Mermoz
BP 45034 Dakar-Fann
senharmattan@gmail.com

L'Harmattan Cameroun
TSINGA/FECAFOOT
BP 11486 Yaoundé
inkoukam@gmail.com

L'Harmattan Burkina Faso
Achille Somé – tengnule@hotmail.fr

L'Harmattan Guinée
Almamya, rue KA 028 OKB Agency
BP 3470 Conakry
harmattanguinee@yahoo.fr

L'Harmattan RDC
185, avenue Nyangwe
Commune de Lingwala – Kinshasa
matangilamusadila@yahoo.fr

L'Harmattan Congo
67, boulevard Denis-Sassou-N'Guesso
BP 2874 Brazzaville
harmattan.congo@yahoo.fr

L'Harmattan Mali
Sirakoro-Meguetana V31
Bamako
syllaka@yahoo.fr

L'Harmattan Togo
Djidjole – Lomé
Maison Amela
face EPP BATOME
ddamela@aol.com

L'Harmattan Côte d'Ivoire
Résidence Karl – Cité des Arts
Abidjan-Cocody
03 BP 1588 Abidjan
espace_harmattan.ci@hotmail.fr

L'Harmattan Algérie
22, rue Moulay-Mohamed
31000 Oran
info2@harmattan-algerie.com

L'Harmattan Maroc
5, rue Ferrane-Kouicha, Talaâ-Elkbira
Chrableyine, Fès-Médine
30000 Fès
harmattan.maroc@gmail.com

Nos librairies en France

Librairie internationale
16, rue des Écoles – 75005 Paris
librairie.internationale@harmattan.fr
01 40 46 79 11
www.librairieharmattan.com

Librairie l'Espace Harmattan
21 bis, rue des Écoles – 75005 Paris
librairie.espace@harmattan.fr
01 43 29 49 42

Lib. sciences humaines & histoire
21, rue des Écoles – 75005 Paris
librairie.sh@harmattan.fr
01 46 34 13 71
www.librairieharmattansh.com

Lib. Méditerranée & Moyen-Orient
7, rue des Carmes – 75005 Paris
librairie.mediterranee@harmattan.fr
01 43 29 71 15

Librairie Le Lucernaire
53, rue Notre-Dame-des-Champs – 75006 Paris
librairie@lucernaire.fr
01 42 22 67 13

www.ingramcontent.com/pod-product-compliance
Lightning Source LLC
LaVergne TN
LVHW010954061026
849535LV00006B/1712
* 9 7 8 2 3 4 3 1 5 2 6 6 0 *